U0137346

世间再无张居正②

清秋子 著

赌气的万历

河南文艺出版社
·郑州·

图书在版编目（CIP）数据

世间再无张居正.2,赌气的万历/清秋子著. --郑
州:河南文艺出版社,2022.6
ISBN 978-7-5559-1283-5

Ⅰ.①世… Ⅱ.①清… Ⅲ.①中国历史–明代–通
俗读物 Ⅳ.①K248.09

中国版本图书馆 CIP 数据核字（2022）第 053808 号

策 划 崔晓旭
责任编辑 崔晓旭
责任校对 赵红宙
书籍设计 吴 月

出版发行 河南文艺出版社
本社地址 郑州市郑东新区祥盛街 27 号 C 座 5 楼
承印单位 河南瑞之光印刷股份有限公司
经销单位 新华书店
纸张规格 890 毫米×1240 毫米 1/32
印 张 9
字 数 202 000
版 次 2022 年 6 月第 1 版
印 次 2022 年 6 月第 1 次印刷
定 价 43.80 元

印厂地址 河南省武陟县产业集聚区东区(詹店镇)泰安路
邮政编码 454950 电话 0371-63956290

目 录

1

欲扫天下先扫庭院

　　从那无上荣光的平台上走下来，张居正并没有骄狂不可一世。正如他在隆庆五年（1571）担任会试主考时说的那样，一流人才必须严乎内外，审于应对，既不沾沾自喜，也不汲汲于追赶风尚。

　　干大事，就要有干大事的头脑。从这一刻起，他每走一步，都是精心所为。有很多的事，他要一件件先厘清，厘清了脚底下的事，才能安安稳稳去廓清天下。

　　他最初做的一件事，是要为今后准备做的事正名。

　　张居正费尽心机，夺来首辅的位子，就是准备干事的。要想干事的话，"名不正则言不顺，言不顺则事不成"。孔子所说的话，最有实用性的，可能就是这句了。

　　在平台召见的时候，张居正于感激涕零中，也没忘申明要遵守祖制，这就是在做"正名"的工作。什么叫祖制？在当时条件下，就是一切以朱元璋说的为准。

　　朱老皇帝没做皇帝的时候，把人间的苦都吃遍了，为了避免儿孙再吃二遍苦，他制定了一整套国家制度，应该说，绝大部分还是有利于朱家江山永固的。但是近二百年下来，这套"洪武祖制"，几乎被他的后代扔了个精光。尤其正德、嘉靖两朝，皇帝为所欲为，宠信佞臣，把制度毁坏得相当彻底。国号虽然还叫"明"，但跟朱老皇帝的那个"明"，已是相去万里了。老皇帝那会儿，贪污六十两银子以上，就要杀头剥皮。到了嘉靖年间，但凡有个官职的，哪个不捞一笔？

张居正要扫清天下的颓靡之风，就必须革除现行的陋规。但是，历史上的覆辙有很多，假如他提出要从头创新制，全体官僚可能都要跳起来，跟他作对。他就是有天大的能耐，也免不了最终做个王安石第二。

因此，他只说是"恢复祖制"。

"恢复祖制"，听起来就没那么刺耳了，官僚集团暂时不会视他为异端。但是，只要改革一启动，就不可能不割到文武官员的肉。当官吏们群起反对时，"恢复祖制"就成为道义上最强大的挡箭牌。贪官污吏的那些道理，是拿不到桌面上来的，所以无法在道义上压倒他。

这就是抬出朱老皇帝的妙处。

名既已正，其余的事，便可一步步来。张居正要做的第一件事，是处理好他自己与皇帝的关系。

他决心要好好培养小皇帝，在培养的过程中，要让小皇帝完全信服，不知不觉把绝大部分的皇权，让渡给他张居正。要改革，仅有相权的话，是远远不够用的。若想压服百官，你必须百分之百地代表皇帝。

有明一代，皇权与相权明里暗里，一直在互相制约和争斗，甚至有许多言官，就是靠这种争斗来吃饭的。皇帝、内阁两大权力中心的中间地带，就是他们最喜欢的飞短流长地带。

张居正不想把自己的才智，全部投入与皇帝斗智上。因此，他在平台召见时，向小皇帝提出的一个要求，就是"宫府一体"。什么是一体？这个话不好说得太直白了，其实就是，你得听我的！

万历年间的沈德符说：柄国者，如果不假手宫内，怎么能久擅大权？他说的就是首辅必须借助宫内力量，来强化自己的权力。

张居正不知思考了多少个晚上，对当下这情势，他看得透彻，也想得彻底。他看准了，这是个好时机——趁着主少国疑，内廷心虚，正好把皇帝的权力，全部拿过来。

上天也非常照顾他，让他摊上了个娃娃皇帝。娃娃哪里能做皇帝？自然要由首辅来担任"帝师"。这个老师，既是老师，又绝非仅仅是个老师。张居正想的是，在担任老师的过程中，君臣之间的权力转移，就可以在教学中不知不觉完成了。

无非是一个人讲课另一个人听嘛，小皇帝本人，不会觉得有什么怪异。反而会以为，自己是遇到了一个无所不能的忠臣。

派系政争，掩盖了问题的实质。隆庆临终前担心的事，终究要发生。主少，皇权势必要被相权完全遮蔽。可是，冯保和李贵妃，都看不到这一点。在他们眼里，只要首辅这人看着顺眼就行。

当然，张居正打算这样培养小皇帝，也不尽然是为了功利目的，他抱定的想法是，这是国家的根本大计。如果小皇帝缺少教养，有人养没人教的，最后混成正德皇帝（明武宗）那个样儿，恐怕大明又将不得安宁。如果皇帝从小就被好好教导，那么他本人对于改革的努力，就不至于人去政息。

从这以后，张居正就做了大明这驾马车的独掌车夫，轻扬鞭，慢催促，一点点地教万历怎么当皇帝。

张居正对皇帝的要求，第一就是要视朝，要去开朝会，也就是"有事启奏，无事退朝"的那种碰头会。

在过去，明朝的皇帝不上朝，不见群臣，几乎成了遗传病，不开碰头会久矣。君与臣隔得远，小人使诡计，就很容易游走于其间，到最后，搞出来一个谗言生态圈。可以说，后来大明的亡，也就亡在这个病根上。

道理很简单，皇帝不能只混在宦官圈里，要常和大臣接触，这样对于外廷情况如何，才能有所了解，才不至于造成宦官势力外溢，借助皇权压倒外廷。外廷的大臣不受气了，才会神清气爽，有心情替皇帝管好天下。

君臣若想常见面，没什么别的更好的途径，只要坚持早朝制度就好。

明代上朝的时间很早，是在每天的天亮之前。皇帝和大臣都要起五更爬半夜的，极为辛苦。

黄仁宇先生的《万历十五年》一开篇，就活龙活现地描述了上早朝的情形，确实辛苦，甚至比庄户人家起得还早。正德和嘉靖这两位皇帝，就是因为吃不了披星戴月上班的苦，才闹怠工的，遗传到隆庆也这样。

张居正对这个事的纠正，没有硬来，而是做了折中。他说，皇帝是小孩子，就不必天天上早朝了，每一旬，只需三、六、九日上朝，其余日子，可以睡懒觉。

万历没费什么踌躇，就同意了。小皇帝此时虽年幼，却是冰雪聪明，知道这是坚持朱老皇帝作风的基本要求。从平台召见的第二天起，一下子就坚持了十五年。霜打三六九，他要来；雨淋三六九，他也来。这样，就使得外廷和皇帝，始终保持了一个沟通机会。对方有什么想法，我全知道。宦官夹在当中，也就别想再做滥权的梦。宦官的作用，在万历初年，就这么被大大削弱了。

万历皇帝开始视朝了！这在当时，是一件振奋人心的大事。明代正德、嘉靖、隆庆接连三朝，竟没有一个皇帝是正经上班的。现在，万历初年，可算有个有模有样的皇帝了。虽然刚刚脱了开裆裤，小皇帝对各种奏疏，都看得很仔细，有前后矛盾的，有格式不统一的，都能看出来，并亲自予以批驳。

他亲笔拟的批复，文字上有理有据，温文尔雅。不像他的一些老祖宗，动不动批个"拖出去着狗吃了""先打了再问"之类的流氓语言。

万历处理事务，也颇近情理。有这样几件事，能看出他的分寸感来。隆庆先帝的遗孀恭妃，惦记着娘家人在外面吃苦受累，就派人把宫中的一个金壶，偷偷送到娘家去。结果事机不密，被守门太监发现了，当即举报。此事一出，宫内哗然，有人等着看热闹。小万历看了奏折，想了想批道："她家贫，赐给她一百金。先帝赐她的器具，则不能拿出去。"就这么，既处理了，又恩赏了，两边的面子都给了。

有一天，文华殿角门的础柱上，突然现出"天下太平"四个字，擦都擦不掉。不用问，是人写上去的嘛，不是宫女就是太监干的。内阁却认为是祥瑞，是老天爷写的，请万历去看。万历去看了看，一脸不高兴："假的！"专门奉承主子的下人，想点儿别

5

的什么词儿，也许我还能信——智力比他爷爷不知高了多少倍！

就连当时的朝鲜使臣，也在传回国内的情报里，告诉他们的皇上："天朝民情，甚为欣悦，都认为新皇帝年虽幼冲，但绝非隆庆可比。"

小皇帝有励精图治的苗头，张居正就抓紧了教育。万历对他，也是事事依赖，开口闭口"元辅张先生"，好一对儿融洽的师生！

新帝即位这一年的年底，时近年关的时候，张居正在给小皇帝讲课后，趁机提出：服丧还没期满，春节吉日，还是免了宴会为好。此外，宫里的元宵灯会也别办了。

万历点头称是："烟火这事，昨天我就发了话，不要办了。"

张居正又训导说："这不光是尽孝道，也是节省财用，此乃皇帝的美德。"

结果新一年的春节宴会停办，节约了七百余两银。

到了下一年，万历毕竟是个孩童，实在是想看灯会，就试探道："元夕鳌山烟火，是不是祖制啊？"

张居正知道他的鬼心眼，便正色道："嘉靖中偶然有，但那是为了敬神，不是为了娱乐。隆庆以来，年年举办，靡费无益。现在咱们行新政，应当节省。"

冯保在一旁，见小皇帝心切，就提议说："等以后手头不紧了，偶尔办一次，也无妨。"

万历很高兴，接着话头说："那就办一次吧。"

张居正坚决不让步："搞一次，就要十万金！天下民力枯竭，户部计无所出，还是省省吧。"

万历听了，眨巴眨巴眼，马上心回意转："是了，朕深知民穷，如先生所言。"

——读史至此，我真是良久无语。这个小皇帝，还只是个十一岁的小孩子呀！

万历的素质，强过乃祖乃父，张居正对此很自信，认为孺子可教，所以要教育他好好读书。

本来，大明祖制中，就包含有皇帝的培训方式，分为两种——经筵和日讲。经筵是短训班，分春秋两季各三个月，每旬逢二的日子开讲。场面比较隆重，是由勋臣和大学士主持，六部九卿、翰林掌院学士、国子监祭酒等人，分别担任主讲，科道一般官员也来陪读。讲完了课，大伙还可享用一顿丰盛的宴席（有规定吃不完要打包回家），故而叫作"经筵"。

日讲是常课，随时举行。由大学士和讲读官主讲，君臣间可以讨论，实际上成了小型碰头会。

到明武宗的时候，这些全都被废弃，结果一连三位皇帝都懒得读书。张居正现在，决心要把这恶习扭转过来。他定了一个课程表"日讲仪注"，规定小皇帝除了上朝之外，其余每天上午，都要来听课，除非大寒大暑或刮风下雨，全年一天也不能停。

而且说干就干，小皇帝即位当年八月，就先开日讲。到第二年，也就是万历元年（1573）新春，正式开经筵。

第一次上日讲课时，张居正为上好课，备课一月有余。开讲那天，提前半个时辰到课堂，把教学用具安置妥当。

学习的滋味很不错，天天有收获。万历二年（1574）三月，小皇帝踌躇满志，亲手写下"学二帝三王，治天下大经之法"十二个字的条幅，悬挂在文华殿的正中，用以明志。

张居正见了，很高兴，特地写了《缉熙圣学》诗一首，颂扬其事。

师与生，君与臣，这两对儿尊卑关系，恰好是互为颠倒的。如此，才开启了明中期以后，时间最长的一段君臣和谐关系。可惜，国祚近三百年的大明，这样奇特的君臣搭配，十分罕见，还是互相拧着劲儿的时间更多。

这年年底，张居正让讲读官动手，弄了一本图文版的《帝鉴图说》出来。内容是讲历代帝王行善可以效法者八十一事、作恶可以为戒者三十六事，呈给万历，当作课外读物（此书的正版新书，现在网店上还有卖的）。

书刻印好，带着一股墨香呈上。万历看到有图，大喜，连忙翻开来看。他也是真够聪明，不等张居正解说，自己就能讲出里面近一半的内容。此后，这本看图说话，就放在万历的案头，每天日讲完毕，就由张居正解说，一页页讲，每天如此。

小皇帝上课，张居正不仅经常到场，还亲自担任主讲。他重点让万历学习的，是《大学》和《尚书》（也叫《书经》）里的《尧典》《舜典》，还有《资治通鉴》，这是要把小皇帝往圣人的方向带了。君臣这么一开课，就是连续十年，挺不容易。讲与听的双方都很投入，两人经常"谈经终日竟忘疲"（张居正《缉熙圣学》）。

小家伙天资聪颖，触类旁通。看到《帝鉴图说》上说，宋仁宗不喜欢珠宝，他就脱口而出："国之宝就是贤臣。珠玉之类，拿它们当宝贝，有何用呢？"这认识水平，比他爹可是强了一百倍。

张居正连忙跟进，对他进行荣辱教育："明君就是要贵五谷而贱金玉。金玉虽贵，但饥不可食，寒不可衣，区区一点点，为价却不低，徒费民财，又不适用。《书经》上说："不作无益害有益……不贵异物贱用物。"就是这个意思。"

万历马上想了起来："是啊，这宫里的女人们，就是喜好化妆。朕在年节时，赏她们东西，常常会节省一点。她们的话就多，说什么：'这点儿钱，管什么用？我们这伺候人的，能用皇爷你多少钱啊？'朕就说了：'是不多。但你们可知道，如今国库里还有多少啊？'"

张居正不由得感慨："皇上，您只要能这么想，就是国家的至福啦！"

说完这事情，万历又提起，刚才讲官还讲了，秦始皇销毁民间兵器的事。他问张居正："这始皇帝，好像很笨啊。木棍就不能伤人了吗？销毁兵器，有什么用呀？"

张居正答："治理国家，一要对百姓施恩德，二要在廉政上面下功夫，才能凝聚民心。天下要是有什么乱子，十有八九，就出在你拼命要防的那些事儿之外。比如秦朝，就是几个小兵倡乱，豪杰并起，最后才亡。所以，最要紧的是'人和'啊！"

万历听到这里，连忙坐好，不禁神情肃然！

春去秋来，又到了年根底下。经过一年多的日讲，小皇帝对老师极其满意。万历二年（1574）闰十二月十七日，讲读完毕，他把自己精心写的"弼予一人，永保天命"八个大字，赐给了张居正。

张居正谢过，满面沉思地规劝道："皇上赐给臣的书法，笔力遒劲，体格庄严，就算是前代君主里面擅书法的，也比不过您。

但是以臣愚见，帝王之学，当务其大。自尧舜至唐宋，所称英明之主，都是以修德行政、治世安民而著称的，没听说他们有什么技艺之巧。"

万历立刻醒悟："先生说得是，朕疏忽了。"当场就自请取消书法课。

张居正施行的帝王教育，抓住了一个根本，就是要让万历明白：你们朱家，凭什么拥有天下？

搞不懂这个，迟早会把江山断送掉。

这方面最好的教材，莫如本朝太祖的作为。张居正建议万历，读一读老皇帝自己写的《皇陵碑》。这是一篇歌谣体的自传，是明朝人忆苦思甜的最佳读本。万历看了一个晚上，第二天，对张居正说："先生给的《皇陵碑》，朕看了好几遍，不胜感痛！"

张居正便启发他说："自古以来的圣人，没有一个像咱们圣祖吃那么多苦的。那时候他四处漂流，甚至到了没法子糊口的地步。他的老爷子、老太太去世，竟然买不起棺材。这是上天要圣祖拯救苍生，才让他这么备尝艰辛的。圣祖自淮右起义，想的就是为了救民啊！登了大宝以后，他把所有缴获来的珍奇异宝，全都毁掉，穿的仍然是旧衣服。三十年，克勤克俭如一日，到了成仙的那一年，还要召集乡里的老农和'粮长'（由大户担任的粮区征收员），问他们民间疾苦。你知道这为的是什么？这就是啊，只有以天心为己心，才能创立宏图大业，一直传到皇上您这儿。"

万历连连点头，心服口服："朕不敢不效仿祖宗，全赖先生辅导。"

张居正又拿隆庆做比照，说："先帝喜欢做新袍子，穿一次就扔，所费甚巨，皆取之于民。皇上若能节约一件，则民间就会有几十人，能穿上像样的衣服；皇上如果随便做一件好衣服，民间就会有几十人为之挨冻。您哪，不能不念及于此。"

这个说法，虽然是对先帝老爹有非议，但万历还是深以为然。

通过听课，万历为张居正学识的博大精深所折服，对张居正执弟子礼，毕恭毕敬。张居正偶尔肚子疼，万历也要亲手调一碗辣汤奉上。张居正患病在家，万历就会马上派御医前去诊断，还亲自包了一包药，派太监送去，守着张居正服下，然后回来复命。

万历年间后期，曾任大学士的于慎行，回忆这一段讲课时说："盛暑讲课时，皇上要先站到张相公站的地方，试一试温度凉热。冬天讲课时，皇上要给张相公在地上铺一块毯子，怕相公的腿着凉。"

君臣若父子，同心谋国，实为古今所未有。

这种和谐关系，贯穿了整个"万历新政"时期。从这个时期看，万历完全有可能成为一个中兴之主。至于张居正死后，万历突然恩断义绝，并且完全背弃了早期努力，原因在哪里？这是一个非常值得研究的课题。

朱东润先生强调张居正对万历的教育失之过苛，从而造成了小孩子的逆反心理。而黄仁宇先生则以为，是万历在张居正死后发现了张并不是道德完人，由于失望，而心生怨恨。这两种说法影响甚广，几成定论。

说起张居正的身后事，大家似乎都在重复地弹这两个调。

但我个人认为，这两种说法都夸大了心理感受的作用。倒是韦庆远先生在这方面的观点更接近事实。他认为主要原因有二：

一是万历在大婚以后出现了道德大滑坡，与张居正的期望形成尖锐矛盾。二是成年之后的万历，在掌握最高权力的问题上，与张居正发生了冲突。

这个说法，才比较接近问题的实质，这里暂且按下不表。

如果万历在后来，没有受到身边无赖宦官的影响，而是一直求上进，基本可以肯定，张居正"致君尧舜上"的理想，完全可能实现。

那样的话，晚明的命运，将和后来发生的截然不同。

可惜当时历史的走向，就是不遂人意，越走越糟，没什么道理好讲。正直的士大夫，望穿秋水，盼望明君贤相，却场场落空——令人不能不叹：世间再无张居正！

也许，生为晚明人，本身就是个不幸。

话说回来，张居正在隆庆、万历交替之年，需要做稳妥的第二件事，是处理好与李贵妃的关系。

李贵妃起自民间，从小生活在京郊宛平，父亲李伟是个泥瓦匠，十分热爱劳动。直到隆庆二年（1568），李贵妃封了皇妃，老人家才收起了瓦刀、灰桶，不再劳碌了（闺女有话了，说你还缺那俩钱儿）。嘉靖、隆庆两帝的没出息，让李贵妃深有触动，所以决心把孩子培养成合格帝王。

万历读书，有时候会偷懒，她就喝令罚跪。她曾下令，不许三十岁以下的宫女在小皇帝身边伺候，以免坏小子过早地"干坏事"。每次讲课完毕，李贵妃都要让万历把内容复述一遍，以验证记牢与否。每逢上朝之日，到了五更时，她就要走进万历的寝室，喊上一声："帝起！"然后让宫女扶起小皇帝，自己亲手打水给小家伙洗脸，再把他扶上小轿送走。

——身为九五之尊的皇帝，被老妈如此管教与约束，据说是史上罕有的。

任命张居正为首辅，主持朝政，就是出于她的决断。张居正的严谨内敛，也恰好符合李贵妃心目中帝师的标准。

张居正当然知道这里面的利害。目前，皇权的最核心部分，就控制在这个二十七岁的单身女人手里。坐在御座上的小皇帝，不过是由她授权的二级管理者。

唐代杜甫诗曰"擒贼先擒王"，张居正在协调自己与皇权的关系上，就牢牢地擒住了这个王。

出身寒微与孤儿寡母的境遇，使得李贵妃的心理极其敏感，生怕宫内外有人瞧不起她。张居正洞悉这个女人幽微的心理，适时为她解除了后顾之忧。

在张居正执政之初，恰好遇到两宫尊号的问题。按照大明祖制，新皇帝出炉后，先帝正室还在的，皇后要被尊为太后。新皇帝的生母如果是妃子，就只能尊为皇太妃，等级上要低许多。到了弘治朝（孝宗），皇帝生母也可以称太后了，但只能是秃头太后，"太后"两字前面不能加尊号。而嫡母太后的前面，则要加两个字的尊号，以示等级差别。

在冯保有意的暗示下，张居正摸透了李贵妃意欲出头的心理，于是他提议：陈皇后与李贵妃，不仅可以同升太后，而且都可加尊号。

这当然是违背祖制的，但他料定李贵妃不可能推辞，便将此事作为结好宫闱的重要步骤，极力促成。

他吩咐礼部："既然同为太后，多二字又何妨？"如此轻松一语，便把一个可能会引起轩然大波的违制举措，轻松带过。

可以说这是举重若轻，也可以说这是瞒天过海。当时张居正权势正隆，各部院岂有敢不听命的？礼部侍郎王希烈，立即照办，于是两宫并尊的举措，轻而易举就实现了。

自此，陈皇后称"仁圣太后"，李贵妃称"慈圣太后"。后来沈德符论及此事，说张居正这样做，是在宫内谄谀慈圣太后，借以为自己固权。

在今人看来，这两个字也许一钱不值。但在古代礼法社会，名号却是性命攸关的事。其余韵，可以说至今尚在，我们也未必就能笑话古人迂执。

两个字，换来了李太后对张居正执政的无条件支持。在当时，挟强力"驱高"之威，这个违制的动作，竟然没遇到什么抵抗，称得上是一次成功的瞒天过海。

李太后终于正了名，在地位上与陈太后平起平坐，再不必像过去那样，每日要向皇后请安。其心情之惬意，可以想象。

投桃报李，她要报答张居正，对自己娘家的人也就比较约束，不让他们给外廷的事务添乱。娘家人或子弟如有请求加官晋爵的，她就让他们把过去用的瓦刀拿来，然后问："这是什么？"家人答曰："瓦刀。"李太后就会训斥："当日你们就靠这个过活，今日已经大富大贵了，还嫌不足吗？"对亲属的自律教育，十分到位。

话是这么说，但在礼法上，一人得道，还是要有所表示。李太后的父亲瓦匠李伟，因女儿而贵，跟着鸡犬升天，从平民直升"武清伯"。他曾经提出，请拨公款给自己造府第、建生茔（生前

14

修墓），张居正很痛快就给了方便。但是这位前瓦匠贪心不足，串通内库官员，在承揽京营军士冬衣的制作中，偷工减料，衣服糟得不能穿，引起了军士哗乱。都察院不好追究，张居正就将此事巧妙地推到李太后面前，叫人拿了渔网似的破军衣，去给李太后看。李太后瞟了一眼军衣，心知肚明，顿感大丢颜面，立刻传谕内阁依法处置，决不能祖护自己的老爹。

张居正在处理这件事时，颇费了一番心计。他革退了内库官员三十余人，重新发放合格的军衣，平息了事件。然后，又巧为太后老爹开脱，说责任其实不在李伟，让李伟接受了一通皇帝的训斥完事。然后再借此事，称颂李太后至公无私，中外臣民莫不敬佩。此举，既制伏了李国老，又给足了李太后面子。

几面讨巧，足见他深谙官场上的所谓"会办事"之道。

张居正上台，需要处理好的第三件事是，与太监领袖冯保之间的关系。冯保这人，招权纳贿，名誉不怎么好。《明史》本传没给他下什么好评语，说他"性贪""横肆""黠猾"。

在我们印象中，宦官不坏的好像很少（蔡伦、郑和是特例）。但是，史书一般都是朝官写的，因此就不免有偏激之处。历代宦官为祸，是朝官的噩梦，大臣们甚至在正式行文中对宦官都没有什么好称呼，比如"宦竖""大珰（帽子上的装饰）""权阉""中涓"之类。在史书中，修史的官员对前朝的宦官，当然不会留情面，于是就给后人留下了一个定型的印象。其实在宦官中，正派、老成，甚至才华横溢的，也大有人在。

冯保与前朝、后代的一些"权阉"比起来，还算是比较本分的。只要不得罪他，为人也还算平和、谨慎，不大有太过格的事。

张居正对冯保在李太后面前的得宠，不像高拱那样看不得，而是相当尊重。严守井水不犯河水的规则，不去抢夺不属于自己的地盘。但是对冯保这个人，又不是敬而远之，那样的话就太可惜了。他看出了，冯保是联结皇权与相权的关节点，不可忽视。

对冯保，张居正以结好的方式，进行了不露痕迹的驾驭；借用冯保之力，来加强自己的权势。实际上，所谓冯保的权力，说到底也就是李太后的权力。正是这条管道，源源不断地给张居正送来了强大的权力资源。

张居正心中有数：有了这个本钱，再放开手整顿朝政，才没有后顾之忧，也才可能有雷霆万钧之力。

甚至可以猜想，当初李贵妃授意矫诏，让冯保一同受顾命，张居正也有参与其事的很大嫌疑。如果真是的话，那就是他进行了一笔相当成功的政治投资。

在整个万历新政时期，冯保做得非常知趣。也许是在与高拱火并的过程中，尝到了外廷的厉害，也许是看到了张居正操控大局的非凡能量，冯保对张居正，始终尊重并全力支持，决不干涉任何外廷事务。

张居正就是这样，把一个历来骚扰外廷的恶势力，变成了一个支持他改革的良性势力。

两人互为利用，默契配合。

无怪事后有人评论说：冯保依仗执政的内阁，言路方面就不用担心，可以在宫中适当来点儿猫腻。而张居正依仗中官，则保持了太后的恩宠长期不衰——可以说，这就是很典型的"双赢"吧。

张居正平时在和万历对话时，凡是讲到为君之道，冯保总是不失时机地添油加醋："张公是忠臣，是先帝特别托付来辅佐皇上的，所以你要听仔细了。"

而张居正也利用冯保，对整个宦官系统进行约束和钳制，以至在后来新政铺开时，中官无一人敢于阻挠。

张居正对冯保的表现相当满意，说他"未尝内出一旨，外干一事"，从不给外廷添麻烦。冯保对付高拱的那套办法，从来没对张居正使用过。

后来有一次，冯保的侄子、都督冯邦宁（名很不副实）在闹市酗酒，欺凌百姓，恰好遇见张居正的亲随姚旷。姚旷劝他不要胡闹，冯邦宁不听，反而扯坏了姚旷的腰带。张居正得知，就写了个条子给冯保，让冯保自去处理。结果，冯保脸上挂不住，大怒，打了侄子四十大板，夺去冠服，一年内不许他参与重大活动（停职反省）。像这样能严厉约束亲属的大宦官，在史上也是不多见的。

这就是张居正的魅力所在吧。后来的阁臣于慎行，曾高度赞美这一合作关系，说是从此宫府一体，其心若兰。

皇上，太后，大太监，全部搞掂。

大明晚期一辆规格最高的三套车，就这么，在又平又坚固的冰河上跑开了！

对上的问题解决了，剩下的，就是对下的问题了。张居正骤登高位，手握大权，并不等于万事皆备，他还有一个收拢人心、建立公信力的过程。

横在他前面的，并不是坦途，而是沟壑纵横。

首先是高拱的被驱逐，百官中多有不服气者。凭什么让他滚蛋，你来坐庄？这股情绪，必须压制下去。不然，张居正坐在文渊阁中，只觉得脚下随时有火山要爆发，日夕警惕，不敢大意。

于是，他对自己在联冯驱高风潮里的猫腻，做了大量的撇清，反复向人解释，自己对高拱被逐曾经冒死为之诉求。这当然是欲盖弥彰，但总比不盖的好。

其次是资历问题。张居正虽然浸淫官场二十五年，但与前几任首辅比起来，资历尚浅，如何才能让人乐于效力？可不是表白一下就能办到的了。纵观历史，凡能够领袖百官者，基本都有长期身居高位的资历，早就拉起了自己的一套人马。当年老严嵩做了七年礼部尚书，又做了六年大学士，才升任首辅。徐阶做了三年礼部尚书，后又做了十年大学士，才扶正为首辅的。这资历，张居正根本没法儿比，他虽然也做过六年大学士，但入阁前，只有礼部侍郎的虚衔，从来没担任过部院主官，是由翰林院直升上来的。

用今天的流行语来说，这情况，是"下面没人"。

平时倒是没什么问题，下面的人无足轻重。但是到了做首辅的时候，你指挥不动下面，才能感觉到：下面的小萝卜头不仅关乎轻重，而且还很难摆弄。

张居正只有采取清理的办法，打一批，拉一批，把目标控制得很精准。

高拱是个很干练的吏部尚书，任职三年，基本队伍已经建立得差不多了。因此，他走了之后，给张居正留下的，是一个需要认真对付的文官队伍。

官员里永远有靠着上蹿下跳进谗言吃饭的家伙，其奉行的理念就是"做糖不甜做醋酸"，也就是，建设性的事情做不来，毁人的事很拿手。高拱的门生韩楫就是一个，基本可以证明，高、张交恶，韩楫没少"做醋"。

对这类人，张居正称之为"害政者"。

这些害政者，总是笑脸朝着有权势的人，屁股朝着没权势的人。所以高拱看到的都是可爱的笑脸，而张居正恰好有机会看到了许多屁股。

现在，你们要换成笑脸也来不及了！

他说："有那么两三个人，以言乱政，实为关系朝廷纲纪的大害。所谓'芝兰当道，不得不锄'，说的就是这类人。"我就是要拔了你们这些仙人掌！

但这样的人，毕竟只是一部分，还有一些让张居正看不顺眼的，不过仅仅就是站错了队。

那没办法，玉石俱焚吧！

他刚一执政，就开始清理门户，隆庆六年六月，对南北两京四品以上的官员进行"考察"（审查）。七月，又开始对所有的京官进行考察，这就是力度很大的"京察"。因为早已锁定了目标，就不是泛泛地敲山震虎，也容不得你事急抱佛脚。两次严厉扫除，共斥退吏部员外郎穆文熙等三十余人，并将吏科都给事中韩楫等五十余人调离京城。之后，从庶吉士中补充了一些人进来，重建了言官队伍。

后来，又贬斥了一批尚书、巡抚级别的高官，官场不能不为之震动。

这是一次很彻底的大清洗，时人评论说："榜上所罢黜的，皆是高党！"

这一通扫荡，很解决问题。当然，那时候的官吏，看问题比较通透，老家乡下也有退路。所以，免就免了，贬就贬了，打起包袱就走，倒也不至失魂落魄。一个庞大的文官体系，有升有降，古来皆如此。表面看起来，有些是由于派系的政争，是无意义的行政成本，但实际上起到了某种代谢作用，可避免僵化板结。如果只升不降，连平级调动都觉得失面子，那才是不太合理。

刷掉了一批，就要选拔上来一批，而且不能太不像样子，总要和"高党"比一比。张居正在安排内阁成员与各部主官时，显示出了他高超的管理艺术。他考虑的是，要想抚平驱高政变留下的创伤，只有把有声望的人提拔上来。

内阁里高仪病死了，张居正成了"独辅"，较易遭人攻击，因此他选了礼部尚书吕调阳入阁。吕调阳是个忠厚长者，张居正选他入阁，是动了点儿脑筋的。这个平台上，不能允许有潜在的对手，哪怕他现在还很弱小。夏言、严嵩、徐阶、高拱都先后吃过这个亏，张居正是一个把别人拱翻的人，现在，就要防止悲剧在自己身上发生。

他的安排如下：吏部尚书，由资望最高的杨博担任。礼部尚书空缺，由陆树声补上。兵部调来抗倭名将谭纶做尚书，户部用了王国光，刑部用了王之诰，工部尚书朱衡与左都御史葛守礼留任。这些人，都是素有清望的大臣。其中的王之诰，是张居正的亲家，但从不依附张，颇得舆论赞赏。

明代的六部堂官，虽然并不由首辅来选，但在当时情势下，张居正在其中多有策划是无疑的。

这样一套班子，可谓声威赫赫，基本可以服众。

此次清洗，力度之大，远超过严嵩、高拱刚上台时搞的清洗。有人形象地说：提人就像往上拽，贬人就像往外扔，天下能不望风披靡吗？

这次清洗，既是给未来的万历新政打下基础，也是张居正为建立自己的权力体系而使的力气。

他在《陈六事疏》中，曾经反对新官一上任就撤换官员，但他自己也未能免俗。批评的眼光，往往就只用来看别人。

这样一弄，就从此无忧了吗？不。

就在他环视海内，觉得乾坤初定的时候，一场突如其来的事变从天而降！

事发突然，且极其吊诡，险些毁了他一世英名。

第二章 凌晨刺客直奔皇帝而来

这是一件考验人性底线的事件，倏忽而来，令人惊愕。

张居正经过半年才稳定下来的局面，因此事陡起轩然大波，令他取舍难定、犹疑再三，这在他一生的行事中为仅见。

往前一步是什么？

他也有惶然的时候。

事发万历元年（1573）正月十九日。凌晨的夜幕中，万历皇帝被母亲叫醒，乘坐软轿，出乾清宫上朝。轿子刚出乾清门，从西阶上猛然下来一个人，身穿太监服装，慌慌张张直奔轿前。守门兵卒见势不对，立刻虎狼般扑上前去，三下五除二擒住。

皇帝队列连忙停下。一片鼓噪中，兵卒对该嫌疑人员实施搜身，结果搜出绑在腋下的刀、剑各一把。

宫禁之中，竟然混进了刺客！

此人虽然下巴上没胡须，穿的也是太监衣服，但面孔陌生，没人认识他。

大胆！随值的太监与兵卒心有余悸，喝问该嫌疑人："叫什么？哪儿来的？"

该人略有迟疑，立刻有无数的拳脚上去伺候。最后他吐出两句话来："小的我叫王大臣……家住南直隶常州府武进县。"

此外，打死再没有二话了。

皇帝重新起轿上朝去了，事情交给冯保处理。

话是再问不出什么来了，冯保照直汇报上去，万历亲笔批了个旨："王大臣拿送东厂究问，此外再派当差的校尉，去着实缉访了以后，来回话。"

让东厂这帮鹰犬来治他！

我们也许会纳闷儿：警卫森严的皇宫，如何混进了外人？其实这事，也不算蹊跷，高墙虽然跳不进去，但门是可以混进去的。

按照《明会典》，文武百官进宫办事，须出示"门籍"，也就是腰牌，上面注明姓名、籍贯、官职。这是皇宫的特别通行证，进宫时交给卫兵，出来时取走，太监也有这东西。

既然有通行证，就有可能假冒或转借。一些想混进紫禁城的人，自然会有办法。有的人借了太监亲戚的衣服，早上混进去，晚上再出来，居然也没事。

皇宫里有近万间房子，哪里看守得过来？于是有那胆大的，混进来后，晚上在里边找个偏僻旮旯过夜，第二天再混出去，亦无不可。

天下事就这么无奇不有。那么，他们混进皇宫来打算干吗呢？

所幸，他们绝大多数没什么政治目的。有的，就是想开开眼界，回去好在被窝里跟老婆吹吹牛。还有的，想进来发点儿小财，顺手偷个金碟子金碗什么的。

《明实录》里记录了不少这样的稀奇事。对这些人，一般处理得都比较宽大。皇帝也理解：老百姓嘛，就这素质。轻的，打一顿屁股就放人；情节严重的，则发配充军，没有一个是判死罪的。

王大臣就是这么一个不守本分的人，异想天开，跑进了大明朝的心脏。他被带到东厂以后，被特务们一顿暴打，立马就招了。

他说："我本名叫王章龙，是从戚继光戚总兵那里来。"

难道是戚继光派来的刺客？

难以置信！

张居正听到冯保那边传来的消息，惊出一身冷汗来！戚继光是军中要人，手握重兵，是他张居正安放在边境的一颗重要棋子。这消息要是走漏出去，于自己极为不利，且容易在戚继光那里激成意外之变。

他连忙叮嘱冯保：事关重大，不能再让那家伙乱咬了！

其实，这王大臣与戚继光一点儿瓜葛也没有。他本是常州的一个无业游民，跑到戚继光的兵营前，想要投军，人家没收。他没办法，只好流落到北京。后来给一个太监当了杂役，干了不长时间，就偷了主人的衣服穿上，偷偷混进了宫。

他深更半夜揣着利器潜入皇宫，目的何在？有关的史料均不记载。估计连他自己都没想明白，就闯了进来。十九日天快亮的时候，刚好碰见皇帝上朝的队伍，王大臣生平没见过这等威仪，给吓得不轻，想找个地方躲一躲，结果反倒惊了圣驾。

冯保接到张居正的建议后，觉得有道理，但他由此产生了一个念头：牵连戚总兵当然是不妥，但是可以让这家伙去咬别人。

谁？头一个，就是那不识相的高阁老。

高拱虽然下了台，但余党还在，他本人也有可能东山再起。这个风险根苗，必须连根拔除。

如何才能消除隐患呢？唯有把人搞死！

都说无毒不丈夫，我冯保虽然已经不是丈夫，但毒却是一点儿不能少的。

王大臣啊，你就是上天送来的一柄利器。

冯保想好了主意，就再次提审王大臣。他屏退左右，关上门窗，低声对王大臣说：戚总兵的事，不能再胡说了，要说就说是前司礼监陈洪公公主使，受高阁老之命前来谋刺皇上。你小子只要照这个路子招认，保你高官得做，富贵一生。否则，活活打死！

这王大臣，本来脑子就不大够用，哪里禁得住这样哄骗，居然就答应了。

冯保大喜，决心把这事情办成铁案。他叫来心腹亲随辛儒，赏了二十两银子，让他去东厂监狱，和王大臣同吃同住，一句一句教王大臣假口供。

果然，再次过堂的时候，王大臣有了新的供述："是高阁老的家奴李宝、高本、高来三人与我同谋的。"

冯保闻报，可能心里会一声冷笑：世界上的事哪有真的？谁在台上，谁就是爷，这就是真的！

他立即差遣东厂缇骑（校尉）四名，飞马驰往河南新郑县，对前首辅高拱实施监视居住。

四位缇骑，马不停蹄赶到新郑，先去了县衙。这东厂缇骑是什么身份？是东厂派出的执行任务的校尉。从名义上，虽然东厂归宦官所辖，而锦衣卫归皇帝直辖，身份好像是锦衣卫高一些。但宦官常年在皇帝身边，吹风、汇报，那不是锦衣卫官员能比的。久之，东厂地位便在锦衣卫之上。后来的年头里，锦衣卫官员见了缇骑，都是要行跪拜礼的。

这时，知县见了缇骑大人，唯有诚惶诚恐。缇骑吩咐，此行是为监视高阁老而来。那县官忙不迭派了一干衙役、捕快、牢头，把高府围了个水泄不通，连一只鸟儿也别想飞出来。

却说高府里的人，看见衙门的人出动，围堵上门，都心知不好，仆役丫鬟一哄而散。高拱本人则以为这是皇上要治他死罪了，一声叹息，找出绳子便要上吊，家人连忙死死把他抱住。高拱无奈，只好硬起头皮，出来问几位缇骑大人："你们想要干什么？"

四位缇骑见了高阁老，倒也十分有礼貌，答道："我们可不是来逮您的，是怕此事惊吓了您老人家，特意前来保护的。"

高拱明白了暂时无性命之忧，才稍微安下心来，但仍是恨恨不已。

虎落平阳被犬欺，这道理古今皆同。过去堂堂的朝廷重臣，就这样，被一个"宦竖"搞得死去活来，真是天理何在呀！

这件案子，来得如此扑朔迷离，当时舆论认为，其中大有不可解之处。王大臣不过一潦倒流民，私穿太监衣服混进大内已属离奇，却又身怀利器，究竟意欲何为？《万历起居注》和《万历以来首辅传》都认为：所谓"搜出刀剑"云云，系冯保事后栽赃。当然，这也可以聊备一说。

事态仍在扩大。三天后，也就是正月二十二日，张居正上奏，代表内阁就此事表态。他说："发生这样的事，臣等不胜惊骇。经商议，臣等认为，宫廷之内侍卫严谨，若非熟门熟路者，岂能如此顺利接近圣驾？王大臣所为，显系蓄谋已久，中间又必有主使勾引之人。请下旨责令东厂即行缉访，务得下落，杜绝祸本。"

这个奏本，据当今有关学者推测，显然是冯保已就构陷高拱的意图，与张居正通了气。张居正不仅同意，且予以配合，先以奏疏方式大造舆论。

皇帝哪里知道这些猫腻？既然大内都能混进外人，当然要查。于是马上批复：卿等说得是，照办。当天守门的太监和卫兵，也要拿下拷问。

张居正的奏本一上，邸报传出四方，朝野轰动。关注此事的官民人等，都已看出，现任首辅这是要兴大狱了，矛头所指，正是前任首辅高拱！京城里人心惶惶，官员、百姓无不惊骇万分。不知又将有多少人头要落地，更不知高阁老如何能逃过这一劫。

然而，冯保在高层斗争的台面上，毕竟是初出茅庐，他把事情的难度低估了。这个案子的情节之离奇，办案的手段之荒诞，岂能堵住天下人之口？

人心，就在此时显示了它的力量。

科道官员首先表示了不平，不少人打算上疏指出其漏洞，但顾忌张居正的权势，一时还不敢贸然行事。

其中，刑科给事中们，聚在办公衙署里议论，群情激昂："此事关我刑科，若无一言，必使国家有此一荒唐事，我辈今后，将何以见人！"于是当即草拟一疏，建议皇上将此案从东厂提出，移交法司（刑部、都察院、大理寺）会审，以求公正。为取得张居正的谅解，他们还专程到朝房去面见张居正，陈述理由。

张居正不为所动，告诉他们："此事已成定案，无法更改，你们也不要上疏了。"

科道官员哪里能服？连续五天到张府求见，张居正躲得踪影全无。从朝至暮，只有一群官员在张家苦等。

有一名御史叫钟继英，等得不耐烦，自己独衔上了一本，暗示此案大有蹊跷，涉嫌陷害。张居正接到通政司转来的奏本，大怒，票拟"令回话"。你什么意思，来给皇帝讲清楚！

此时，张居正素所倚重的吏部尚书杨博，也持反对意见。他劝告张居正说："事大，追迫太甚，恐起大狱！高公虽粗暴，天日在上，他万不能做出这种事来。若一意追究，必惹事端。况且大臣人人自危，似乎不可！"

都察院留任的左都御史葛守礼，对老长官高拱心有所念，索性将东厂办案的内情透露了出去。消息不胫而走，百官更是激愤。

太仆寺卿（马政主官）李幼滋，是张居正的老乡（湖北应城人），见舆论太过强烈，就抱病前往张府，问张居正："张公为何要做这种事？"

张居正不禁愤然："怎的就说是我做的？"

李幼滋说："大内拿下了嫌疑者，张公就下令追究主使之人。现在东厂说主使人就是高老，这怎么办？高老如有不测，万代恶名，都要归到您身上，您怎么能解脱？"

事到如今，在道义上张居正已毫无退路，只有坚不承认："我正为此事烦恼，几乎愁死，你如何还要说是我主谋？"

舆论反弹竟是如此强烈，这是张居正事先所不曾料到的，不禁大感沮丧。据说，此间他曾一度去午门关圣庙抽签，以维持心理平衡。

那几日，张居正终日愁思，绕室徘徊。这件事情，究竟是做还是不做？着实令他难下决断！

张居正把事情做到这一步，是他一生中唯一的败笔。此事逆人心而动，且漏洞百出，罗织构陷的企图太过明显。而大凡权谋之事，无论如何，也不能做到"司马昭之心，路人皆知"的程度。既然路人都知道了，还要坚持，那就是花岗岩一样的脑子了。

在当时就有人评论说：以张居正的绝顶聪明，何以把自己降到冯保之流的水平？小人只是图一时之快，而张居正是要做大事的，如此蛮干，所担的道义风险之大，实难以预料。

权衡再三，张居正决定还是要把事情干下去。东厂已发出拘票，把前司礼监大太监陈洪拘捕到案。

就此，一张漫天大网猛然撒开。

高拱的头颅，已岌岌可危！

据《国榷》一书的描述，想不到，事情到此，突然发生了戏剧性的转折——张居正悬崖止步了。个中因由，是朝廷重臣葛守礼与杨博，起了关键作用。

葛守礼不忍坐视高拱被陷害，在危急时刻，拉了杨博去见张居正。双方有如下的一番口舌：

张居正说："两位还是不必多说了。东厂已经办结，只等同谋人逮到，就可上奏请示处置了。"

葛守礼猛然站起，向张居正一拜："我葛某，岂是赞同乱党逆贼的人？但我以全家百口人的性命，担保高公无罪！"

张居正沉默以对。

葛守礼又说:"早先夏言、严嵩、徐阶、高拱诸公,递相倾轧,身败名裂,这是张公您的前车之鉴。"

张居正听懂了话外音,愤然道:"两位是说我想陷害高公吗?"

当下,便拿出一份东厂的文牍,给二人看,意谓此案系东厂一手包办,与己无关。却不料,在这份审结文牍上,张居正曾亲手加了四个字——"历历有据"。一激动之下,他竟然把这个茬儿给忘了。

葛守礼接过文牍,看到上面有张居正的笔迹,微微一笑,将此件猛地藏进自己袖中。

张居正这才醒悟,连忙掩饰道:"那上面,有几处与法理不合,我稍事改动了几个字。"

葛守礼未加理会,只意味深长地劝道:"机密案情,不报给皇上,先交给内阁,有这道理吗?我们二人,不是说张公想陷害高老,而是高老的事情,唯你才有回天之力了。"

张居正见短处捏在了别人手里,心知如果继续下去,确实可能后果难料,便犹豫道:"但是……后事如何了结?"

杨博即说:"有何难结?只需找一个勋臣世家子弟来,全无什么顾忌,自然能办好此事。"

第二天,张居正便令锦衣卫左都督朱希孝,前去东厂,与冯保一起会审。

朱希孝,是"靖难功臣"朱能的第五代孙,也是当朝荣衔最高的探长。他以此身份介入,合情合理,冯保想垄断王大臣案审讯的企图,完全失败。

自此,张居正已明确开始转舵。

但朱希孝并不知内情，他感觉夹在冯、张威势与朝官的清议之间，万难做人，不管倒向哪一方，弄不好，都有杀身之祸。这位身世显赫的锦衣卫最高武官，计无所出，竟然急得哭了起来！

赳赳武夫，被逼到这种程度，可见其时官场之险恶。哭够了，还是要寻个出路，朱希孝只得去拜见张居正，讨要一个主意。张居正并不多说，只让他去找杨博。

杨博心中已有数，便开导朱希孝说："张公的意思，是想借你保全高阁老的体面，怎么忍心让你去做陷害人的勾当？"遂将了结此案的办法逐一指点。朱希孝茅塞顿开，大喜，掉头就走，马上着手实施审讯事宜。

此时已是正月二十八，数日之内，事情已峰回路转。最明显的标志，是张居正为此案又上了一道奏疏，建议要谨防王大臣妄攀主使者。他说："臣听说厂卫连日加急审讯，案犯支吾其词，案情仍不甚清。臣以为应稍加缓和。如迫得紧了，反倒将真情掩住了。审讯过急，恐怕还会诬及好人，有伤天地和气。"

此疏，与此前所上务求"主使勾引之人"的那一疏，立论已有天壤之别，说明张居正已决定将此案全面刹车。

此后，他又连续给高拱写了两封信，头一封是安抚高拱，以免他受惊而死；第二封，是更诚恳的好言劝慰。

张居正在最后一刻，终于意识到了自己的愚蠢。此后办案情况的发展，证明他及早抽身是十分明智的。

朱希孝这人，是掌管锦衣卫的武官，深得张居正信任，但以往与高拱亦有旧交，此时也甚为同情高拱的遭遇。既然张居正已发出转向的信号，朱希孝便决意为高拱洗清。

按照杨博的指点，朱希孝派了一位得力校尉，秘密提审王大臣，问他："私闯大内，谋刺皇上是要灭族的，你为何要做这等事？若从实招来，或许可以免罪。"

王大臣始而茫然，继而大哭："是辛儒教我这么说的。他说，只有主使者才有砍头之罪，我这算是自首，不但无事，还可以有赏。谁知道，如今假供全都成真的了！"

校尉也不多说，只点拨了一句："到如今，你只有说真话，或许还可活命。"

得了王大臣亲口所供，校尉立即报告了朱希孝。朱希孝微微一笑，挥手让校尉退了："好了，没事了。"

二月十九日，厂卫联合会审，堂上气氛，一派肃然。

待朱希孝刚一到东厂，原本风和日丽的天气，忽然就黑云压城，风雨大作。东厂内的审案官吏们不禁为之色变，一时人心惶惶。

对此案早就持有异议的东厂理刑官白一清，对两位东厂的问官千户说："天意若此，你们就不怕吗？高老是顾命元老，这事本来与他无关，现在却要强诬他。你我都有妻子儿女，做这种事，他日能逃得了被砍头的结局吗？你二人受冯公公厚恩，当向他进一句忠言。况且王大臣供词前后不一，你们为何在结案文牍上写'历历有据'？"

两位问官面面相觑，只得解释说："'历历有据'是张阁老亲笔改的。"

不一会儿，冯保也到了，会审当即开始。

东厂问案，照例是打了再问。十五下杀威棒是少不了的。这一打，王大臣不干了，大叫道："说是给我官做，永享富贵，怎的又打我！"

冯保喝问："说，是谁主使你来？"

王大臣这时已有了一定醒悟，怒目圆睁，冲着冯保说："就是你主使，你难道不知晓？为何又来问我？"

当场打脸，直截了当！冯保差点儿没气晕过去，只好强挺着问："你说你认识高阁老，是怎么回事？"

王大臣又是一跳："不是你教我的吗？我怎么能认识高阁老？"

冯保此时，脸已气得成了猪肝色。

朱希孝见面太尴尬，连忙接过去问："刀剑从何而来？"

这王大臣，虽然智力有点儿问题，但是他琢磨，假如按照冯保所说，承认谋刺皇上，反而能做大官，这里面的逻辑不大对头啊！于是索性咬住冯保不放："是冯公公的家奴辛儒给我的。"

朱希孝怕再审下去，冯保要收不了场，便厉声喝道："胡说，连问官都敢攀扯！该打！"

说罢，拉起冯公公就走，审讯不了了之。

冯保被气晕了头，越发不肯罢休，回宫后，面奏万历说："陛下，臣已查明，是高拱主使行刺！"

他话音刚落，宫内一位七十高龄的殷太监，猛地跪在万历面前，说："万岁爷爷，您别听他的！高阁老是个忠臣，怎么能干这等事？他一个大臣，荣华富贵都有了，若要行刺万岁，他图的是什么呢？这绝无可能！"

殷太监随后又转头，对冯保说："冯家，万岁爷还小，您积点儿德，好好扶持万岁。高老是忠臣，受了顾命的，谁不知道？是张蛮子想夺首相做，要诛灭高老。你我是内官，又做不了外廷的官，你跟着张蛮子忙个甚？你现在要是做了这事，将来一旦翻案，咱们内官一定会受牵连，不知又要有多少人头落地，可万万使不得！"

冯保听了这一席话，脸色骤变，想发火，却无言以对。

他退下后，刚好碰见太监张宏。张宏也劝他："此事万万不可为！"

冯保这才感到，眼前的这堵墙，怕是绕不过去了。思前想后，决定罢手。他派人给张居正带了话去："宫内有人跟皇上说了话，事情办不下去了。"

第二天，张居正就下令，将王大臣从东厂提出，转交刑部，由三法司会审。法司的动作相当快，当天就提审。但是他们发现，王大臣已经被人强灌了生漆，成了哑巴，无法吐出任何口供了。

究竟是何人干的，各种史料的说法不一，无非是说，显然是张居正和冯保两人之一。

二月二十一日，三法司再审，也不问话，只拟了闯入宫禁罪，建议斩首，将此案果断了结，任何人不再涉及。

这正是张居正最希望的结果。他立即依据法司意见，上疏请求允准执行。

由此，这个王大臣，就成了古史上最有名的一位流民。

此事的前前后后，令人惊心动魄，忽焉而起，忽焉而落，说明万历年之初的张居正，终究还是怕众口喧哗。在这世上，人心，初看是最没有力量的一种力量，但是一旦全面爆发，其势也万难阻挡！

张居正在舆论面前及时让步，既保全了自己，也保住了冯保，尽管二人在名誉上已经失了不少分。

史载：因为此事，举朝皆厌冯保。

盟友之污，即是己污。如此拙劣的诬陷，无疑是第二个"风波亭"，险些让张居正成为历史上的第二个秦桧。

看来，权臣自可用权，但心术毕竟不可太歪。

王大臣一案，叙述得较具体的，莫过于高拱晚年所著《病榻遗言》。此书内容，虽不免掺杂高拱较多的个人情绪，但证之《明史》《万历邸钞》《万历起居注》《明神宗实录》等七八部书，情节大同小异，可见高拱所言，距事实并不远。

高拱在回忆中，曾实指张居正企图将他灭族，事不成后，却又自鸣其解救之功。这一点，应是不谬的。

而张居正事后，在给友人的信中，只是再三强调，此事全赖他力挽狂澜。

后来天启年间的大学士朱国祯，是过来人，曾亲历此事，有比较公允的看法。他说："看来张欲杀高，是无疑的。但张似不应如此愚蠢，或是当中有小人加以利用，也未可知。另还有一说，此事全出于冯保的主意。"

王大臣一案，轰动中外，连朝鲜使臣也有耳闻，记下了王大臣案在北京城的民间说法，说是在京城，提及构陷者是何人，"道路之言，皆指太监"。

此案内中一些详情，永远不可为人所知了。各种著作中，也有一些不一致之处。譬如，曾有人说，辛儒秘密给王大臣送去蟒袍与刀剑，剑柄上镶有猫眼石，诱惑王大臣以此为作案物证。这么做，是为了加重此案的分量。

还有的书上说，朱希孝在东厂会审时，曾令王大臣辨认混杂在人群中的高拱家奴，王大臣茫然无所知。以此确知，他的口供均系捏造。

此案对高拱来说，可算是因祸得福。因这次诬陷失败，张居正与冯保，后来一直未敢再对高拱下手，以避清议。因此，高拱得以安享晚年，在故乡整理和写作了大量著作，留下了一些有价值的文献。

从对此事的处理上，我们还可见出，张居正在应对突发事件时的一个特点，就是易于感情用事，反应较为冲动。这与他平时的沉稳极不相称，几乎判若两人。这个特点，在以后还会数次出现。

此外，张居正历来有收买人心的一套手段，既做了事情，又不肯承认，反而标榜自己是解铃人。不过这种自辩，往往功效不大，掩耳盗铃而已。

最后还要说的是，张居正在阻击政敌时，往往在紧要时刻良心发现，不肯出手致命一击，有时反而能为对手略做解脱。

功利与人性底线的冲突，在他身上，交缠虬结，不可以非黑即白来概括。

近年有些评述张居正的小册子，为描红他"改革家"的形象，竟然将他排斥异己甚至诬陷政敌的行为，一股脑儿赞誉为大刀阔斧的改革措施，这倒是令人哑然失笑。

改革家，就没有私欲了吗？

改革家就没有过可能陷于万劫不复的败笔吗？

还有的著作，将王大臣案的戛然而止，说成是张居正胸怀远大、高度明智所致，也是赞美有加。

事实如何？恐怕只有张居正心里最清楚。

他大概唯有庆幸：当一天阴霾消散于无形时，只祭了一个王大臣，其他各方，并无惨烈的损伤。万历初年刚刚稳定下来的政局，没有遭到伤筋动骨的损毁。

张居正侥幸摆脱了一次最大的危机，那么，他现在觉得，可以向前走了。

第三章

治国怎能不以治吏为先

这一瞬间如此辉煌。

当张居正位极台鼎、独步政坛的这一刻，不知他是否在夕阳中登上过东华门。如果曾有这样的闲暇，他就能看到，京城九门，那浩茫如海的烟霭……

从这里伸展开去，是何其辽阔的疆土！

河山雄浑，哪里不是生育蕃息、牛羊被野？

这样一个老迈的帝国，将如何重生？如何奋起？将怎样在万丈尘埃中洗涤一新？

张居正从江陵地方的一个书房里，走到了这个制高点，以孤独之躯，横对天下之变，他是从哪里来的这无比勇气？

"位卑未敢忘忧国"，这没错。当年他一个青衫学子，也曾经这样想过。可是，国之兴亡，真的只系于匹夫的肩头吗？难道，高位者反倒可以不顾了吗？

少年时，曾无数次念叨过"肉食者鄙"；如今自己成了肉食者，该当如何自处？

海内多颓靡之政，纲纪已土崩瓦解。各路当道者，不知忧患，还在恣意地自己掘自己的坟墓。士大夫做了官，不问民生，只问钱途，哪还有半点儿苦读时代的神圣感？

张居正却不然，尽管猜疑误解者颇多，他内心的执念却一直没动摇过。他要攘臂而起，不从浊流，要捣破眼前这醉生梦死的局！

他受过申不害、韩非法家思想的浸染，相信只要"大破常格，扫除廓清"，天下之弊不是不可除，沉陷的人心也不是不可救。

关键是，从哪里开始救起？

他说："事有机，政有要。"这个机要，其实就是"安民生"。

大明帝国，确有很多事情不可思议：皇家富有四海，四海却民不聊生。想那上古时候刀耕火种，先民们尚能温饱，且有余兴手舞足蹈。而今百姓则疲于奔命，苦于谋一粥一饭，其中原因又在哪里？

——有残民枉法的官，就有嗷嗷待哺的民；有视百姓为草芥的统治者，就有视官吏为仇寇的布衣。

张居正早看出：患不在盗贼，而患吏治之不清；安民之要，唯在于核吏治。民的问题，还在于官有了问题。

当时的官员，腐败、颓靡到了什么程度？

请看张居正对他们的描述——虚文浮夸相沿成习，剥下奉上以求政绩，奔走趋承以图升迁，强行摊派以谋达标，敷衍草率以推罪责。

真是活画出一群庸吏的嘴脸。

明代官场的冗员之多，膨胀之速，堪称惊人。到正德年间，天下有文官二万四千人，武官十万人，廪生（享受官府供给的生员）三万五千八百人，吏员五万五千人。全国收上来的税粮约二千六百万石，还不够给他们发俸粮的。以至于王府缺禄米，卫所（驻军）缺月粮，边防缺军饷，各省缺俸廪（薪俸粮），成为常态。

张居正在隆庆年间，就曾建议：与其拖欠俸禄，上下都烦恼，还不如裁掉一批冗员，以节省俸禄钱。

俸禄虽然有拖欠，官僚们却照样活得很滋润。明嘉靖以后，官场贪风大盛，从首辅到吏员，无不贪贿。当官竟然成了一场贪污竞赛。

据《新会县志·风俗篇》载：正德、嘉靖年之前，有两袖清风的人辞官回家，邻里都纷纷慰劳，啧啧称赞；如有贪官回乡，众人皆耻于与之来往。嘉、隆之后，风向大变，有官员退休，乡人竟不问人品，唯问揣了多少金回来。人们相与嘲笑的，就是那些清白贫穷的"傻官"。民心若此，可见官风如何！

这群贪官，吃了，拿了，又不干事。以至苟安于位、但求无过、多敬上司、少惹是非等等，竟成了官场上的信条。上下应对，都是官话，对于民间疾苦，却一如盲聋。

顾炎武曾说：那个时候，贪污巨万（上亿）的，只不过被罢官。连微不足道的刑名小吏，都能富得流油。何为"至上"，何为"小道"，全都颠倒了。

这样一批无良、无廉耻的官吏，如何能当得起强国富民之责？

张居正早把他们看透了。他说：这一群人中，实心爱民、视官事如家事、视百姓如子弟者，实不多见！

那么，面对这样一个庞大的集群，又该从何处下手才是？张居正认为，"稽察吏治，贵清其本源"。何谓"本源"？张居正说："一方之本在抚按，天下之本在政府（内阁及部院）。"

——不是吗？上梁不正下梁歪。只有督抚、部院带好了头，下面才可能克己奉公；上面的要是放手贪贿，下面的当然就更加肆无忌惮。

至于整顿的时机，他认为应是新君即位时，因为这个时候，人心皆有所期待。民心可用，舆论可恃，那就是向弊端开刀的好时机。若是优柔寡断，或只打雷不下雨，则会大失人心，导致惰政依旧、政局窒息，后再欲振之，则不可得。

张居正决心出手了，否则这批蝗虫，必将把国家吃垮。

他为大明帝国的改革，所布下的第一颗棋子，就是"课吏治，信赏罚"。先提高行政效率，让国家像个国家。

不然的话，帝国这辆老旧马车，连车轴都要锈住了！

当初朱老皇帝建立这个帝国的时候，刚刚脱离农民身份不久，民间疾苦，仍记在他心头。那时朱元璋说："从前我在民间时，见州县官吏多不恤民，往往贪财好色，饮酒废事。凡民疾苦，视之漠然，我从心里恨透了。如今要立法严禁，凡是遇百官贪污、蠹害百姓的，决不宽恕。"

他之所以用严刑峻法来对付贪官，本心还是想实行恤民之政的。可惜在皇权专制下，求清廉，讲民本，无异于缘木求鱼。当官是享受，没好处谁当官？百姓噤口，谁来鞭策？朱元璋到最后，陷入了与武则天一样的困惑：为何杀人如麻，贪官仍前仆后继？前任被剥的皮，就在官府公座旁，后任却贪渎照旧，安之若素。

儒家讲中庸，官场上尤不喜偏执，在开疆拓土上、在与敌谈判上、在物理探求上，总是适可而止，以退让而求平稳，以无为而胜事功；唯有贪污之欲，却好似永无止境！

不知那些贪腐之徒，背着三生三世都用不完的金山，要到哪里去？

性好贪渎，却又冠冕堂皇。古来堂堂州县衙门里，皆有匾额、条幅等，上书座右铭式词语，曰"正大光明"，曰"明镜高悬"，曰"下民易虐，上天难欺"。但是，可曾有几人，能把这些词语当真？

正如当时人所言："下民易虐，来的便著。上天难欺，他又怎知？"

嘉靖年以来，苍天盲了眼，看不见国家养了一群硕鼠，但张居正看得清楚。

他在担任首辅十七天之后，代皇帝对百官拟了一个诫谕，明示正大光明之途。这个警告谕令说："近年以来，士风败坏，纪律松弛，致使有人钻门觅缝，以作为捞取好处的途径；有人拉帮结伙，公然施展排挤之术，污蔑老成廉洁的官员为无用，夸赞奉承奸诈之徒为有才。用人之道，全在爱恨恩仇，遂使国家的任免官吏之权，成了臣僚获取酬谢的资本。"

点破了官场贪庸的积弊之后，张居正以皇帝之名，下了决心："朕即刻就要大事扫除，以廓清乌烟瘴气。各衙休得以自家好恶为标准，开枉法之门。部院司曹应当分好工，以替国家分担艰难，监察科道须以公心为是非，各进直言，以供朕咨询。"

他在给李幼滋的几封信中，更是明确表达了决心革除百弊、振兴国家的大志。他说："今部署已定，以后仍当综核名实。"所谓核名实，就是核查官员究竟能干不能干，做了多少事，与其官职相不相称。他认为，不考核成绩，怎能知道一个官员有多少真才干？

张居正也清楚，此去前路，不会有真正的知己与盟友。敢为天下先者，从来就是"惊起却回头，有恨无人省"（苏轼《卜算子·黄州定慧院寓居作》）。但这一切，他慨然受之，即便遭受怨谤，也无所顾忌。

他决心要实事求是，正己肃下，自己带个好头。法律要求严惩的，虽是权贵、亲信，也不宽恕。凡是有才干可重用者，虽是被人孤立、疏远的，也不能遗漏。

说起来，张居正当时已位极人臣，若像严嵩那样以固宠为要，也可保一生荣华富贵，但他不屑为之。他这种选择，是一种慨然丈夫之志。的确也是，古往今来，滔滔东逝水，已淹没了多少鼠辈庸蠹。前人不以为悲，难道后人也不觉为悲吗？人活于世，须有一股正气，岂可向暗处，贪小利，等同蝼蚁而耗完一生？

眼见得国家已如病猫，何日得重见雄风？张居正眼前的大明，确实已到了一个关口。全天下只懂得如何做官，却不留意如何做事。国家养了官，却日日在扰民害民。这不是跟老皇帝淮右起义的初衷开起了大玩笑吗？打碎了一个，又来一个。那么，当初浴血，又是何必？

国家养官，用的是来自老百姓上缴的税粮。养一个这样庞大的群体，国家与百姓本来就不堪重负，而这个群体要是再不做事，那要他们有何用？

明朝的中晚期，不幸就是这个样子。庞大官僚机器的所谓行政，可以说就是无数的"公文旅行"。比方，某官上奏一事，很紧要，皇帝照准，"批红"让有关部院去办，部院便下文，叫各省抚按去调查并处理。公文到了下面，如果事情难办，或有人请托，或部门间利益有纠纷，这份公文，就可以无限期地被扣住，不办也不回复，一拖几十年的都有。

张居正说："各衙门批复需要办理的奏章，每日都有。然而公文虽勤，而实效极少。"他以言官的工作举例说，言官议论，要建一法。朝廷说可以，写成公文，交付驿站而传于四方，言官之责便已尽到，却无人问这个法是否方便实行。就算是皇帝下旨，催问效果，答复也仅是"正在办"——让你皇上的诏旨也成一纸空文。

因此，在明朝，"一令之出，随辄废弛"的事，一点儿也不奇怪。

国家，就这样成了一架奇怪的机器。六部忙忙碌碌，公文雪片般往来，却没做一件实事。光见机器转动，却不见产品出来。国家费尽心机征税，百姓如牛负重纳税，就供着这几万官员过家家玩。

这是一个纸糊的国家。无怪一个仅有十万骑兵的蒙古部落，就能把拥有二百七十万常备军的大明打得鼻青脸肿。是船不坚炮不利吗？是明朝的科技落后吗？是将士的勇气不如人吗？

只要想想，二万多文官、十万多武官、五万多吏员，一天到晚，忙的就是迎来送往，吃吃喝喝，有空了往公文上写写"等因奉此"——还指望他们能战胜谁?

嘉靖年间,惰政愈演愈烈。有的衙门,有了官缺也隐瞒不报,等有了合适的亲戚朋友再来顶上。有的官员到京接受考核,不先到吏部报到,而是先去钻营门路,蹚好了路子再说。有的官员对任命不满意,就称病不领文书,直至任命作废,再去活动更满意的职务。

张居正对此,忍无可忍,于万历元年(1573)推出了著名的"考成法"。

考成,就是考核成绩。做了还是没做,必须查得一清二楚。

考成法规定,六部和都察院,必须将所有往来的公文登记造册,每月底注销一次(检查是否办完)。除了例行公事、不必审查结果的之外(贺岁奏章等),其他凡是需要查询、互商、回报、督促检查的公文,都要另外造登记册。一式二份,一份送六科备查,一份送内阁备案。六科根据这个登记册,逐一检查,到下个月底陆续"完销"(落实办结)。这样,就能确保绝大部分事情,不会拖过两个月再办完。

然后,每半年再汇总核查一次。如有拖延没办完的,要开列清单,报给内阁,并下文牒到部追查,部里要讲明原因。第二年的每个季度,六科都要再对上一年没办完的事,逐个清查一遍,直到查明完销为止。

各省如果有拖延办事的官员,由部院举报。部院注销不实的,由六科举报。六科有隐瞒不报的,由内阁举报。所有的公务,只要逾期未完,负有责任的官员名单都将上报给内阁,由内阁拟旨查问。无正当理由而不办的,要给以惩罚。

形成如此一个层层监督的网络，内阁对下面的办事效率和进展情况，就心中有数了。六科也有了正经事干，没工夫去无端找碴儿了。

这个办法，看起来没什么神奇的。

但是，堂堂大明朝二百年，谁也没有想起来，解决问题就可以这么简单。

即便是聪明盖世的朱老皇帝，也只是制定了一套要求公文备案的制度，也没想起来要制定相应的落实制度。

老皇帝白当了一回农民，居然会不明白：马儿不鞭策，它是不走的！

考成法出来后，兵部率先执行，其他部院纷纷跟进，效果奇佳。万历三年（1575）正月，凤阳、广东、浙江三地的巡抚，因上年未办结事，而被罚俸三个月，全国官员震动。万历四年（1576），地方抚按中有六十三人合计未完成一百三十四件事，为此，郭思极等人因每人未完成十一件事以上而被夺俸。万历五年（1577）十一月，户部员外郎贾实等四十八人，因渎职而被勒令致仕（辞职）。万历六年（1578），共查上年应办的一百三十七件事，有七十六人被查出逾期，各受处分。

考成法，点石成金了！

张居正以一人的意志与权威，终于终结了庞大帝国无效的空转。《明史》称，考成法一出，官吏不敢文过饰非，虽在万里之外，朝下旨而夕奉行。

万历六年，户科给事中石应岳说，考成之法一立，数十年的废弛积压之政，渐次就修补齐了。万历后期的阁臣沈鲤也曾说，天下再无不奉法之吏，朝廷亦无制定后而不能推行之法。

张居正由此，建立起了极大的威望，史称他"以天下为己任，中外想望丰采"（《明史·张居正传》）。

考成法为帝国的车轴加了油，张居正还对不大灵便的车轴也进行了修理。与考成法相辅相成的，还有以下几个措施——

首先是不拘一格选人才。

明朝的文官，出身有三种途径，一为进士，二为举人、监生与贡生，三为吏员。监生、贡生分别是落榜举人和由地方学官推荐的秀才，考入国子监（中央大学）学习的"进修生"。吏员是通过服吏役而获得做官资格的人。明代的农民、士兵，家有两三男丁以上的，须抽一名能识字的到官府服役，为期三年，抄抄写写，跑跑总务。三年后，优异者可进入京城各衙门服役三年，而后就可做官了。这种做法实在堪可玩味——几乎是强迫识字的普通老百姓一定要做官了。

洪武年间，上述三类人都可当官。永乐以后，开始讲究文凭。吏部用人只看资格。提拔最快和能升到高位的，唯有进士；举人、贡生则多受限制，吏员更不用提。部院和地方主官，全部由进士出身的垄断（做大官哪那么容易）。

嘉靖皇帝曾有意改正这一弊病，恢复高级官员的"三途并用"，但实行了两年，各地巡按保荐上来的官员，仍是进士居多，举人罕见，秀才则绝不予以推荐。

到了隆庆年间，更是进一步发展到无论怎样无能的进士，都是一流人才。持有高学历文凭者，不分青红皂白，都是香饽饽。文凭低一点儿的，则被视为无用之人。比如，进士出身的，为政如果宽厚，往往被誉为爱民；若举人为政宽厚，则被斥为姑息养奸。进士为政严厉，往往被誉为精明强干；举人出身的若严厉，那就是暴虐无道了——天生就是小媳妇，怎么的也没个好！

此种选人办法，后果是：一旦科举考中了进士，即是大功告成，人人不再求上进，其中有卑劣的，更是放纵自己，骄狂不可一世。未得到进士出身的，先天就被定为劣等人才，注定上不去，于是心灰意懒，得过且过。

这种"文凭＝才干"的选拔制度，根本就不是个激励机制了，而是一种反激励机制。导致士人在考试前，人人皆思进取，想报国。一旦考完，中了进士的，有恃无恐，觉得无须再努力了；未中进士的，感觉前途无望，做一天和尚撞一天钟。两种人，都缺少认真做事的动力，国家哪里还有什么可用的人才？

早在隆庆年间，高拱就开始了用人方面的改革，要求授官之后，只考察其政绩，而不必问其出身。张居正主持内阁后，并没有因人废政，而是继续执行这一政策。认为良吏不专在甲科（进士），甲科也未必尽是良吏，曾有明文规定，推荐官员不得偏重甲科。

为了防止官僚群体对新举措的抵制，张居正对科道官员的推举，干脆规定了一个比例：进士占四分之三，举、贡占四分之一，确保有一定比例的举、贡人才能进入科道。对太常寺（掌礼乐）、鸿胪寺（掌礼仪）及五城兵马司（负责京城警备）等衙门的主官，均取消了出身限制，非进士的也可担任。

有一个例子最说明问题。有个吏员出身的黄清，曾任通判，为官一贯清廉，被誉为"天下第一等清官"，而且富有才智，善于应变。后任嘉兴同知，主持修建二千七百余丈长的海盐县海塘，工程至为坚固，费用最为节省（因为不贪污）。此人什么都好，就是与上级、同僚的关系处理不好。张居正不顾有人议论，将其提拔为两淮盐运使同知，让他主持修建漕河的关键部位——高宝内堤。此堤在此之前，长期完不了工，黄清一去，两年即告完工。张居正激赏此人能力，又提升他为太仆寺卿。黄清死后，张居正应总理河道大臣潘季驯的请求，为黄清立了祠，以供百姓纪念。像这样小小的一名吏员，竟受到如此器重，对当时的官场震动极大。那些文凭资格不过硬的人，都看到了上进的希望。

明代的官员任职，还有一大弊病，就是任期过短。本来，明初洪武年到正德之前，官员任期一般是九年，这叫作"考满"，考满了才能调动。如果政绩卓著，上下都很满意，则任期也可能长于九年，因此，历朝都有任期超过十五年的地方官。比如，永乐至正统年间，吏部尚书蹇义，甚至连任三十三年，几乎干了一辈子的"太宰"。

到正德年间，这个好传统被武宗皇帝破坏了，任职更调过于频繁。一官到任，屁股还没坐热，就走了，还谈何了解一方民情、办妥一件实事？官员在任时，都无长期打算。只要无过，就可升迁，谁还愿意多事？所以皆不以民事为急，崇尚虚文，按日子等待升迁。有那说得天花乱坠如孔孟再生，而实事一样不干的，也许反而升得更快。

嘉靖年间，也曾经有过规定，官员必须期满才能调动，不许无故更调，但却实行不了。直至隆庆年间，高拱、张居正联手推新政，方有所好转。张居正则在万历二年（1574）公布了"久任之法"：知府通过"两考"（三年为一考）才能升职。如果满了"三考"，也就是任职九年，就可升布政使、按察使（行政、司法省级正职），不满九年的，则只能升到省级副职，按照明代官制，正与副差着两个级别。同时还规定，各省负责教育的提学官，若未处理完本年的科举事宜，不得升调。

各部院官员也是如此，有贤能称职者，就地加官，不必更换部门，免得客观上激发奔走谋肥缺的欲望。

当然，光占着茅坑也不行。张居正还规定，知府、知县当中，如有才干与官职不相称，或任职地不适宜的，布政使可以自行调换。

这个"久任之法"一实行，官员想坐火箭蹿升也难了，必须在任上做出实绩来，否则影响升迁。

——马儿是怎样跑起来的？很简单，就是用鞭子赶的。

张居正在考成法之外，对吏治采取的第二个办法，是整顿考核制度。

大明帝国的官员考核，在制度上可说是很严谨的，但是好经也怕念歪了。本来，"考满"制度相当科学，三年初考，六年再考，九年通考，只要有成绩，就升两级，跨上了一大步。另外还有"京察"，每六年对全体京官考察一次；"外察"，每三年对外官考察一次。其中，考满是看你政绩，京察、外察是挑你毛病，侧重点不一样。

这一套制度，如果遇到了歪嘴念经的，会如何呢？那就是走走过场，或者考语不实，赏罚不公，甚至到期不考的也有。

张居正了解这里边的症结，他说："做官之难，并非治民之难，而是伺候人之难；并非得下之难，而是悦上之难。"

他这是说了大实话！

乌纱革履，夜夜饭局，那是表面风光。迎来送往，笑到脸僵，似乎也不如平头百姓更自在些。

张居正说，很多为上者，好以爱憎喜怒来评定名次——你有什么办法？

本来明初时规定，官员考语由各衙的正官来写，察其能力，验其勤惰，要秉公考核明白，然后写出称职、平常、不称职等不同评语。但是，各衙正官谁肯得罪人？无非是你好、我好、大家好，到后来统统写上"称职"。

大明的官员，如果只看考核记录，那就几乎没有一个是庸官了，"称职"的评语成了虚套。对此，张居正严令，考语必须分出等级；假若都称职，那就是都不怎么样。他还提出了好官坏官的标准：以安静宜民者，为最佳。凡沿袭旧套、虚假矫饰者，虽有浮名，也要列为下考。

也就是说，安民为上，其余免谈。玩花架子的，无一例外，都是劣等官员。

张居正要求，考察官员只看他做事实不实，不必问他曾得罪于何人，考核必须依据事实，勿杂以爱憎。

如果被考察者得罪了什么大官，也不能影响提拔。一般的舆论评价，不能作为依据，出身资格更不能作为标准。由内阁及六科官员来监督部院，部院监督各省，考察如果失实，对考察官的评语同样也是"不称职"。你不好好考察别人，我就要考察你。这样一来，哪一层都不敢马虎了。

官员分出好坏后，对好的要奖励。根据张居正的建议，从万历二年起，皇帝亲自接见列入"廉能"一类的官员，赐宴并赏赐。这才是真的皇恩浩荡啊，小小低职官员，何曾想过能目睹天颜？因此，在皇权架构中，这是对廉能官员的最大激励。而对贪酷异常者，则要移送法司问罪。

即使是勋贵犯法，张居正也敢来硬的。朱老皇帝有个义子叫沐英，他的后裔，世袭了黔国公，世代镇守在云南。当时的黔国公沐朝弼，屡次违犯国法，按律应法办，但一般人顾忌他在云南根深蒂固，怕引起变乱，主张姑息。张居正却力排众议，认为此事用一使者就可以办，沐朝弼必不敢反。于是，派一使者前去云南宣读诏书，宣布由沐朝弼的儿子继承爵位，然后逮捕了这位老爵爷。沐朝弼知道新政厉害，果然乖乖就擒。

向一个庞大的惰性群体开战，从张居正这一面来说，是一场名副其实的"一个人的战争"。

自从高拱被驱逐后，从隆庆六年（1572）到万历三年（1575）八月，与张居正同在内阁的，只有一个吕调阳。后来陆续增加了张四维、申时行、马自强。但在整个"江陵柄政"时期，只有他一个人有实权。内阁、部院和全天下官员，只是在执行他一个人的意志。

两宫太后与皇帝，将中外大权悉以委之，这就是一把所向披靡的剑。这场战争，也因此以张居正的大胜而告结束。

帝国这辆破车，终于让他给修理出个样子来了。

所有的问题，一旦说破，竟然简单到难以置信。原来，都是人的问题。即便是恢复到老祖宗的制度，只要人的工作有效率，国家也一样有朝气。

张居正说过：法之不行，是因人之不力，不议人而议法，有何益？

他多年潜心钻研典章制度，知道帝国的软肋在哪里——就是办公效率。他的考成法，就是把考核与办公效率结合到了一起。交给了你几件工作？办完了几件？没办完的是什么原因？三个问号解决好，就万事大吉。

——反观之，所有过于复杂的事情，都多少有些可疑。方案、规划、规定千万条，有几句话是真正能操作的？有几句话是真正能起作用的？各种前卫概念纷至沓来，哪个概念能在低效率下创造高产？不粉饰，不吹牛，不搭花架子哄上级，实实在在地做，才是称职。

张居正不是现代人，但不等于他不聪明。聪明跟现代不现代没有关系，只跟能不能有效率地办事有关系。

万历二年（1574）正月十九日，紫禁城内的会极门张灯结彩。文武百官服装鲜亮，肃立两旁。十二岁的小皇帝昂然而出，官员虔诚地三叩九拜，"万岁"声直冲云霄。

大太监冯保跨前一步，高声宣读获奖"廉能"官员名单。受表彰官员鱼贯而出，伏地谢恩。

廉洁干练者扬眉吐气，嘉靖以来，这是第一次。这才是国之大幸。

张居正位列百官排头，春阳照在他的脸上，神采非凡。在他的身上，相权之重，古来未有；治国之才，也是古来罕见的。这也是帝国之大幸。

大明的国运，眼下正有如祖宗祭坛上的香烟，蒸腾直上。还需要叹"千古江山，英雄无觅，孙仲谋处"了吗？

不用了！

张居正，永远不会有这种悲叹。

在他的理念中，腐朽与新生，沉沦与崛起——这中间并没有不可逾越的天堑，而是一苇可渡。之所以做不到，是没有人认真在做；之所以做不成，是没有人真正想把它做成。

朱老皇帝以一介农夫，赤手空拳，揭竿而起，建立了一个伟大的帝国。这是奇迹。但是当这个帝国具备了所有完善的国家机能以后，为何反而创不出奇迹来了？是因为——

国家之老，老于人心。

对有些臣僚来说，既然大明这条宝船是永不沉没的，那还用管它往哪里开！但是，船真的是永不沉没的吗？

可惜这一问，惊醒不了太多明朝的庸官恶吏。贪酷之徒，只知道财富是无尽的；庸惰之徒，只知道太阳每天都要升起；奔竞之徒，只知道塔尖上的风光最好。对他们来说，民力可以无止境地使用，人心可以无顾忌地踩踏，笙歌可以无终结地演奏下去。这一切，永远无须偿还。

他们哪里知道：就在这脚下三尺土中，"宫阙万间都做了土"（张养浩《山坡羊·潼关怀古》）。昏睡百年的大明，也已开始摇摇欲坠。

历史，恰在这个时候选择了张居正。他自布衣起，登入庙堂，自称是受恩深重，义当死报。难道世路多荆棘，他不知道吗？

他当然明白。

54

但国家兴衰，不止是一个人的祸福。拯民救时，五尺男儿，能罢得了手吗？

正所谓"无限沧洲渔父意，夜深高咏独鸣舷"（张居正《舟泊汉江望黄鹤楼》）。

这内心里最深邃的啸声，不知有谁能听见？

第四章

遥看戚家军旌旗猎猎

张居正"江陵柄政"十年间，最值得人称道的还有善用将帅、安定边陲之功。

在隆、万交替之际，大明的天下，还不能算四方晏然，各处仍时有闻警，这都是正德、嘉靖两朝留下来的烂事。

那两位自我感觉良好的皇帝，在国防决策上，实属低能儿，对外战略完全短视，忽战忽和，缺乏长期打算。对所起用的边将也是信疑不定，很难让人愿意卖命。仗要是打输了，那就都是下面的错儿，蓟州前线在十七年中，竟更换大将十人，没有一个不是获罪撤职的。总督王忬与杨选两人，还因吃败仗而被皇上杀了头。

只有低能的下属，没有低能的上级。皇帝的心理倒是平衡了，但事情却毫无起色。

兵备松弛，到了近乎儿戏的程度。

军官们普遍强迫士兵服劳役，十分残苛，导致兵卒大量逃亡，当官的正好吃空饷。以京军、边军的编制论，合计有一百万，但实际有多少鬼才知道。以京军为例，嘉靖时的编制是十四万，按人头一个个数的话，只有不到六万，而能打仗的，大概也就二万。

明初的军屯，到后来已无法生效，攒不出军费来，军费均由财政支出。一年军费七十余万两，一打仗就超过百万两，那就要占全年财政总支出的七成。从太仓发放到边境的军饷，年年不足用。这么大个包袱，哪个背得起？

花这么多银子，要是养一批精兵，也还不算冤枉。可是大明的军人情况如何？几近儿戏！军官都是世袭，吃惯了空饷，骂惯了士兵，哪里懂得带兵？一遇检阅会操，就临时拉来一批老百姓充数。兵部的大员下来，检阅阵前，只是一片嘻嘻哈哈、手舞足蹈。兵部官员受了贿，也不见怪：儿郎们还好嘛！

这就是大明军。无怪在庚戌之变时，京军一听说要出城"打鞑子"，竟人人号啕大哭！

边防溃烂，这"溃烂"二字，一点儿都不过分。

"燕然未勒归无计"，前人所忧，也正是张居正之所思。

就在入阁那年，隆庆元年（1567），仍有一次俺答兴兵犯境，兵锋直薄北京城。经过张居正与高拱经略，边防才有所复振。到张居正完全执掌了最高军事权之后，就更是加紧调兵遣将，整饬武备。大明的千里边防，渐渐竟然有了一支虎贲之师！

书生稳坐帐中，决胜千里之外。张居正在入阁后的十六年中，与边防将官频频通信，指点机宜。这些函件舍弃了公文套路，事无巨细，详为谋划，在他的文集中收录有百余封。

他知道，在前方的将领选得好不好，是边防安宁不安宁的关键。他选将，要的是既骁勇善战又足智多谋的那种。他用将，是授予大权，令其坐镇要害，统辖一方。用之则不疑，即便有什么无关大局的错儿，也是曲为维护。

有了称职的统帅，自会有不怕死的大将。

有了称职的大将，自会有不怕死的部伍。

那时，四方皆有将星熠熠：俞大猷、谭纶、戚继光、李成梁、王崇古、方逢时、殷正茂、凌云翼……均为一时之雄。北虏南倭，对此无不心生惧意。边防上的形势，开始由危转安了。

这其中，张居正对戚继光、李成梁两位著名将领的使用与关爱，不能不细说一下。

戚继光是山东登州（治所在今山东蓬莱）人，字元敬，号南塘。他出身于军士家庭，十七岁时承袭父职，任登州卫指挥佥事，负责海防，也就是对付"南倭"。戚继光少年时便有雄心壮志，曾赋诗曰："封侯非我意，但愿海波平！"

嘉靖三十一年（1552），戚继光应考山东武举，在数百人中脱颖而出。次年夏，被提为山东都指挥佥事，参与当地的海防抗倭。此后十余年间，辗转山东、江苏、浙江、福建，再到广东，到处留下"戚家军"的赫赫威名。

张居正入阁后，调戚北上，总理蓟州、昌平、保定三镇练兵之事。这是为戚继光特设的一个职务，本意是让他能够带更多的兵，但因为和三镇的总兵官权力划分不清，诸将多观望。于是兵部将他调任蓟州总兵官，能实际控制一镇的军队。可是这样一来，名衔却有所降低，戚继光为此怏怏不乐。张居正那时还只是一普通阁臣，不能直接改变这一状况，便说服隆庆皇帝，改任戚继光为总理练兵兼镇守，可以节制昌平、保定两镇总兵，便于练兵。

戚继光是一名罕见的将才。据王世贞说，他从军三十年间，未曾有一日不披坚执锐，总是与士卒共命运于矢石之间。《明史》中也说："戚继光用兵，威名震寰宇。"看来他是从来没玩过虚的。

戚继光初到北边，见北地边军纪律松弛，就与谭纶一起调来三千浙兵。浙兵都由他一手训练而成，纪律严整，可充军中骨干。刚到北边那天，正逢大雨，三千浙兵伫立雨中不动，从早至暮，有如树林。北方边军看见，无不震骇，才知道军令如山是什么样子！

戚继光不负张居正重托，到北方后，轮训三镇边军，使其声威稍壮。又从沿海招募贫民屯垦，解决了军粮问题。

他有堪称天才的两大发明。一是"马、步、车"协同作战。在平原地带，鞑靼骑兵锐不可当，不好对付。戚继光临阵时，便以数十辆车围成堡垒，马步军掩藏其中。敌至，骑兵突出厮杀，车辆则趁机列好阵。

一旦敌方大军逼近，骑兵便迅速退入车阵中。待敌骑突入近前，则阵内火器万枪齐发。打得敌人焦头烂额。步兵则见机杀出，手持拒马器与竹制的锐利长矛，一字排开。敌骑兵冲入，收不住脚，顿时人仰马翻，不一会儿就队形大乱，纷纷溃散。车后的骑兵，便在这时跃出追击，撵他个屁滚尿流。

以此制敌，昔日蒙古铁骑闻风丧胆！

第二个发明是修筑空心敌台。北京一带原来的边墙，是明初大将徐达所筑（并非秦长城）。嘉靖年间又陆续修过，但年年有损坏。戚继光认为，蓟州边防绵延二千里，只要一处有缺口，整个边墙就都是废的，而年年修，年年有塌陷，纯属浪费。他提议，最好跨墙修建空心台，也称"敌台"。高五丈，中空，里面三层，上有雉堞（垛墙），内可宿百人。里面铠甲、器械、粮草俱全，士兵居内可守望，也可跑出来，迅速集结成野战军。

张居正对此给予了无保留的支持，亲自督促建造。从居庸关到山海关，共修了敌台一千二百个，又从后方调来浙兵九千人负责防守。

巍巍边防，此时只见千里连营，戚家军大旗猎猎飞舞！

大明原来的软腹部——蓟州，成了铁打的壁垒。

史载，北边一时守备坚固，敌不能入，都转到辽东去了。过去俺答入寇北京郊区的事，做梦也别再想了。

戚继光不仅会带兵，亦能作文，有诗集名曰《横槊集》。时人说他在军中，常于灯下读书，每至夜半仍不释卷。待兵事稍闲时，就登山临海，对景赋诗。

——好一个能文能武的大将军，真可谓猛士一出燕山，万里尘埃皆静。

可惜的是，木秀于林，风必摧之，这样的人当然不能安稳。戚继光成名以来，外界非议不断，实际上很受了些窝囊气。若是大家批评他不廉洁或盛气凌人，倒也罢了，该人确实有这类毛病；但挑剔他的人，专从军务上故意掣肘。

戚继光刚刚北调时，有的督抚和兵部的一些人，就看不惯。他们无法否认戚继光的平倭战绩，就说南兵不适合北边。张居正明确表态说，戚继光才智并非拘于一局，在南方行，在北方为何就不行？

隆庆那几年，由于戚继光治军不合一些要员的口味，触犯了当道，几乎遭灭顶之灾。张居正坚持"世必有非常之人，然后有非常之事"，及时给予了援手，使得戚继光能脱离险境，并有施展的余地。

张居正任首辅以后，把与戚继光友善的谭纶调为兵部尚书，又把自己的得意门生梁梦龙调去接任谭纶为蓟辽总督。这样，戚继光上面下面就都有了人，再有什么非议，自然有人给挡住。

对戚继光性格上的弱点，张居正看得很清楚，每每去信予以劝导。反复告诫他不要与人争功，不要无谓冒犯上司。这些劝说，使得气量狭窄的戚大将军有所收敛，适当地把尾巴夹了一夹，免去了很多麻烦。

士为知己者死，万古如此。张居正不但懂得如何治军，更懂得驾驭人心。对比来看，以为有了点权势，下级就一定要谄笑的，显然是自信不够。

首辅对一名边将，能如此耐心指点的，前所未有。想那戚继光一介武夫，怎能不甘愿效命？

平素在军中，戚继光乐与士卒同甘苦，每战之后，必亲自慰问伤残，祭奠亡灵，致使全军为之泣下。他镇守边关十六年，"北虏"不敢犯。在张居正执政时期，以军功升左都督，加太子太保，后又晋升太保，终成一代名将。

张居正倾注心血颇多的另一员猛将是李成梁。

李是朝鲜裔人，内附大明已有四代之久，世袭铁岭卫指挥佥事。他自幼生长在辽东，深谙鞑靼土蛮部的虚实。隆庆元年（1567）时，土蛮部进犯永平府，他援救有功，以参将升副总兵，协守辽阳，从此崭露头角。隆庆三年（1569），斩敌酋张摆失。隆庆四年（1570），俺答的儿子黄台吉，大举入侵辽东，大明总兵官王治道战死，辽东全线告急。李成梁继任总兵官坐镇辽阳，临危不惧，积极修工事，选将校，招健儿，稳住了局势。

《明史》中说他"英毅骁健，有大将之才"。此言不虚，他确实有一肚子奇谋。自此之后，李成梁所部便转守为攻，于隆庆五年（1571）夹击来犯之土蛮部于卓山，斩首五百八十余级。这在斩杀敌人十数人就算大捷的明后期，简直是立下盖世奇功！

到了万历年间，李成梁破敌之役更不可胜数。万历三年（1575），鞑靼泰宁部的炒花，纠集两万骑南掠永平、沈阳，李成梁率火器营迎头痛击，歼敌上千。

万历六年（1578），李成梁率军趁夜出塞，长途奔袭二百余里，直捣泰部进犯大军的营地——劈山营，斩首四百三十级，是为"劈山营大捷"。

万历七年（1579），土蛮与泰宁部的速把亥，两部人马合驻红土城，分兵进攻锦州、义州。李成梁趁夜出塞二百里，直抵红土城，斩首四百七十余级，此为"红土城大捷"。

万历八年（1580），鞑靼千余骑，从永奠入侵。李成梁又出塞二百余里，斩首七百五十级，尽毁其营垒。

类似这样奔袭二百余里，斩首数百级的战例，在这里难以逐一尽数了。

这一幕幕景象，为大明边关百年来绝无仅有。

辽东平原上，烟尘滚滚，大明军旗所向披靡。土蛮精锐全没了惯常的威风，被杀得七零八落，只恨爹娘少生了两条腿。昔日明军被动挨打的局面，已恍若隔世。

这些战役，也有几次是张居正亲自筹划的，但能领军取得如此惊人战绩的，非李成梁莫属。张居正深感李成梁忠勇可用，屡次请旨，为其加官晋爵，不吝封赏。

李成梁的战绩，也使万历皇帝大为开心，曾为此告谢郊庙，在皇极门向百官告捷。在张居正的数次提议下，李成梁一路高升，先后加太子太保、太保，世荫锦衣指挥使（子孙可任此职），封宁远伯。

李成梁的两个儿子，也是久经沙场的军人，能独当一面，屡有战功。

李氏父子率重兵守边，就如铁打的堡垒，雄踞辽东二十二年，威震绝域，鞑靼各部望之无不胆寒！

封爵后，李成梁遂了平生心愿，更是勇猛异常，于万历十年（1582），在镇夷堡设下伏兵，将来犯的速把亥斩首，灭了这个骚扰辽东二十余年的心腹大患。

天赐勇将予大明，亦赐良相予中国。

李成梁在张居正的掌控下，功绩非凡，彪炳史册。《明史》本传在写到他的功绩时，不吝赞美之词，说他作为边帅的武功之盛，为二百年来所未有。

但是，这样一个英雄，也有他丑陋的一面。史载，李成梁贵极而骄，奢侈无度，对辽东的军费、马政、盐业、政府采购无不包揽，以此中饱私囊，全辽商民之利，尽入他囊中。

在战功方面，也掺有水分。李成梁仗着边地遥远，不易核查，经常谎报战功。若敌已从别处突入内地，他则拥兵观望，并不出手。有时居然掩败为功，放纵部下，杀良民以取首级冒功。

擅杀平民冒功，是大明军队流行了百年的弊端，无人能够制止。到了李成梁这里，更是肆无忌惮。士兵们在战事结束后，成批杀害边境平民，割下头颅，按蒙古习俗重新结辫子，冒充敌首。兵部人员只看人头点数，其他不问。早在严嵩当政年间，边兵擅杀，就是边民的一大害。被严嵩害死的锦衣卫官员沈炼，曾有诗咏及，甚为沉痛："割生献馘古来无，解道功成万骨枯。白草黄沙风雨夜，冤魂多少觅头颅！"（《感怀》）

读史至此，令人有许多感慨，区区平民，究有何辜！李成梁若只有镇辽之功而无其他，也许可算得上是大明少有的圣贤了，可惜人性的黑暗，就是如此。

李成梁的所作所为，只瞒过了高高在上的阁部。地方督抚若有异议，一概被他排挤而去。当时，也有言官交章弹劾，却奈何不得他。

张居正对这个桀骜不驯的武夫，当然有清醒的认识。首先，他极其清楚李成梁的存在，对辽东防务乃至大明的安危，都有重要意义，所以从未动过撤换之心。这样的猛将，可抵得雄师百万，不是随便哪个就能取代的。鉴于大局高于一切，张居正对李的污行劣迹，做了不少让步。但对李部的所有动向，均了如指掌，决不放松警惕。

若李大总兵实在闹得不像话，张居正也决不给他好脸色看，恩威并用，把这个莽夫牢牢攥在了手心里。

万历三年（1575）五月，李成梁不知脑袋转了哪根筋，听到风就是雨，报称土蛮部拥兵二十万来犯，前锋已至近边的大凌（今辽宁锦州东北），特向巡抚请兵请粮，急如星火。

64

辽东巡抚张学颜，连忙写了奏章飞报兵部。兵部闻讯，张皇失措，一时竟拿不出办法来。连万历皇帝也被惊动，屡次问张居正："虏情如何?"

张居正却是异常镇静，对局势做了估计：此时正值暑天，又逢大雨连绵，不利于骑兵作战，绝非"北虏"进犯的恰当时机，土蛮部不可能愚蠢若此。于是，他一方面令戚继光严密防守，派兵应援，另一方面令宣府巡抚吴兑，详细探查敌情。

不久，两方面都有情报回来：边境上，连鸟儿也没有一个！纯属李成梁闻风生事，想自抬身价，趁机杀几个老百姓冒功。

张居正接报，大为震怒，请旨对兵部和李成梁严词申斥。他责问兵部：敌我虚实茫然不知，只是听于传闻，此等作为，与风声鹤唳、草木皆兵有何异? 以此举措，又岂能应敌?

当时的辽东巡抚张学颜，与时任兵部尚书的杨博，都是张居正素所倚重的大臣，但张居正并未宽假，同时也对李成梁狠狠打了一下。

万历六年（1578）三月，有鞑靼一部因得罪了土蛮，一行七百余骑，东来准备降明。李成梁部有一名游击想冒功，竟挥军掩杀，斩首四百七十级，掳掠大批牛羊，谎称获"长定堡大捷"。李成梁心知肚明，却大张旗鼓邀功。结果上边信了，又是一番告庙、颁奖、晋爵等，不亦乐乎。

当时张居正请假回江陵葬父，在家接到报告，大为疑惑，写信给时任兵部尚书的方逢时说：辽左之功，太过奇特。敌人既来就来嘛，还携带牛羊为何事? 七百余骑偷袭，必有周密之备，如何我军偏师一击，他们就四散溃逃?

事情最后是调查清楚了，但因皇上已下了"圣谕"表彰，一切都无法更改——天子还能被愚弄吗？张居正只得暗示有关边镇督抚：我这里，是洞若观火的！李成梁大约也知道瞒不过张首辅，于此之后，加倍小心，多年里未敢再犯浑。

从后来崇祯时期辽东的用将与防务看，张居正对李成梁的倚重与优容，是具有战略眼光的——"但使龙城飞将在，不教胡马度阴山"。谁不服这个气，谁就自尝苦果。连皇帝也不能例外。

至于边民与降人的冤魂，历史说到这里，就说不得了。

千载悲歌皆是冤，张居正除了叹息"乖谬如此，殊为可恨"之外，又能有什么更好的办法？

从全局来看，张居正对戚继光、李成梁青眼有加，委以重任，一举扭转了大明边防的颓局，是相当明智的。明代史家谈迁论及此事，曾高度赞赏，说张居正能够"尽人之才"。

对两位边将的器重，张居正也曾多次对人剖白，说自己这样做并无私人好处，无非因为他们是任事之臣，所以才视他们如子弟，奖掖爱护。

至于两位名将的结局，很不相同。这里不妨多说两句。

张居正死后，又有人重弹老调，说戚继光不适合于北方，旋即被调任广东总兵。第二年被弹劾，黯然还乡，三年后又被夺俸，于当年郁郁而终。他所著《纪效新书》《练兵实纪》两部书，为后世兵家所重。

李成梁虽然鲁莽，但结局却相当风光。张居正死后，他仍留任辽东，至万历十九年（1591）解职。子弟皆列高位，连仆人都跟着显贵。他离开前线后，辽东凡十年竟易八帅，看来是谁也玩不转了。

万历二十九年（1601），时年七十六岁的老将李成梁，又被起用，重返辽东，边境立刻就安定下来。李成梁在此又镇守了八年，共在辽东称雄二十年，后以九十岁高龄辞世。

阎崇年先生在《明亡清兴六十年》里说，李成梁在古勒城肆意屠城，误杀了努尔哈赤的祖父和父亲，种下了仇恨的种子，致使努尔哈赤立志灭掉大明，此说我不能赞同。

这段公案，史书上记载得很清楚，以当时女真的情况看，努尔哈赤不可能是因此事而与大明反目的。他是一个有宏大政治抱负的人物，迟早都会崛起。个人恩怨，不足以解释他的动机。

史载，万历二年（1574），李成梁攻破建州女真部，斩杀了建州女真酋长王杲（gǎo）。万历十一年（1583）初，李成梁率军攻打王杲之子阿台据守的古勒城。当时努尔哈赤的祖父觉昌安，由于为明军做向导，被阿台软禁在古勒城中。努尔哈赤的父亲塔克世，随明军前往，先于明军进入城中搭救其父。后来明军攻破古勒城，射杀了阿台。遗憾的是，此役中觉昌安和塔克世父子俩，都为明军所误杀。

战后，努尔哈赤和其兄弟混迹于乱军，归附了李成梁。《清史稿》本纪中说，李成梁的老夫人，见努尔哈赤相貌奇伟，把他给放了回去。后李成梁又送回了觉昌安、塔克世的尸体，并赐银给努尔哈赤，助他厚葬父祖。这一点，李成梁还是很有策略的。

明朝在此之后，赐予努尔哈赤敕书三十道、马三十匹，允他承袭父、祖的建州左卫都指挥使。要特别指出，明朝的这次封赏，才是努尔哈赤兴起的关键原因。此时的努尔哈赤，势力虽极弱小，但有了天朝的封赏在身（在所有女真部落里是唯一的），他就以此为号召，开始聚集力量，逐渐坐大。

考察努尔哈赤从称王、定国政开始，后大败海西女真九部，直到统一建州女真，成为一方势力的整个过程，恰是在李成梁卸任期间完成的，与李无关。其间，万历二十三年（1595），明朝还以努尔哈赤守边有功，封他为"龙虎将军"。这个事情，证明那时明朝与努尔哈赤的关系，还是相当默契的。

李成梁起码对努尔哈赤的崛起，无须负什么责。至于后来努尔哈赤终于统一了女真三十部，国力大盛，以"七大恨"为理由兴兵反明，那只是借口罢了。

青灯黄卷总有味。今天我们读史，往往会有意外触动。毕竟我们精神的血肉，是来自那些尘封的纸页中。尤其读张居正治国的这段历史，心头常会冒出一些惊喜来。

作为书生治国，他有着书生的优长，却没有书生的迂腐气。

张居正当国之初，对大明的国力有过很客观的估量。鞑靼虽已由强转弱，但大明自己亦是千疮百孔。欲举大兵征漠北，灭"胡虏"，无论如何，也只能是千年的梦了。因此，他制定的国策，是以抚为主，以战促和。

你不闹，就行。我们各自放牛羊、种庄稼。这也很符合现代的地缘政治理念。

他看到，鞑靼诸部也不是铁板一块，各部时合时分，彼此也有攻杀。这就完全可以分而制之。他的策略，简略地说，就是"东制西怀"——拉住一个，打击一个。

"西怀"，就是对俺答诸部的怀柔。俺答基本可以说是老实了。封王满足了他的生平心愿，互市解决了饭锅的问题，他当然愿意长期纳贡就封。张居正就尽量满足他的要求，甚至赏赐给俺答部的丝绸、铁锅、茶叶，都要亲自去验看，不能有伪劣品。俺答的儿子黄台吉、弟弟昆都，都不大听老俺答的，时附时叛。张居正对这两人，就实行又打又拉，还告诉王崇古要使离间计。

大明防御俺答的前沿要冲，是蓟门。张居正告诫过蓟辽边将：在他镇，以能杀敌为功。在此地，以贼不入为功。因这地方离皇陵乃至京城太近，不是打仗的好地方，所以千万不要轻易与敌交战。

俺答这个近忧没有了，远忧也就不用怕了。张居正的"东制"，是指对集中在辽东的土蛮等部要狠狠地打。

对鞑靼的这两大势力，采取冷热截然不同的对策，就能保证他们永远合不到一块儿，而彼此心怀怨望。眼见到"东制"的狠辣，"西怀"的这部分人就会更加珍惜和平。有了"西怀"，俺答部横亘在蓟州、宣大之北，与大明形成呼应，"东制"的那一部分人轻易也不敢杀过来。

张居正对这一套战略颇为得意，称这是"东制西怀，自有妙用"。

在这个战略实施过程中，"西边"的封贡是经过苦苦恳求才得到的，所以他们一般不会背弃。而对"东边"那些人，就算是他们来恳求封贡，也决不能同意，就是一个字——打。假如同意了"东边"的请求，那么，鞑靼的东西两部，就可能都看轻了这封贡，反而一个也拉不住了。

张居正自夸道："此一举，树德于西，耀威于东，还有什么计

69

谋比这个便当！"

读史到此，又忍不住想拍案：处理与邻居的关系，太愚笨或太坦诚，那都是不行的。

即便对已经臣服了的俺答，张居正也不敢掉以轻心。俺答于晚年信奉了喇嘛教的黄教，黄教于明初兴起于青藏，后传入蒙古，信仰者众。俺答成了坚定的信徒之后，不失时机地利用宗教影响，来扩大势力范围，让自己的一个儿子宾兔台吉，在甘青一带建立佛寺，以笼络当地部落。

张居正看出了俺答的用意，便在这方面尽量优容，借此把这个老英雄拴得更紧。明廷经常赐给俺答一些佛经，万历三年（1575）还将俺答建立的新城"库库河屯"，赐名为"归化"。归化在汉语里是"归化远人"之意，带有歧视色彩，所以现代不用了，而采用了它的另一个古老名称"呼和浩特"（青色的城）。

万历五年（1577）三月，信仰愈坚的俺答向明廷提出，要去青海做佛事（设醮）。四月，俺答的儿子宾兔台吉，在青海也已建好了寺。兵部和张居正都认为俺答这样做，是事先征得朝廷同意的，便请旨予以批准，由万历皇帝亲自为西海寺赐名"仰华寺"。

谁想到，到了万历六年（1578）初，俺答竟带领大队人马浩荡西行，几乎是倾国而去。张居正觉得事态非同寻常，立刻命令三边总督和甘肃巡抚做好应变准备，留心俺答这家伙可能在一向平稳的西北惹出什么麻烦来。又让宣大总督吴兑出面，劝俺答快快返回。

俺答哪里肯听？带领数万大军继续西行。

俺答此行，一方面是拜佛，另一方面也想劫掠西边的瓦剌部落，伺机捞点儿便宜。但英雄毕竟老矣，在甘肃境外，被瓦剌给打得灰头土脸。撤回来后，俺答向甘肃巡抚借道，要去乌斯藏见活佛。甘肃巡抚哪里挡得住他，只得任由鞑靼大军穿越甘肃向南到了青海。

五月，俺答和活佛索南嘉措，在青海湖畔的仰华寺会面，汇聚诸酋，召开了有蒙古、藏、畏兀儿、汉等族十万人参加的法会，举行入教仪式。蒙古人有千人受戒。俺答此次尊索南嘉措为"圣识一切瓦齐尔达喇达赖喇嘛"。其中"瓦齐尔达喇"是梵文音译，意为"执金刚"；"达赖"是蒙古文音译，意为"大海"；"喇嘛"是藏文音译，意为"上师"。这就是达赖喇嘛活佛称号最初的由来。

张居正见俺答新败不久，拜佛也拜得差不多了，就命甘肃巡抚劝俺答早回故地，善始善终。俺答这才心满意足地返回，幸而没惹出什么大乱子来。只是青海一带的藏人，被他骚扰得够呛。《明史》上说，这里的藏人屡遭蹂躏，多半逃窜。

万历九年（1581），俺答病重。张居正担心老王万一去世，鞑靼诸部必生乱心，若是大部归顺了土蛮，那就危险了！他极为警觉，拟诏命令边臣练兵积粮，加意警备。十二月，老俺答去世了，北边的形势骤然紧张。守边将士们昼夜戒备，谁也说不定会发生什么。

在此风云难测之时，张居正指示边将厚抚士卒，做好战备，静观其变。

幸亏天佑大明，此时，一个蒙古族的巾帼人物出面，挽救了危局。她就是早年引发俺答绯闻事件的主角——三娘子。

三娘子又称"克兔哈屯""也儿克兔哈屯","哈屯"是蒙古语,"娘子""王妃"的意思。三娘子这个名儿,是百姓对她的昵称。她不仅美艳,而且文武双全,精通蒙古文,平素手不释卷,又十分仰慕天朝文化。俺答对她信任有加,诸事都交由她裁决。俺答与大明化干戈为玉帛,三娘子在枕头上没少吹风。隆庆五年(1571),明廷封她为"忠顺夫人",大名响彻塞上。鞑靼各部与大明互市多年,相安无事,也是缘于三娘子从中出了力。

据记载,每逢开市之日,三娘子总要亲自主持。史书称,每见她率领精骑,后拥胡姬,貂帽锦裘,驰骋塞下,简直是宛若天人!她与明朝宣大总督等一干官员往来密切,友情甚笃。以至宣大总督在向朝廷的报告中,都要提上一笔:"得三娘子主市,可以宁边。"

俺答死后,儿子黄台吉继承了老爹的汗位,并袭顺义王。出于政治上稳定诸部的考虑,黄台吉提出,要娶三娘子为妻。这个做法,在鞑靼高层习俗中并不为怪,妇女再嫁时,父死嫁子,称为"收继婚"。三娘子大概是瞧不上这位黄台吉,不答应,负气率部西去(据说领走的都是娘子军)。

大明与鞑靼之间,骤然失去了一个纽带人物,双方关系立刻趋于紧张。黄台吉是个脾气暴烈的武夫,对通贡互市并不赞成,过去只因为拗不过父亲而勉强就范,今后他会怎样,就不好说了。

张居正和兵部看得明白,能挽回局面的,只有三娘子了。

于是,大明方面由当时的宣大总督郑洛出面,劝三娘子按习俗下嫁黄台吉。郑洛是个很会说话的人,他说:"您若归嫁顺义王，天朝就赐您以夫人封号；不归，不过就是平常一妇人。"又说，"若三娘子别属，我朝封这个黄台吉又有何用？"三娘子知道这话的分量，权衡再三，只好从大局出发，做了第二代顺义王夫人。明廷也就顺理成章，第二次封她为忠顺夫人。

在三娘子的规劝下，黄台吉改弦更张，再未违约。后黄台吉病痛日多，大汗的权力实际上落在了三娘子手中。在她主持下，有鄂尔多斯等共四十七支蒙古部落，前来通贡互市。

如此三年过后，黄台吉去世，其长子扯力克袭顺义王。三娘子便说自己老了，练兵万人，筑城别居。明朝此时担心又要出问题，于是再做月老，要求三娘子下嫁扯力克。三娘子也就再次屈从，当了第三代顺义王夫人。

扯力克对三娘子也是迷得很，尽逐诸妾，忠贞不贰，与天朝互市的事情都交给三娘子打理。明廷又第三次册封三娘子为忠顺夫人，并提出：凡顺义王向朝廷呈禀的公文，都要有忠顺夫人的共同签署。三娘子由此，正式成为鞑靼各部的核心人物，曾成功地阻止了扯力克向明朝挑衅。

明人有好多咏三娘子的诗，都不吝赞美之词。冯琦《题三娘子画像三首》其一说：

红妆一队阴山下，
乱点驼酥醉朔野。
塞外争传娘子军，
边头不牧乌孙马。

是啊，遥想当年塞上，怎会有如此人物！

三娘子前后掌控俺答部实权三十年，去世于万历四十年（1612），享年六十三岁，葬在今包头市萨拉齐镇东二十公里处。现在这个地方的"太后庙"里，尚存有她的骨灰塔。因三娘子曾参与创建呼和浩特，所以呼和浩特又被称为"三娘子城"。

三娘子，绝代风华也！就民族结好而言，虽然历史上也有王昭君，但确实无法相提并论。

历史为我们送来了非凡人物，不但是国之幸，也是万千苍生之幸。

张居正自隆庆元年（1567）入阁，主持北方防务十六年，没有哪一年不是在军书旁午、羽檄飞传中度过的。文渊阁内，那个安静的书案上，常有听不见的渔阳鼙鼓隆隆卷过。

将军白发征夫泪，书生的肩头亦是关山万重！

他曾自诉，由于外忧边境，一日之内，曾神游九塞，不止一两次。

金戈铁马，就这样夜夜破梦而来。

俺答封贡后，与明朝之间的对峙虽已冰消，但张居正未敢有一丝放松——没有强势的防务，哪里会有一厢情愿的和平？军威不壮，大国又能怎样？君臣就是再吞泪，也万难阻吓住人家的觊觎之心。

张居正绝不会让宋代的悲剧在大明重演，他常以"八事"课考边臣，即积钱谷、修险隘、练兵马、整器械、开屯田、理盐法、收塞马、散叛党这八件事。并且规定，每三年派遣大臣巡阅边防一次，各处成绩如何，要如实进行考评。

万历七年（1579）春，他命给事中戴光启、王致祥、姚学闵三人，分阅九边，历时近半年。至九月方回京复命，将九镇的各项优劣逐一呈报，边臣皆不敢作假。

从万历元年（1573）起，他两次下令修边墙，筑敌台，增堡寨。由于财力紧张，戚继光原设想的三千座敌台，最后只完成了一千二百座。

但毕竟在蓟州千里边墙上，每隔三里，就立起了一座敌台。边墙大多是沿山脊最高处修建的，本就气势宏大，再加之敌台高矗，远近呼应于天地间，就更是壮观！

我年轻时脚力尚健，曾数次登上过八达岭长城的最高处。从第三个敌台再往上，目睹别有洞天。这里是未经修复的原生态边墙，虽然偶有倾颓，荒草萋萋，但砖石依然牢固如昔。俯瞰塞外，平川漠漠，烟霭处无限苍凉。此时天地岑寂，耳边唯有风声，想那明代戍卒，不知是怎样在这里度过冬夏的？

男儿有志，必登此处。

这就是，我的中华！

置身深秋暮色里，怎能不"念天地之悠悠，独怆然而涕下"！

由戚继光提议、张居正支持修建的敌台，与明边墙一道，现在已成了固定的"长城形象"。后人大概多不知道，这与历史上的秦长城，完全是两个不同的概念。

在明边墙附近，至今还可以看到战国长城的残迹，经历两千年风雨的冲刷，那只是一道不太高的土棱，外面还有些碎石块残迹。

而大明的边墙，则是一砖一石，精心砌成，至今仍巍然矗立。

在抗日的烽火中，也曾一度阻敌于雄关之外。

大明立国后二百多年来，北边饱受强敌袭扰，边民时遭屠戮，生不如死。在张居正这一代，这种屈辱终告结束。

张居正死后，他的改革措施大多被废弃，但他亲手制定的防务策略，却延续了下去，惠及后人。

"绵绵忆远道，悠悠恨河梁。"（张居正《拟西北有织妇》）

斯人已去，四百多年了，不知何处还可寻得一缕踪迹？

第五章

为政者怎能杀鸡取卵

我们在品评历史上好的执政者的时候，常常会赞美他的个性与才干。其实，对于古代君臣来说，无论他的位置怎样得来，欲得后世的好评价，都只有一个评判标准，即：他是否做到了国强民富？

只要有这一件功劳就足够，历史不需要他有别的才干。如果这一点做不到，就不能算称职。

这就是我敬佩张居正的原因。

在中国的皇权时代，罕有他这样的清醒者。国强与民富，是担在他双肩的两副重担。别人想不起来做的，他想到了；别人不想去做的，他偏要做好。

一代代的王朝，几乎都在走一个路子。开国之初，因为殷鉴不远，前朝垮台的景象还能使新主有所克制，所以一般尚能爱惜民力，少收赋税，少设官职，百姓能过几十年安稳日子。到了王朝中后期，国家养官越来越多，官员胃口越来越大，钱就不够花了。财政危机，是王朝晚期的不治之症。

如何把这样大的一个王朝养起来？怎样才能弄到够用的钱？

不同的执政者，有截然不同的招数。

头脑简单的一种，就是提高赋税，从老百姓那里攫取。一道公文下去，不管下面如何哭爹叫娘，钱是可以收上来了，国库满了，朝廷与官员也有钱花了。但百姓又何以堪？揭竿而起的事，往往就发生在搜刮得太狠的时候。

贤明之君唐太宗了解这一点，他说："若损百姓以奉其身，犹割股以啖腹，腹饱而身毙。"

这并非什么天才之见，只不过说出了一个事实。

中国的成语有"杀鸡取卵"一说，取其意荒诞，不过是个比喻。可是现实中，蠢到这个程度的居然也有。杀了鸡，取了蛋，还要沾沾自喜。

聪明一点儿的执政者，就绝不会靠提高税率弄钱，相反，是要轻徭薄赋。百姓的负担不重了，自然就会有生产积极性。在农耕时代，不能小看老百姓的经济。平民经济一发达，土地开垦得就多，人口也就繁衍得多（养得起了）。田亩多了，人头多了，国家即便不增加税种，或不提高税率，税收也能增长，这就是很简单的"放水养鱼"。

张居正就属于较聪明的一类。他说："古之理财者，汰浮溢而不骛厚入，节漏费而不开利源。"

什么意思呢？把你的臃肿机构减一减，把你的奢侈开支压一压。不要想着怎么从老百姓那里弄到"厚入"（很多的钱），尤其不要变着法儿地"开利源"（新增收税、收费项目）。

张居正对一些官员的麻木不仁，尤其不齿——该为百姓做什么，一窍不通，但是对如何从百姓身上弄钱，却有超常的天赋。嘉靖年间，因国用不足，朝廷在江南一带加赋，地方各级官员趁机多征（为中饱私囊），民不堪其苦。当时请假在家的张居正，目睹民间疾困，就曾说过："要想物力不匮乏，最好是省征发。"

官员们要是互相比着看谁征的税多，那百姓还能喘得过气来吗？

究竟是以征税多为荣，还是以征税多为耻，就看这把尺，是在谁手里拿着了。

大明帝国的钱为什么老是不够花？《明史》上说："国家经费，莫大于禄饷。"也就是养官和养兵的花费太大。明中期以后，官俸的支出有时甚至能占到全年财政开支的三成。

官多，花费当然要大。洪武年间，设立官职还是比较实事求是的，务求精简，全国的文官只有五千多人。到后来，为官成了一种优越的生存方式，可以靠着当官过上好日子，人人就都想往衙门里钻。冗官冗员，像泡沫一样疯涨，文官到正德年间就涨到了二万多名。

明朝的武官就更不得了。武官因为是世袭制，子孙后代只要通过了考试，国家就得授官。编制满了怎么办，只好添加大批无实职的带俸武官——反正得养着。明初武官有二万八千人，到正德时猛增到十万人。

这样多的官，有什么用？没用。朱老皇帝在世的时候，官员数量少，机构简单，但是并不影响行政效率。据史载，当时政无不举，令无不行，事妥民安，未尝失误。如今疆土未扩大，人口未增加，倒是官员繁殖得快。

除了官员的工资，老百姓还要负担官府的大量劳役——给官员当皂吏（勤杂工）。多半官员使役的人数，都比规定的要多，有时一个官要用七八十人为之服务。老百姓连干自家活儿的时间都没有了，甚至一户人要为三五家服劳役，一家人要去三四处服劳役。最极端的例子是，朝为轿夫，午为扛夫，暮为灯夫；三夫之劳未已，转眼又要为纤夫了！这还让不让人活了！

明朝的宦官，也是一群能吃的蝗虫。史载，南京守备太监一人上任，允许带家人、兄弟、子侄一百多人到任，全部由官府供养，真是一个人保障全家。到嘉靖年间，大明的宦官已经达到一万二千六百人。这么多人，官府要从头管到脚，每年光吃米，就要吃掉六万石，另外还要领走俸米十五万石。

这么多的官，怎能不把朝廷吃穷？朝廷又不是生产机构，最后的负担，还不是落在了百姓身上？

嘉靖皇帝登位之初，头脑还算清醒，他说："如今天下诸司官员，比旧时要多。我太祖初时并无许多，后来增添冗滥，以致百姓生计艰窘，日甚一日。"这还算句人话，可惜他后来越来越糊涂。

隆庆年间，朝政初现清明气象，徐阶、李春芳和高拱，都曾进行过一定规模的缩编。但是反反复复，割了的韭菜又长，算下来只裁了二十八个职位，效果不是很大。

张居正当国，下手的力度就大了，首先是对南京的闲衙下手。国初，成祖迁都北京后，在南京留下了一套与中央机构大致相仿的留守机构，这就是明朝独有的"两京"制度。不过南京的所谓六部九卿，有高位而无实权，多半是养闲官的。张居正指示吏部，南京官职如果出缺，非紧要者，不必全都补上，以"虚其位"而达到裁员的目的。

俺答封贡后，外部威胁解除，军政大事减少，张居正认为解决冗官的时机已经到了，于是开始大规模精简机构。万历八年（1580）十月，他令吏部遍查两京衙门，有冗滥者尽行裁撤。

随后，大检查在各省也渐次铺开。万历九年（1581）正月，裁撤两京户部侍郎以下一百五十六个职位，同年还裁撤郧阳巡抚、顺天巡抚、湖广总兵等地方大员职位。整个"江陵柄政"期间，部、院、都抚一共净裁二百一十五个职位。

万历九年，又裁去各衙皂隶编制一百九十四名，加上因裁官而无形中裁掉的皂隶编制，等于共裁减皂隶六百二十二名。当时每个皂隶的劳务保障，每年需要约三十个丁壮轮流无偿负担，这就等于一年减少了一万八千多个丁壮的徭役。

经张居正的厉行裁减，大明的全国官员总数，大大减少了。万历初年文武官员的总数究竟是多少，史籍上没有统计资料。万历新政时期的情况，只能跟武宗的正德时期比较，后来有人估计比正德时减少了约20%以上，即文官减少了五千人以上，武官减少了一万七千人以上。文武官员的总数，从十二万余人压缩到九万八千人以内。

张居正裁减冗官，为国家省了俸饷，为老百姓减轻了徭役负担，上与下，都还是挺高兴的。但是，你夺了人家的金饭碗，也就是触犯了利益集团的利益，这是要了老命的事。此举在部分官僚中所引起的怨恨，于"江陵柄政"期间不断在积蓄，形成了对新政的阻力，并在张居正死后爆发了出来——这是后话了。

在新政时期，张居正为节省国用，还下力气整顿了驿站制度。

明代在全国都建有驿站，称为"驿递"，是个相当大的交通与通信网络。全长十四万多里，沿线每六十至八十里设一个驿站，全国共有驿站一千九百三十六个，此外还有一些急递铺和递运所。帝国就靠它们传送公文和转运粮物。驿站还有一个重要功能，就是接待出公差的官员。

驿站由当地官府管理，经费由官府向当地百姓摊派，过往官员住这种招待所，用马用车用人全免费。正因如此，使用它的官员越多，当地百姓的负担就越大。朱老皇帝考虑到了这点，曾规定，凡是驿夫和马夫，所承担的其他赋役，就要适当减免。同时控制使用驿站的官员人数，以免老百姓负担过重。

所以在开国的时候，不论多大的官，不是出公差，就别想使用驿站，而且所带的随员也有人数限制。驿站见到兵部或巡按开出的"符验"（勘合，即通行证），就予以接待。符验上对职务、到达地点、往返日期、应享受的费用、准许使用交通工具的数量等，都开列得很详细。

洪武八年（1375），开国功臣延安侯唐胜宗，因违犯驿站条例，曾被革去爵位。吉安侯外出擅使马车，也被朱老皇帝申斥，可见当初这套制度执行得还是很严的。

但制度只是制度，挡不住人腐败。时间一久，官员们都看上了这块免费的香饽饽。白吃白住，还能领出钱来，天下哪儿还有这样的好事？于是，假公济私乱开符验、超标准使用驿站等情况，愈演愈烈。到武宗正德年间，所有条例俱成一纸空文。官员往来，全都可着劲儿地用人（不用白不用）。一官出行，要用轿子一二

82

十顶、杠箱八九十台。这么多的人和东西，大概需用民夫约三百人、马五十匹。

这个负担，放大到全国去看，那就太重了。时人有曰："民财既竭，民力亦疲，通之天下，莫不皆然。"

应天府的龙江驿，是负责输送官方人员和物资过江的，这里的情况很典型。仅负责运输江南鲥鱼的尚膳司太监，就长期占用船夫一百二十名、所夫二百九十七名。其他针工局、巾帽局、提督织造、乐器监造等部的太监，也频频追逼民夫和船只，外加私人勒索，驿政不堪其扰。递运所大使李臻、李福无力应付，竟被迫上吊死了，妻子儿女流离失所。

那些不是出差而是干私事的官员，也盯上了这块肥肉。正德年间，宦官势力强大，一些大宦官的仆人外出办事，凭一张条子就可以从兵部拿到符验。百官也群起效仿。兵部和抚按干脆把通行证当作人情来送。符验上不写身份、事由，又无人数限制，甚至连缴还日期都没有，是可以永久通行的。

官员们用这通行证，就可办私事，比如让亲友沾光、夹带私货，或者干脆转借给商人，捞他一票好处费。有更恶劣的，还每每超标准支取费用，其实就是变相勒索。总督胡宗宪的儿子，就是因为勒索不成而吊打驿卒的。

一个公共服务系统，哪禁得起这么压榨？站银不够用，就在本县加征，苦的还是老百姓。夫役们也忍受不了这重压，纷纷逃亡，一些地方的驿递系统几乎瘫痪。

这个为帝国行政服务的机构，就这样成了官员们免费的午餐。

驿递制度的弊政，影响可不小，说它已引发了帝国的财政危机，也不为过。

张居正当然知道问题出在哪里。万历三年（1575）他下了严令，凡官员人等，如果不是奉公差，就不许借用符验。就算是公差人等，若轿杠夫马超过规定数，不问是何衙门，都不许供给。他要求兵部与各抚按，要敢于抵制非分要求，按章发出和收回符验，如有违规，严惩不贷。驿递官吏如遇到过往官员勒索，可以举报。抚按也要及时对违纪者进行弹劾，不许往小官吏身上推责任。就这样，张居正利用考成法，逐级有效地监督，奖罚随之，收效很好。

但是，慷国家之慨、讨好上司、笼络同僚及下属，已成官场潜规则。不让我借花献佛，难道让我自掏腰包拉关系不成，于是官场的惯性依旧，不是发个文就能制止得住的。不逮住几个处罚，等于只下了一场毛毛雨。

重申驿站条例的第二年，不少地方官在进京述职途中，还是违规使用驿站，张居正请旨予以训斥。但大明官员中，有人违纪的胆量大过天，万历八年（1580）仍有官员陆续违纪。这一年，张居正为此降了一批部、省级官员和知府的职，其中云南布政司左参政吴孔性，因擅用驿站被罢官。张居正采用的手段很猛，原则上是省部级降三级、知府降六级、知县革职。

南京兵部主事赵世卿，似乎脑袋生了锈，在这一年，居然上疏要求放宽驿传之禁，要捍卫行之已久的潜规则，张居正拟旨严厉驳回。

对于权贵扰驿，张居正也做了必要的抑制。孔子后裔"衍圣公"孔尚贤，有特权可以乘驿，而且是一等符验，朝廷待他不薄。

可是这个孔圣的后裔，家风没能传承好，每年进京朝拜皇帝，都要带一百多人服侍，且必夹带私货，沿路又搜刮不已。到京朝觐完毕后，并不马上走，非把私货卖完再走。驿站不胜其苦，民间就更是倒霉，都抱怨衍圣公所过，百姓如遭遇"虏贼"。

张居正对这个不争气的孔子后裔，也没给面子，拟旨予以批评。并和山东巡抚商量，将衍圣公朝贺由每年一次，改为三年一次，省得年年来骚扰。

为政必贵身先，张居正知道自己作为首辅举足轻重，一举一动都是人家的榜样，所以他对自家人约束得很严。两个儿子回乡应试，是自雇车马。老父张文明过生日，他打发仆人背着寿礼回乡祝贺。弟弟有病需回乡调理，保定巡抚听说后，把符验送到门上，张居正给退了回去，说是欲为朝廷行法，自己不敢不以身先之。

经过一番雷厉风行的整顿，驿站负担大为减轻，站银需要量也跟着减少。这就意味着加给老百姓的摊派也减少了。据《国榷》书中的统计，从万历四年（1576）至万历十年（1582）四月，全国共减免站银近九十万两，折米二百万石。仅京畿一带驿站开支就省去80%。张居正对此很得意，说小民为此欢呼歌颂，不啻管弦之声沸腾。

是啊，好事当然会有百姓发自内心地欢呼。

大明的财政危机，还有一个原因，是宫廷消耗太大。国初朱老皇帝出身低微，尚能保持朴素。就连改建一座宫殿，他都要教训大臣："朕今日所起宫殿，不事华饰，唯求朴素坚固，可传永久，使我的子孙能谨守此规则。"

可惜他这个传统，传了没几代，到英宗时就开始奢靡，至嘉靖时登峰造极。宫廷的费用，最大的支出是造宫殿。武宗皇帝时，乾清宫失火，重建大概需银二百万两。工部估计，要是向民间摊派的话，最多刮上来二十万两，所以提议借支内帑（皇帝的私房钱）。武宗哪里舍得，只叫工部自己想办法。工部又不能生钱，就只好加重摊派，闹得民怨沸腾。

此外就是吃喝穿用，一大群人在皇宫里，大部分东西都要靠民间供养。那时，向民间征用食品、器具、燃料，叫"上供"；向老百姓购买物品叫"采造"，也叫"采办"或"买办"。宪宗时，每年上供给光禄寺的鸡鸭羊猪，就达十二万到十六万只；果品、物料等，每年消耗一百二十六万八千斤。

这皇家人也真是能吃啊！下面的数字就更惊人：仁宗时，光禄寺的厨子有六千三百名，宪宗时增至七千八百名，武宗时达到九千四百名。什么样的国家，能架得住这么吃啊？朝廷财政困难，就是因为吃，生生给吃穷的，这也算古已有之的病灶。

明代皇家的用度，钱从三个地方来：一是太仓，由户部掌握的国库；二是皇庄、皇店，也就是皇家企业；三是直接从州县拿，也就是上供和采造。前面两个渠道，财力都有限；后面这一个，则是无限的，只要有人活着，就能搜刮。

上供不说了，白拿。这采造，也有猫腻。从表面看是朝廷拨款，派官员到民间去买，实际上根本不按价值规律办事。向商人强行摊派商品数额，压价购买，所支付的钱有时不足市价的十分之一，名为买办，实则无异于白取。有的名义上按市价收购，而支付的却是一钱不值的"大明宝钞"（明成祖时期的纸币），也是等于白拿，搞得工商业者倾家荡产。

这个买办的过程，往往是宦官最容易捞钱的机会，所以历朝宦官都愿意鼓动皇帝买东西。张居正执政的当年，又有宦官崔敏建议买珠宝，被张居正坚决制止了。

他考虑到，奢靡之风总是从皇家兴起，要从根本上解决问题，皇帝就得换换脑子。好在万历还小，孺子可教，于是他利用帝师的身份，不断教育皇帝要省钱。

万历是个典型的"小时了了，大未必佳"的人物，当学生时还比较听话。张居正、冯保和李太后三人联手，用"礼教"牢牢地限制住了他。因此，万历初期的用度，还是比较节俭的。

所以古代的礼教这东西，也不是完全不好。"吃人"是一方面，"不许吃人"是另一方面，不可一概而论。

明朝中后期的皇帝，个个都张扬天性，其种种怪诞行为，足以证明，礼教的制约还是很有必要的。

张居正对小皇帝，就爱惜民力这一点进行灌输，不遗余力。

他的话至今读起来，仍震撼人心："明主不应以天性所爱为乐趣，而应该以命运无常为恐惧。不应以天下来侍奉自己，而应以自己供天下驱使。"

这说的就是孺子牛。可惜，有几个"明主"真能做到？

新政之初，张居正反复对小皇帝唠叨的概念，是孔孟之道中比较有价值的部分——"民为贵"。他说"民常安乐而无患难"，也就是说，国难不是来自外侮，而是出自"民不安"。还是那句话：百姓安，则邦本固，外侮也就无患了。

民力有限，贪欲无度，总有一天绳子是要绷断的。

张居正教导万历，对秦始皇、隋炀帝，要看到他们恶在何处，引以为戒——那样的恶政，为何轰然倒地？因为恶政无常，因为天厌之！

小万历可谓相当懂事，常为张老师的话嗟叹良久。

万历初年，小皇帝打算派宦官到江南、广东采买丝绸和香料，都因有大臣劝谏，大大削减了原定的数量。

万历五年（1577）五月，万历为表孝心，想要重修太后寝宫。张居正立刻劝阻，上奏道："如今宫室壮丽如故，足以娱太后。"不同意大动土木，万历也就作罢。

万历七年（1579），万历向光禄寺索要节余的十万两银，张居正劝阻无效，只得拨给，但上疏说："若再征金，臣等不敢奉诏。"

什么叫"不敢奉诏"？就是我要拒绝执行。

不当家不知道柴米贵。张居正为了教育小皇帝，命户部进呈了财政支出的抄本，让万历放在御座旁，随时可以看看。他劝告万历说："一切无益之费，可省则省。这样做，国用可足，而民力也可赖以稍宽。"

强国就是节省用钱省出来的，财政上都比着疯狂花钱的时候，这国家怎能强大？

这个道理，古今相同。细想，真是要让人嗟叹良久！

在张居正的坚持下，终"江陵柄政"十年，宫内的花销一直有所控制，财政危机得以缓解，民力也得到了休息。

从明末清初起，张居正的名声之所以越来越大，就是因为，人们对执政者成功与否的看法，渐渐只有一个标准了，就是看他是否做到了"安民"。

当百姓入不敷出时，为政者却华衣广厦，还要以搜刮为荣，难道真的以为天道不存了？张居正不会如此发昏，在执政期间，他为彻底整顿国家的财政，还将有一番较大的作为。

第六章

孔圣人只说过一句真理

历史是一种非常奇妙的东西，你越深入探究它，就越觉得它并不遥远。那些峨冠博带、衣袂翩翩的古人，并不像我们想象的那样古板，更不像有些人想象的那样愚蠢。他们的喜怒与今人相同，他们的好恶也和今人无异。历史的烟尘背后，都有同样的人性。

而且，我尤其觉得，古人中的精华人物又远远比我们聪明。那时的科技水平如何，其实是与智慧程度无关的。那些线装书、雕版印刷，那些纤秀小楷、豪放草书，承载的是我们学不完的智慧。我们没有笑话的资格，我们只能低首下心。

一个对自己的祖先不敬的民族，难道能指望自己得到后代的尊重？

张居正在短短的十年执政时期里，以一个人的智慧与执着，扛起了一个老大帝国的没落之门，放千万的生灵到富庶、平安、有序的光明中去。这不是舍身饲虎？这不是荷戈独战？这不是为民立极？

这些赞誉，他应该是当之无愧的，因为他做到了。

空言人人都会，能做到一两件事的，就可以称为民族脊梁。张居正为百姓做到的事，就不止一件两件了。他当年面对的，是连年的国匮民穷。嘉、隆年间，太仓岁入不过二百余万两，支出倒有四百多万两。年年亏空，政府还在运转，也真是够难为宰辅的了。

两大问题，如锥刺骨。

一是钱不够用怎么办？二是钱从哪里来？

若是庸人治国，那想也不用想，就是一个"刮"！盯住的是普通老百姓的钱袋子。而张居正的所为，则是盯在了达官与富户的身上——在钱多的地方才能找到钱嘛。他承袭了汉代理财家桑弘羊的思路，即"民不益赋而天下用饶"（《史记·平准书》）。就是说，不给老百姓加税，也一样能弄到钱。

自推行考成法之后，张居正十分有信心，因为一套有效率的行政办法，就是对财政改革的有力保障。他说："考成一事，行之数年，自可不加赋，而朝廷所用亦可满足。"

为何不加税，钱也可以够用？张居正摊出的底牌是两个：惩贪污以足民，清逃税以足国。事实也正是如此，官不贪，百姓就松口气；有钱人把应缴的税缴足，国家就松口气。

又是一个极简单的解法！

——不是人们想不到，是根本没往那个方向上想。宁愿拿刀去剔鹭鸶腿上的肉，也不愿去割肥猪身上的膘。这种情况，再持续下去的话，国本就要动摇。

向谁下手呢？张居正有数。

大明的赋役，田赋占了大头，滚滚银钱须从田亩上得来。那么，天下的土地究竟有多少？答案是，不知道！因为从王朝的中期开始，就是一笔糊涂账了。

国初的时候，朱老皇帝为征税，创立了"黄册"，相当于户口簿，包括每户的丁口、田宅、资产，全都列上。黄册是一式四份，布政使司、州、县各保留一份，另一份则以黄色封面上报户部存档，故名黄册。

洪武二十年（1387），朱元璋下令，又用了十年之力，把全国的耕地丈量了一遍。根据测量结果制定了"鱼鳞图册"，将业主姓名、土地四至、土质等级详细登记，一乡有一册，州、县也各有汇总的总册。凡有土地买卖，都要在官府办赋役随转手续。在这个图册上，因为画的土地形状似鱼鳞，因而得名。

田赋的数额、劳役的摊派，要根据这两个册子来定。但这些册子到了后来，就没用了，因为很多土地悄悄玩起了隐身法。

原来，明代由于官俸微薄，与大宋的官员薪水差了十万八千里。皇帝也知道官员靠工资八成是吃不饱饭的，就特许官员及其亲属，可以免除徭役和一部分田赋。包括未入流的教谕官、举人、监生、生员，连带致仕、免官在家的，都有不等的赋役减免（优免）。以四品京官为例，北方籍已回老家的，可以每亩免五升、共免三百亩，江南籍的可以每亩免三斗、共免五十亩，若是在职的官员就免得更多。

只要有特权，权就能变钱。皇帝的这一开恩之举，在明中期以后，也成了来钱的途径。

由于赋税日重，那些没有优免特权的富户不愿意承担，就开始玩起了隐身法。将田地挂到官绅、监生、生员、吏丞名下，这叫"诡寄"，只需向官绅等交"私租"就行（又是潜规则）。把田地分散挂在乡邻、佃户、仆人名下，这叫"花分"，让这些贫户替自己缴税、当差。或者将自己的田产请缙绅冒认，这叫"投献"。几种方法，都可以逃避朝廷赋税。

有的官绅享受了特权还嫌不足，又将自己名下的良田谎报为荒地山林，或者干脆以多报少。做这类事情，需要与当地官府相互勾结，贪婪官员少不了又可以捞上一票。

每年编审黄册的时候，官府门庭若市。富户行贿，官员包庇，大家一起造假哄骗国家。结果，经常是"无田之家，册乃有田。有田之家，册乃无田"，形成典型的愈富税愈轻、愈贫税愈重现象。大户占田越来越多，缴税却越来越少；小民没有土地，赋税却越来越重。这种黄册，已是无用之物。因而顾炎武说，这东西名为黄册，其实就是个伪册。

如此，国家作为赋税主要来源的土地，面积总数就在一年年缩水。

洪武二十六年（1393），全国土地有八亿五千万亩；孝宗弘治十五年（1502），六亿二千万亩；武宗正德五年（1510），四亿五千万亩，少掉了快一半的土地。皇帝不奇怪，大臣也不说破，地方官死也不说，大家一级哄一级，哄住最后的那个就行。

隆庆元年（1567），高拱执政，清查了苏州、松江、常州、镇江四府的造假，查出诡寄田和投献田共一百九十九万多亩、花分田三百三十一万多亩。

富户的地少了，可以少缴税，但某一地的赋税，总额是减不下去的，结果他们逃掉的那部分，就要让贫户来缴。有一部分贫户缴不起，就拖欠，导致国库年年亏空。

嘉靖初年，江南与北直隶有一批官员，决心清理积弊，开始清丈土地，海瑞是最积极的一个。但引起官绅大哗，说他"偏执""疯癫""见识短"，最终以"鱼肉缙绅、沽名乱政"的罪名而罢官，只做了七个月应天巡抚。当时张居正仅是普通阁臣，无力援救，只能写信表示爱莫能助。

虽然无力，但早已有心，在入阁之初，张居正就打定主意要清丈土地。他说："上损则下益，私门闭则公室强。"就是说，砍了上流社会的非法利益，才能让下面小民有所获得。官吏个人不营私，国家才能强盛。

当时有人反对清丈、均赋，说如果"吹求太急，民且逃亡为乱"。查得太紧太严了，老百姓会闹乱子。

张居正对此严词批驳——这都是睁着眼睛瞎说。他质问："曾有过官清民安、田赋均平而致乱的吗？"

什么是真理？这就是！

到万历五年（1577）十一月，张居正已将吏治整顿好，便腾出手来，公告天下：今后要在全国范围内进行清丈。包括皇庄、屯田，只要是大明疆土内的土地，不许有一点隐瞒。并言明："有敢阻挠公法，伤害主事之臣的，国家刑典俱在，必不宽容！"警告那些官绅富户，有敢武力抗法的，大刑伺候。

号令一下，天下奉行，豪绅富户无不诚惶诚恐。

清丈以福建为试点，转过年来，张居正就派湖广老乡耿定向，出任福建巡抚，去打头阵，并写信告诉他："苟利社稷，死生以之。我向来信守这个话，就算因此蒙垢致怨，只要能给国家少许裨益就好。愿耿公自信，不要怕浮言。"

耿定向不辱使命，到万历八年（1580），福建清丈完毕，共清出隐漏土地二十三万余亩。

随即全国清丈开始，限期三年。张居正带领阁僚们，与户部尚书张学颜一起，制定了八项规则，颁行全国。

一时间，大明万里河山，测田量地真忙！张居正也大为振奋，称此事为"百年旷举"。

不过，凡是改革都有人反对。在清丈中，果然遇到了预想中的阻力。

有宗室（皇亲）出面阻挠的，张居正回击得相当严厉，拟旨予以处罚，或废为庶人，或夺去宗俸。

有官员想敷衍，拿以往的黄册一抄了事。科道立即弹劾，给予夺俸、降级处分。

还出现了事先没预料到的过激倾向，有的地方官为了追求虚名，凭空虚增田地亩数，或将荒地算成良田，还有的用缩小了的弓尺进行丈量。张居正发现问题后，提出"只论当否，不论迟速"，适当放宽了期限，不使运动走到反面。

丈量的工具，是一种像弓一样的巨型尺子，叫作"弓尺"。丈量时，先由业主自报亩数，然后由业主和官府指派的弓尺手，先行"自丈"，最后由官府来人核查。两边数字吻合以后，在图册上盖一个"丈验相合"章。以此为根据，编制出新的"万历鱼鳞图册"。

这个图册，相当精确，直到清初还在使用。

清丈结束后，官田、民田一视同仁。按照肥瘠程度，分为上、中、下三等课税，比较接近实际情况。史载："清丈之后，田有定数，赋有定额，有粮无地之民得以脱虎口矣！"

——既然有虎口，那么这老虎是谁？

上流社会。

这些隐身的土地，多为勋戚所占，这是一群张着血盆大口的老虎。他们终于遇到了克星，只能乖乖纳税了。

正如张居正事前所料，只要清查，就会有大量隐占土地浮出水面。清丈前，全国土地五亿一千万亩，清丈查出来隐漏土地二亿六千七百万亩，虽尚不及洪武时期，但亦相当可观。土地总数一多，也就实现了民不加赋而财政吃饱的愿景。

聪明人聪明办法，笨人笨办法，历来如此啊！

到万历九年（1581），清丈事宜大功告成。张居正认为，帝国的家底既然已经摸清，全面改革赋税制度的时机也就成熟了。于是，他立即下令，在全国推广很有名的一条鞭法。一条鞭法这个概念，现在已和张居正的名字紧紧挂钩，其实这并不是他本人的发明。他的功绩，就在于将其推广到了全国，解决了大明赋税制度上的顽症。

这么大个帝国，全靠税收养着，税收制度要是长了瘤子，帝国肯定要患营养不良症。具体说来，大明帝国的赋税，分为"田赋"和"徭役"两大部分。田赋制度的改革，在嘉靖时期已经实行，基本趋于合理，现在的问题在于徭役。

作为向国家纳税的一种方式，大明的百姓都要服劳役，以里甲为单位进行摊派。里甲就相当于现在的居民组，一百一十户为一里，下辖十甲，一甲含十户。担任里长的，是十甲外田多丁多的十户。每年由一名里长率一甲服役。

服役又分为"正役"和"杂役"两种。正役是替政府催征、解送粮钱、传达法令这类事。杂役是给官府和官员提供服务，包括门子、厨役、膳夫、狱卒、马夫、水手、脚夫等，无所不包。

这里面的问题在于，由于江南一带征发税粮的任务太繁重，里甲原先的每十年轮一次正役，渐渐变成了每一年轮三役，百姓不堪其苦。杂役方面也有问题，因为是按丁摊派，官绅可以免二丁至三十丁的杂役，这么一来，负担全都压到了那些无田而靠劳动力谋生的百姓身上。

有权有势的，可以免税免役；无权无势的，负担反而越背越多。于是富的就越富，穷的当然也就越穷。

谁说苍天有眼？哪里有？

孔圣人只说过一句真理：苛政猛于虎！

在苛政之下，彼为刀俎，此为鱼肉，何来"民为贵"？

不过，在大明的官员中还是有正直的，并未被利益的猪油蒙了心。从嘉靖初年起，就有人不断对这种"不均"提出抗议。

徐阶执政后，毕竟是老成谋国，知道这个问题的利害所在，便有意改革赋税制度的弊端。他大力支持巡抚庞尚鹏，在浙江推广一条鞭法。

一条鞭法是个什么东西？好处在哪里？如何就能便民？

简言之有三：

一、就是劳役折银，老百姓交钱顶劳役，谓之"丁银"，官府拿这个钱另外雇人应差。同时增加有田户的丁银，减少无田户的丁银，使赋役趋于平均。

二、将差役与田赋"合编"在一起，简化了手续，减少了官吏与乡绅从中作弊的机会。

三、将田赋中的大部分实物纳税变为货币纳税，也就是"田赋折银"。把粮卖了再交钱，促进货币流通，有助于刺激当时的商品经济。

其中最关键的，是征税由"度人而税"，变成了"度地而税"，达到了轻重通融，苦乐适均，不再是富人欢乐穷人愁了。

隆庆三年（1569），海瑞在南直隶也开始推广一条鞭法。次年，江西紧接着跟进，两地效果都不错。从此徭役无偏差，百姓始知有种田之利，江南一带田不荒芜，人不逃窜，钱粮不拖欠。

看来农民种田养不活自己，很少是因为种粮种菜卖不出钱的，关键就是征税太重。

这道理，有人不知道，有人知道了也不说。

徐阶时代，推行一条鞭法的阻力极大，有人说该法大有问题，建议废除。徐阶是个中庸的人，没下令取消，也没有再扩大推广。

到万历初年，又有人旧话重提，说一条鞭法"害民""不便"。屁股决定脑袋的现象，在此看得很清楚。张居正此时的态度比较谨慎，他在观察。

一直到万历五年（1577），事实证明，推行一条鞭法的地区没有什么不便。这一年，山东东阿知县白栋，也开始推行此法。这是第一次在北方试验，反对者众声喧哗。张居正派人调查后，认为"法贵宜民，何分南北"，遂下了决心在全国范围推广一条鞭法。

一条鞭法的施行，首先是小老百姓高兴。有人称，自从一条鞭法施行以后，民始知有生之乐。为政者只是一句话，就可解民于倒悬之中，草芥百姓的命运，真是令人感叹。直至二十年后，于慎行还说，他的家乡东阿，至今百姓皆称其便。

张居正死后，一条鞭法侥幸得以保留，并继续扩大实行。到万历十五年（1587），云、贵、川、陕、晋诸省也已推广，大明的赋税制度就此彻底变了样子。

瑞士经济学家西斯蒙第（1773—1842）说，赋税是公民换得享受的代价，所以不应该向得不到任何享受的人征税；就是说，永远不能对纳税人维持生活所必需的那部分收入征税。征税时期越使纳税人感到方便并且有能力缴付，也越是好税。

一条鞭法就是好税！

它的实质是什么，古人看得清楚——那就是徭役公平。只有公平，消灭了不均，人们才有积极性去搞生产，国家才因此有源源不断的财政血源。

谁说古人没有"法律面前人人平等"的概念？此处就是一例。可叹的是，有人就是看不得"平均"二字，以为一平均、一公平，效率就没有了，就要拉了生产的后腿。

公平居然能影响创造财富的积极性？

这真是，荒谬以真理之名而行啊……

张居正在经济改革中，倡导平均，厉行公平，国家也因之大收其利。前有节流，后有开源，财政赤字不再出现。史称，当时太仓之粟可支用数年，太仆寺积累不下四百余万两。张居正的改革成果，并未及身而止，而是惠及后世。万历时代因此成了大明

99

王朝财政最富裕的几十年，可谓前无古人。

如若没有张居正，大明的豪强兼并，必将很快导致帝国失血，其贫民之困，则又不知何日能获解决了。

其实，大明的赋税改革，早已是势在必行，然而谁来干，谁能干，谁想干？嘉靖以来，就无人能够破冰。此人要能够总揽全局，无人可以掣肘；此人要有匡济天下之心，不因私利而退缩；此人还要天性稳健沉毅，不轻率冒进，以免变改革为祸害。

天降大任于斯人也。

唯有张居正！

苛政猛于虎，他就是打虎的英雄。

第七章　一代名相为何日渐专横

张居正有句名言："创始之事似难实易，振蛊之道似易而实难。"创新一件事，不难；改变一件事，才是难。非亲身参与除弊兴利者，很难有这样的沉重感觉。

朱老皇帝打天下、坐天下，前朝权贵已经一扫而空。他的左右也无非是贩夫走卒、乡间塾师之类，本无特权可以维护。新制度的建立，无伤他们一根毫毛，所以几乎没有什么阻力。

然而张居正的改革，却屡次触犯了权贵的利益。这些人，必然要以不宜多事为借口，肆意阻挠。

在张居正执政期间，国家机构试图站在中间立场，平衡权贵与贫民之间的利益冲突，这样的角色不好扮演。

另外，张居正也并非完人，他也有私利，也有执政失误，也有倒行逆施。这些，都必然会授人以柄。因此，在他执政期间，并不都是颂歌盈耳，反倒是常有流言四起，平地里掀起一场又一场政坛风波。

张居正在改革中的唯一逆行，在这里应当特别说说，那便是文化专制。

张居正崇尚实学，对嘉、隆以来的空谈学风颇有不满，认为士林风气，已渐渐落入晚宋窠臼。加之在当时，有些生员包揽诉讼，挟制官府，欺凌百姓，俨然成为学界之霸。为此张居正曾制定了十八条规章，以严厉手段整顿学政。

打击学霸，制止生员干政，自然是没话说。但规定中有一条，是不许另创书院、群聚徒党。

这一条非常厉害。

万历七年（1579）正月有诏下，令毁掉天下书院，公文风行处，斯文尽扫。就在当年，共毁天下书院六十四处。

这么做的目的，当然是钳制言路。这引起了许多士人的不满，直接激发出一桩"何心隐事件"。

这个事件的主角，原名梁汝元，字夫山，江西永丰（明代属吉安州）人，后更名为何心隐。他以诸生的身份，放言时政，品评学术，其思想带有浓厚的乌托邦色彩。他在家乡倡建"聚和堂"，以族长身份打理本族事务，还延请塾师教育本族子弟。全族的婚丧赋役，一律互助，并且想把这种"大同"模式推向全国。他认为这才符合《大学》里先齐家、后治国的原则。

他蔑视君臣、父子、夫妇等所谓万世伦理，认为他们都不如朋友这一伦，显然是一个观念超前的异端思想家。

他还非常热衷于政治。据说嘉靖年间蓝道行逐走严嵩，就是采纳了他的密计，人谓此举乃是"以计去宰相"。后来的几个宰辅，均对他有所忌惮——这是个能翻天覆地的主儿啊。

张居正在毁书院、禁讲学后，何心隐撰写了一篇长文《原学原讲》，对毁禁举措予以驳斥，并且还打算伏阙告状，要与张首辅辩论一番。

这样一个人，当然是桀骜不驯的。禁学令下，何心隐视若无物，仍在湖北孝感聚众讲学。他还倡导建立独特的公社式团体，名曰"会"，提倡在会中"老者相与以安，朋友相与以信，少者相与以怀"。因为搞这一套，他难免被一些人视为"妖人"。

张居正早就认识这个特异人物。

在任国子监司业时，张居正曾在当时的御史耿定向家里，偶遇何心隐。何非常突兀地问："张公您执掌太学，可知道太学之道吗？"张居正博学，却对这个"太学之道"闻所未闻，心知这是胡扯，便瞪着何心隐，没好气地说："你时时都想飞，却是飞不起来吧？"

张居正走后，何心隐大感沮丧，对耿定向说："此人能操天下柄。"又说，"你记着，此人必杀我！"

何心隐以布衣倡道，且极端狂热，这对当时处于疾苦之中的民众，不妨说也算是一种安慰。张居正却对何心隐不能容忍，授意湖北巡抚陈瑞，将其逮捕入狱。陈瑞调走后，王之垣继任，于万历七年九月，杀何心隐于狱中。史书上说是"拷死"或"毙之狱"，也就是活活给打死了。

何心隐一死，名声反而愈加响亮。当时著名的思想家李贽，写了一篇长文悼念他，称"人莫不畏死，公独不畏死"，说是武昌上下，成千上万人，无一人认识何心隐，然无人不知何心隐是冤枉的。他高度赞美说，何心隐所倡之道在人心，就如日月不可覆盖。他还说，大众虽深信张居正有大功于社稷，然认为此举极

103

为不当。并且，因耿定向未能援救何心隐，李贽遂愤然与之断交。

晚明的书院，虽不免有聚议空谈的毛病，但却是清流所在，保留的是斯文一脉。张居正想靠高压手段来禁绝，不可能有长期效果。张居正死后不久，各地书院便纷纷复燃，最终汇成了明末的清流大潮。

张居正的新政，因触及了利益集团，且力度甚大，遭到顽强抵制并不足怪，这是张居正无可指摘的一面。另一方面，没有了权力制衡之后，人性中恶的一面，就十分易于滋长。自张居正执政后，与太后、冯保相安无事，小皇帝更是在其卵翼之下，他性格中的阴暗面也逐渐暴露。

张居正素有刚愎自用的特点，此时就更为独断专行。这也引起了一些言官的不满。从万历二年（1574）起，弹劾张居正的风波便此伏彼起，连绵不绝。

第一个跳出来挑战的，是南京户科给事中余懋学。万历二年五月，翰林院有白燕飞来，内阁有碧莲早开，张居正以祥瑞呈献给皇帝。冯保却不以为然，对张居正说："主上幼年，不可用异物进献，令他有玩物丧志之心。"随后，此事由万历下诏，予以通报斥责。

张居正拍马屁拍到了马脚上，自然无话可说。余懋学跟着就奏了一本，说张这样做，有失大臣风范。

小小的给事中也来说三道四，张居正心里恨，但忍下了没有发作。

第二年二月，余懋学又上疏议事，批评考成法太过苛刻，并暗讽张居正是阿谀之臣。张居正看了奏疏，大怒。随后就由万历下旨，给余安了一个"此必是受了富豪贿赂"的罪名，予以革职，永不叙用。

余懋学这人，其实很清廉，只不过有些不识时务罢了。如此强加罪名，必然引起朝中人心的不满。

这个小小的风浪刚过，到年底，更大的风潮又来了。

河南道侍御史傅应祯，上疏讽谏皇帝失德，实际是暗指张居正误国。他提出，王安石曾以"三不足"误宋神宗，皇上可千万不要自误。他还为余懋学喊冤，说是一个言官以忠言上谏，竟然终身不用，远近臣民怎么能想得通？朝廷忌讳直言如此，驱逐谏官又如此，人们相与感叹，今后凡有关于朝政的事，都畏缩不敢再说了。

——你做得好，自然不应该怕人说；你做得不好，难道说说还不行吗？

哪个专制者愿意听这话？傅应祯这下可惹火了万历，要动用廷杖伺候。张居正则表示反对，说是圣旨一下，人心自当畏惧，就无人再敢于妄言了。他劝皇上，还是行仁行义比较好。于是万历亲笔批示："着锦衣卫拿送镇抚司，好生打着问了来说。"

镇抚司是锦衣卫的下属机构，专管诏狱，直接奉旨办案，用刑尤其残酷。傅应祯被打成重伤，到年底，发配到浙江定海充军去了。

在这个事件中，大明官员敢于"批逆鳞"的倔劲儿，又重新冒头。给事中徐贞明心里不忿，半夜光着脚悄悄潜入诏狱，给傅应祯送去药粥（看守似乎不严）。御史李祯、乔岩也毅然前往探监。三人均被锦衣卫告密，立刻被贬官。

此时是万历三年（1575），张居正的专横之态，还没有达到膨胀的程度，傅应祯因此躲过了廷杖这一劫。

但不怕死的仍然有，这一次冒头的发难者，叫人大吃一惊。此人居然是张居正的门生，也是傅应祯的老乡——巡按辽东御史刘台。

刘台，字子畏，江西安福人，隆庆五年（1571）的进士。张居正不但是他的会试主考、廷试读卷官，还举荐他当了现在的这个官。刘台认为，张居正钳制言论、斥责言官、结党营私，都是动摇国本的行为。虽然自己是张一手提拔的人，但也不愿坐视。他声称："忠臣不私，私臣不忠。终不可以荐举之私恩，忘君父之大义。"

就在傅应祯被发往浙江一个月后，万历四年（1576）正月二十三日，刘台上了一道著名的《恳乞圣明节辅臣权势疏》。不再拐弯抹角，而是直呼其名，谴责"大学士张居正作威作福，蔑祖宗法"。其言辞不仅激烈，且条分缕析，对张居正执政以来的专横与不检点之处，大加鞭挞。

刘台首先从内阁权限说起，他说，国初设置内阁，官职不高，因此没有总揽权力之弊。二百年来虽有作威作福者，总还是怕人议论，惴惴然避宰相之名。唯独大学士张居正专政以来，每每自称："吾相天下，何事不可做出，何人不可进退？"致使大小臣工，不是惧怕他的威势，就是感怀他的恩德。

接下来的驳难，几乎势不可当。刘台说，既然张居正自称守祖宗之法，那么兴王大臣狱，诬陷高拱又是何企图？高拱擅权是有的，谋逆则闻所未闻。先是诬之逐之，逞宰相之威；后又私下里写信安慰，布宰相之恩。祖宗之法有这样的吗？

如今一有诏旨下，如果是严厉的，则张居正表白："我费力多少才不至于更严厉。"于是人们不敢不先谢他。如此，人们畏张居正甚于畏陛下。如果诏旨是温和的，则张居正曰："我多少费力方如此。"人们又不敢不先谢他，于是人们感激张居正，甚于感激陛下。祖宗之法有这样的吗？

张居正又设立考成之法，使内阁权力在部、科之上。本来内阁是没有大印的，官职属于翰林，不过是聊备顾问而已，不能直接处理政务。张居正创立考成法，是想辖制科道大臣，令他们只听他一己之令。祖宗之法有这样的吗？

几个雷霆万钧之问后，他又将张居正的"劣迹"逐一开列——

一、逐大学士高拱去国，竟然不容旦夕之缓；

二、引用阁臣张四维、吏部张瀚，均不通过廷推；

三、贬斥言官余懋学、傅应祯等，几乎扫空了言路；

四、为固宠计，献白燕、白莲以为祥瑞，招致严旨切责，传笑天下；

五、为夺好田宅，授意地方府道诬陷辽王，滥加重罪；

六、为让家族子弟连中乡试，许诺御史某人可做堂官、布政使某人可做巡抚；

七、起大宅于江陵，费资十万，规模直逼皇宫，且派遣锦衣卫官员监造。

刘台最后说，如今天下哪个不知，江陵地面膏血已枯，有人还在大起违禁宫室。我看，张居正贪污的来源，不在文吏而在武臣，不在内地而在边鄙。否则，何以入阁仅几天，即富甲全楚，究竟是用何法致富？华屋宝马，妻妾成群，有如王侯，究竟又是谁人供给？

他还说：当此之时，给皇帝提意见易，给大臣提意见难。当大臣的，每每听到有人批评，则借着皇帝宠信，激怒皇帝，或加罪一人以警告众人，或株连多人以杜绝后来者。如此，大臣之恶日益滋长，天下国家之事大势去矣！

——刘台的这个奏疏，虽然炮火猛烈，但也不是蛮干，他多少用了一点儿策略，就是刻意离间万历与张居正的关系。

这简直就是一篇讨张檄文，虽有夸大，但也其源有自，并非捏造。尤其辽王府邸一事，把陈年老账也牵出来了。

应该说，张居正在大明的官员中，虽不算十分廉洁，但也不是贪渎成性之人。他历来标榜私宅不见一客，非公事不通私信。曾有一知县向他行贿遭拒，以为是嫌少，便又多加了一条玉带再送去。张居正两次奉还，并致信说：我一直以"守己爱民"四字与你共勉，你居然会以为我嫌礼品少，还请认真思之以自励。据张居正自己说，两广将帅先后欲向他送的礼，有万金之多，他都一概拒绝了。

那么，他在江陵的万贯家财，又从哪里来？原来是他的父亲、子弟和仆人，敞开了受贿大门，来者不拒（不收就太不给人面子了）。

据传闻说，隆庆六年（1572）湖广抚按提出建议，为张居正修建牌坊，张居正未予同意。抚按就把募集来的钱送到了张家。因这钱不大好退回，张居正就提议，此钱交给当地官府，作为张家购买辽王府的款项。后来，这钱只做了原辽王府的装修款，而且不够，实际费用大大超支。张居正当时表示，愿用历年的工资、赏赐和田租来偿还，但最后还是由地方官统筹解决了。因此，说张家在江陵修建大宅，是吸吮民脂民膏，就是来自这个传闻。

此等隐私，又如何解释得清？

张居正就是铁打的身躯，读了这样犀利的檄文，怕也要冷汗直冒！

自万历二年（1574）以来，倒张的力量就在积蓄。一部分言官因张居正弹压言路，产生愤恨，攻击不遗余力，连带他的功绩也一概抹杀。他们倒不一定是自身利益在改革中受损，但其言行却助长了一批反对改革者的气焰。

刘台的弹劾，只是一次较大的爆发。反对派趁势而上，意在逼迫张居正下台或做出大幅度退让。而张居正这一边，则处在刚刚把局面打开，欲放手大干之际，又岂肯让步。两下的交锋，各自都没有了回旋余地。

面对如此强劲的攻击，无论真伪，张居正也不免身陷尴尬，只有去见皇帝面奏自辩。他没有检讨自己的问题，只是极力推测刘台的动机，对皇上说："刘台因与傅应祯交情素厚，见傅被充军，怕自己将来也不免，就反守为攻，泄愤于臣。这样既可免于处分，又可沽名钓誉。"

张居正说着，忍不住泪如雨下，哀叹："自被弹劾以来，门可罗雀，谁都不敢来了。国朝二百年来，从未有门生排陷师长的，而今有之。"

次日，张居正依惯例，递交了《被言乞休疏》，要求辞职，并在家等候处理。

据说张居正在递交辞呈时，曾伏地痛哭。万历慌忙将张居正扶起："先生请起，朕当逮刘台入狱，关他一辈子，以谢先生。"

待看过了张居正辞呈，万历当即下旨慰留："卿赤忠为国，不单是刻在朕心，实为天地祖宗所共鉴。那邪恶小人，已有旨重处。卿应以朕为念，速出辅理，不要介意那些浮言。"

二十五日，张居正再次上疏乞休。他说："现在诸事未安，臣岂敢言去？但臣乃不得已也！臣之所处者，实乃危地也。因为所理之事是皇上之事，所代者乃皇上之言，现在言官说我作威作福，而我是在代皇上行政，那么肯定非威即福。如此，事事都可以说是作威，事事也可以说是作福，谗言日日喧哗于耳，虽然皇上圣明，不可能听他们的，不能让臣背负恶名，但作为一个臣子不应让皇上如此费心。所以望皇上特赐罢归，以消除议论。另外再选一个德才兼备的人来担大任。"

万历当然不可能真的让他走，遂再次劝慰。

另有阁臣张四维、吏部尚书张瀚，因刘台的"檄文"里，将他们作为张居正提拔的私人，都觉得脸上无光，也依例上疏求去。万历同样一律打住。

纵是如此，张居正仍待在家里，不肯出来视事。

万历无法，只得于二十六日派司礼监太监孙隆，带着亲笔手敕和一些礼物，去张府慰问。

孙隆宣旨道："先帝以朕幼小，托付给先生。先生辅佐朕不辞劳苦。那些畜类丧心病狂，发表狂悖言论，动摇社稷，自有祖宗法度来治他们。先生还是以保社稷为重，马上出来视事。今特赐长春酒十瓶，以示关怀。先生不要再推辞了！"

君臣两边，又经过几次书面往来，张居正才勉强出来办公。

此次风潮，虽然是由言官而起，但部院堂官当中，也有不少表示支持的。礼部尚书万士和就是一个，此前余懋学因言得罪，他就说"直臣不当斥"，并不怕忤犯张居正。而后，又告病乞休以示抗议。张居正这次也领教了反对势力有何等强大，一度真的不想干了。

风潮的主角刘台，最终当然是难逃厄运。几天后，即从辽东械送京师，一路戴着枷锁入京，被送进诏狱。虽经严刑拷打，但言辞反倒更加激烈，旁人都为他担心，他却泰然自若。镇抚司在审讯之后，拟了廷杖、遣戍，上报给万历皇帝。

张居正虽然内心恨刘台入骨，但还是上疏，表示在审讯刘台时，请免用廷杖。因为上次傅应祯讪谤的是皇上，张居正出面讲了情，免用廷杖。此次刘台虽狂，却只不过是诋毁阁臣，自然也要免用廷杖才说得过去。

最后的处置是，刘台被削职为民，还归故里。然而，事情岂能如此罢休！

这以后，张居正又派人去辽东及江西安福，追查刘台的所谓贪赃枉法事，企图加刘台以重罪。

首辅的意图，下面自然有人领会，出面具体执行的，是江西巡抚王宗载和巡按于应昌。后来，刘台果然因言获罪，被遣戍广西浔州（今广西桂平）。戍边两年后，在戍所被诬，再次入狱，终受酷刑而死。死后连棺材、殓衣也没有，备极凄凉！

以刘台为代表的科道官员，前仆后继地倒张，这类行为，在当代有关研究者的著作里均被视为"逆流"，认为是向改革者发难而获恶名，似乎没有什么异议。但这几个人，在品行上并无太大瑕疵，也不是改革中的利益受损典型。他们提出的指责，多有所本，是对张居正的专权进行抗议。在皇权制度下，权力缺少制衡，即使是有为之相，也难免要唯我独尊，破坏朝政中应有的权力平衡。刘台等人的奋起，应看作对一人独大的非正常行政体制进行阻遏。

这才是问题的本质。可惜，当时双方没有一个可以共商的平台，因此，不同的意见，只能以残酷政争的方式表现出来。

固然刘台诸人进行的是绝望的一击，失败在情理之中，但张居正也为这次惨胜，付出了很沉重的道义代价，甚至为他身后声名的败落埋下了伏笔。

然而没料到，此事刚平息一年多，到万历五年（1577）九月，又一场大风波劈头盖脸地扑来。

事起很突然，牵动甚广。其惨烈程度，使人仿佛感觉到，严嵩时代又回来了！

第八章

午门前顿时鲜血淋漓

万历五年（1577），本是张居正风光无限的一年。前一年底，他刚以一品九年考满，加左柱国、升太傅，并荫一子为尚宝司丞。这些荣衔，是大明臣子在生前可得到的最高荣誉了。刚转过年，次子张嗣修又是会试得中、进士及第。张居正上殿谢恩，万历答道："先生大功，朕说不尽，只愿看顾先生的子孙。"

父贵子荣，皇帝又打了包票，张居正可以高枕无忧了。可惜，万历的这个承诺，到后来成了一种残忍的讽刺。

万历五年五月，万历果然开始看顾张氏子孙了，下诏荫张嗣修为锦衣卫正千户。

前途正如鲜花烈火之盛，但就在这时，忽然从江陵传来噩耗，张家老爹张文明于九月十三日，因病身亡！

九月二十五日，讣告到京。

年初，张居正就得知老父患病，本想回乡探亲，却正逢皇上要大婚，因此决定推迟一年再回。哪里想到这一延宕，父子俩竟成了天人永诀。

老父一死，张居正马上面临一个重大问题。按照大明的祖制，官员的祖父母或嫡亲父母丧亡，照例要解职回乡，守制三年，此谓"丁忧"。从闻丧之日起，不计闰月共二十七个月，期满才可以回来上班，谓之"起复"。

但先朝也有特例，宣德元年（1426）的金幼孜、宣德四年（1429）的杨溥、成化二年（1466）的李贤这三位大学士，都曾由皇上特批，在丧期内立即起复，穿素服办公，无须离职回家守孝。这就是丧仪中非常罕见的"夺情"。

由于夺情不符合典制，后来朝廷有明令，所有官员丁忧，统统都要回家，一律不准夺情。

那么，张居正是否要离职三年？

这个敏感问题，立即成为朝野关注的一个焦点。闻讣的次日，内阁的另两位辅臣吕调阳、张四维奏请，引用先朝杨溥等夺情旧例，请求皇上准许张居正夺情，继续任职。他们俩考虑的是，平时一切政务，都是张居正说了算，如果张居正离开这么久，朝中局面他们将完全无法应付。

几乎是同时，又有御史曾士楚、吏科给事中陈三谟，上疏请留首辅。南北各院部官员也纷纷跟进，大力吁请挽留，一时形成了所谓"保留"风潮。

都御史陈瓒（zàn），卧病在床已久，急忙抱病写信给礼部尚书马自强，说挽留奏疏上千万不要遗漏我的名字，我就等着此疏写下我的名字之后瞑目呢。这个超级热心的陈瓒，是张居正的同年，北直隶献县人。岁数老大不小，位列九卿，不知还这样死命地跟潮流图的是什么。因为南直隶还有一个常熟籍的陈瓒，跟他同名，所以老陈还特地叮嘱传信人，一定要讲清楚，我为献县之陈瓒，而非南直隶之陈瓒。

马自强接到信后，摇头叹道："此老是快死了，因为心先死了！"

陈瓒果然不久后病殁，因为这件事，后来遭人议论，在史册上留下笑柄和污名。

万历一开始只是例行公事，下诏表示了慰问，并未提及"保留"。

张居正此时的心态非常复杂，如果夺情，那么与他一贯提倡的坚守祖制不符。如果去职，则一切改革事宜，都还在开辟阶段，反对势力不可小看，三年中将会发生什么，实难预测。几天里，他全无主意，只是在错愕不定中度过。

到了十月上旬，万历才醒悟过来，他哪里离得开张先生？于是公开表态支持夺情，宣谕吏部，准张居正过了"七七"丧期之后，便照旧入阁办事。同时，又赐张居正办丧事的香烛等用品数以百计，以示慰勉。

张居正这一方的人，更是高度关注事态发展。首先冯保就不愿让这位最强大的政治同盟者离开。在闻讯之后，马上就和张居正进行过密谋。待夺情倡议一起，冯保立作呼应。当日二更天时，诸臣的"保留"疏从宫门递进，未等天亮，挽留特旨居然就从宫中传出来了，真可谓神速！

据说，当天司礼监的随堂太监，将皇上赐的礼品专程送到张府，并将冯公公的密嘱，附耳告诉张居正。

张居正因惊悸、悲伤，正卧倒在床，勉强起来叩谢，感叹道：

"我的脑袋，全赖冯公公才能保住了！"

这一天里，从宫中来传话的小太监，络绎不绝。

张居正的亲信、户部侍郎李幼滋，最先意识到问题的严重性，索性捅开窗户纸，建议张居正力争夺情，以保住权力。

冯保当然是不遗余力，在太后和万历面前，以及有关的朝臣那儿，分头做了工作。

张居正作为当事人，也是唯恐一旦去职，他人将有谋己之图。并且，几天来已有令人不安的迹象。比如，按旧例在内阁公廨，首辅去职三天后，次辅就搬到原来首辅的位子上去坐，并接受同僚与下属穿红衣拜见。目前吕调阳是次辅，虽然还没有搬迁座位，但已坦然接受僚属的拜见。

张居正知道后，心里有气，对身边人说："我还在，他就一点儿也不顾忌。假使我一旦出了春明门，还能让我再回来吗？"

他这里说的是一个典故。原来，唐朝京都长安的正门（东门），名为春明门，于是后人就以"春明"作为京城的别称。北京成为国都后，在文臣笔下，也是常被称为"春明"的。

看来，是走还是留，张居正要有一个态度了。

当时朝中诸臣，以各自对夺情的态度，分为两大派，立场鲜明。时人有评价说，卑劣者附和，高尚者抨击。

即使在张居正的营垒里，也有不少人建议，首辅还是顺应舆论，丁忧为好。张居正的门客宋尧愈、蓟州总兵戚继光、原大理寺卿陆光祖等，都劝张居正回乡。戚继光甚至提出可以让徐阶回来干一段，反正老前辈年纪大了，不可能久居其位，三年后把权还回来就是了。

这些人，都是张居正的至交，劝他回乡，或是因正统观念较重，或是权衡过其中利弊，而并非关键时刻对张有了离心倾向。其中宋尧愈看得最透彻，他认为：即使走了以后万一出现不测，诽谤之风大起，有两宫太后、皇帝和老臣联手压制，还不至于有大问题。又何必占据要津、手拿利器，来防民之口呢？走有风险，留下也有风险，而留下来的祸患要大得多。

李幼滋则坚决反对这种看法，斥之为"宋儒之头巾迂论"。他认为：人一走，形势如何变化，根本就无法掌控了。眼下百事待举，执宰岂可一走了之？

张居正此时进退两难，与冯保商量了之后，认为还是夺情最为稳妥，于是才有了前面的一场场双簧戏。

在诸臣表态上，最富于戏剧性的人物，当数吏部尚书张瀚。他是由张居正一手提拔上来的，平时唯张居正马首是瞻，朝议历来对他这一点极为不满。但这次，事涉孔孟之道，他不知为何突然坚持起原则来了，不肯出面挽留张居正，以此带动了吏部一大批官员，也联合起来反对夺情。

当时，冯保传出中旨（皇帝直接下诏），要张瀚带头倡议夺情。张居正在请归的同时，也跟张瀚吹过风，要他赞同皇帝的挽留。张瀚却故作不解，说："元辅奔丧，是应该给予特殊恩典的，但这是礼部的事，与吏部又有何干？"张居正几次派出说客，晓以利害，但张瀚就是不为所动。张居正大为不悦，于是拟旨，切责张瀚是"奉谕不复，无人臣礼"。

当时，廷臣们个个惊恐，都纷纷附和"保留"之议。张瀚见之，抚膺叹息："三纲沦矣！"

张居正闻此言，益怒，指使言官弹劾这个叛徒。

结果十月十一日，突然有诏，勒令张瀚致仕，吏部全体官员罚俸半年。

举朝为之震动！

为了对舆论有个交代，从九月底起，张居正就按照惯例，接连上疏，表示要回乡守制。但是，奏本里却另有文章，他奏道："臣闻，受非常之恩者，应该有非常之报。所谓非常者，非常理所能拘也。"然后又说，自己哪怕粉身碎骨，也不能报答皇恩于万一，又哪里有闲暇顾及旁人的非议？又怎能守匹夫之小节，而拘于常理之内呢？

这就等于是在暗示皇上，我可以为你做超越常规的事。《明神宗实录》的作者在记录这件事时，也忍不住议论了一句："观此，而夺情之本谋尽露矣！"

此后，万历皇帝与张居正，又假模假式演了三留三让的俗套戏，张居正便不再坚持要回乡了，而在十月十三日，正式提出了"在官守制"的折中方案。

万历允了，让司礼监的太监魏朝，随张居正的儿子回江陵奔丧。张居正在折中方案中提出，过了"七七"之后，自己不随朝议事，不参加朝廷庆典，只赴阁办公，并且不穿红色官服。

为表示孝心，张居正还提出，守制期间不领工资。万历心领神会，当即特批，每月由相关衙门给张家送油盐柴米，聊补困境。最荒唐的是，万历还指令光禄寺，每天给张府送去酒饭一桌（也不怕麻烦）。算下来，比领薪俸还合算了。

君臣两个，自以为戏演得差不多了，于祖制、于舆论都算有了交代。

但他们全然想不到，这套把戏怎能瞒得过人？

反对夺情的官员们，立刻发起攻击且气势凶猛，这是万历和张居正绝想不到的。

次第上阵，抡开了大斧的有四个：翰林院的编修吴中行、检讨赵用贤，刑部的员外郎艾穆、主事沈思孝。冲在前面的翰林院那两位，恰又是张居正的门生。

十月十八日，也就是张居正提出"在官守制"五天后，吴中行首先向老师发难。他的奏疏，写得相当煽情，专从人伦大义上对张居正施压。他说：元辅昼夜为公操劳，父子相别十九年。这期间，儿子的身体由壮而强、由强变衰，老父则由衰而成头白、由头白而成苍老，一直是音容相隔。现在老父亡逝于千里之外，做儿的却不能临穴一哭，叫人情何以堪！

他又巧妙地把夺情置于舆论的拷问之下，暗示这里面，君臣之间恐怕是有交易。他说：皇上之必须要留，和元辅之不能走，原因在哪里，只有通神的人才能知道了，那是不能告诉庸俗之辈的。但是市井匹夫说什么的都有，怎么想的也都有，你怎么能让这里面的重要意义家喻户晓，从而让大家闭嘴呢？

吴中行很坦然，把奏疏递上后，又把副本给了张居正一份，以示此举是出以公心。

张居正看了题目，不禁愕然，问道："奏本送进去了吗？"

吴中行说："不送进去，我是不能跟您说的。"

次日，又有赵用贤上疏，用语极其刁钻，说首辅既然能为君臣之义效忠数年，以此推论，为父子之情就不应该少尽责一天。

陛下之所以不允许首辅回乡守孝，难道是想让天下人都效仿他的行为吗？

这两人，都建议张居正赶快丁忧，过一段时间，再由皇上开恩召回，方为上策。

如果说，两位门生还给张居正留了些情面，那么第三天（十月二十日），艾穆和沈思孝联名上疏，则完全撕破了脸皮。

他们意在逼迫张居正交出权力，彻底下台。两人的奏疏说：张居正若留下，那就是厚颜就列，遇到国家大典，是参加还是不参加？不参加吧，于君臣大义不合；参加吧，于父子至情不合。到那时，不知陛下何以处置居正，而居正又何以自处？陛下要挽留居正，动不动就说为了社稷，那么社稷所重，莫过于纲常。元辅大人乃纲常之表，若置纲常于不顾，又安能顾社稷？

他们还公开指责张居正夺情是违反道德，说他位极人臣，反而不修匹夫常节；说他擅权无异于"宰相天子"；说他行为有类商鞅和王安石，道德和才学却远不如；说他"愎谏误国，媚阉欺君"……

吴中行等人的奏疏虽然送了上去，但实际上是压在了冯保手里。冯保留中几日未发，好让张居正先拟旨批驳。

张居正完全料不到，在他当政五年后，朝中居然有人对他恨得如此咬牙切齿，看完几道奏疏后，忍不住火冒三丈！随后与冯保商议，如若姑息，则后果难料，必须以严厉手段压下这个势头。

两人最后商定，对这几个人务要廷杖和充军！

风声传出，各路官员无不大惊，纷纷展开了援救。礼部尚书马自强，知道事情要闹大了，忧心忡忡，亲自出面为吴中行等人疏通。

然而，张居正此时已铁了心，面对老马的喋喋不休，他起先良久不语，后来忽然对老马跪下，以一手捻须，高声恳求："公饶我！公饶我！"

首辅失态若此，老马心知事已不可为，于是仰天长叹一声，走了。

翰林院掌院学士王锡爵，邀集了翰林院赵志皋、张位、于慎行、张一桂等数十位官员，求见张居正，要个说法，张居正却避而不见。

王锡爵一不做二不休，自己去了张府，闯进灵堂，见到了张居正，当面激烈指责。

张居正告诉他："圣怒不可测。"

王锡爵冷笑回答："即使是圣怒，也是为先生您而怒。"

张居正无言以对，又咕咚一声跪下，边哭边拜道："皇上要留我，而诸位要逐我，我怎么办？怎么办？要杀我吗？"说着，忽然顺手摸起一把小刀，做刎颈状，高喊道，"你杀我，你杀我！"

王锡爵大惊失色，连忙拔腿跑了。

夺情风潮，至此已达到白热化，张居正固执己见，坚持要回击"逆流"。一场惨烈大祸，就横在大家眼前，朝中有识之士皆寝食不安。

翰林院的侍讲赵士皋、张位、于慎行、李长春、田一俊，与修撰孔教、沈懋学等人，都曾上疏救四人，但全在冯保那里压下，根本不可能起作用。

诸人忧心如焚。沈懋学想到张居正的儿子张嗣修，恰是自己的同年，或许可以从中缓颊，便连忙修书向张嗣修求援。但连发出三信，一无回音。

沈懋学不肯罢休，又写信给时任南京都察院右都御史的李幼滋，求他出面营救。李幼滋是夺情派的中坚，哪里肯做这事？反而回信把沈懋学教训了一通："今日师相不奔丧，是圣贤之道。如你等腐儒之辈，安能知之？"

沈懋学险些为之气结，一怒之下，告病还乡了。

十月二十二日，终于有诏旨下：着锦衣卫逮捕吴中行等四人，在午门前杖刑。吴、赵二人，杖责六十下，遣返回原籍为民，永不叙用。艾、沈二人杖责八十下，遣送极边地区充军，遇大赦亦不恕。

四个人的处置之所以有差别，是因为吴、赵二人只是主张，首辅可暂时回乡葬父，再伺机召回，而艾、沈二人，则是主张首辅永久辞职，故而两者所论的罪状，有轻重之分。

吴中行早有万死不辞的心理准备，闻圣旨下，面向南方拜了拜家乡的老母，朗声道："儿死矣，还有孙子可以伺候您！"又托付妻子说，"我知道你能事母抚孤，我就是死了亦无憾！"然后从容出门，跨马而上，前去受刑。

此时，恰好锦衣卫缇骑凶神恶煞地赶到，吴中行遂弃马，回顾家门大呼道："儿啊，拿酒来！"

一碗烈酒，一饮而尽！

刚烈的翰林书生随着缇骑，昂首向午门走去。

当天，天气阴惨，隐隐雷鸣不止。长安街上数以万计的市民，争睹犯官模样，众人表情木然。

受刑者陆续从人墙中走过，至午门。此处，已有左右"羽林卫"千人层层环绕，铠甲鲜明，各执戈戟，如林而立。中间只留一个行刑的空场。锦衣卫打手亦是肃立，手执木杖已等候多时。

犯官到齐后，司礼监太监十数人手捧"驾帖"（逮捕证），从午门内鱼贯而出，站定。

只听为首的太监大喝一声："带犯人！"千余羽林卫壮士，齐声呼应："带犯人——"喊声直冲斗牛，连京城之外都能听见。

这场面，若是胆小的，早就吓得晕死过去。

而后，有太监宣读由刑科签署的驾帖，将各人的事由、罪状、处罚，逐一申明。

锦衣卫校尉当即扒下犯官的衣裤，扔于地上，将诸人按倒在地，做好了行刑准备。

张居正对吴中行等人的"门生造反"行为，尤为愤恨，暗中已经有话给锦衣卫，将几人往死里打。

既然有话，那还客气什么？只十几下后，犯官的屁股就皮开肉绽，继而血肉模糊！

酷刑过后，校尉们将四人裹以厚布，拽出长安门，任由家属用门板抬出都门（驱逐出京）。

一出禁宫，立刻有不怕死的官员，围上来慰问。东厂人员便逐个叫住询问，并记下姓名，以便日后算账。

吴中行受伤相当严重，抬到半路已似乎没了气息。中书舍人（内阁中书科文书）秦住，恰在此时带了医生赶来，连忙给他灌药，稍后才苏醒过来。

随即，厂卫又有催促出京的命令下来，家属只得仓促为吴中

123

行裹了一下伤，又抬着他出城，踏上南归故乡的路程。路上，家人挖去吴两股上的腐肉数十坨，大若手掌，深至一寸，其中一股已经几乎没有肉了，吴中行痛得彻夜呻吟不止。

赵用贤的情形也好不了多少。他身体肥胖，受刑后，腐肉溃落如掌。其妻一路拾捡，后腌腊而藏之，以做刻骨铭心之忆。

艾穆和沈思孝受刑后，戴上械具押入诏狱，都因伤重而昏死过去。三天后，家属用门板抬出都门，远赴戍地。在出城门时，艾穆身上鲜血淋漓，然意气如常，当着押解官和厂卫数十人的面，犹厉声大骂江陵、冯保不绝口。

士可杀，气不可夺也！

是男儿，岂能苟活如犬豚？斧钺加颈，又焉能令万人吞声？两千年的衣冠传承，文明灿若星汉，遍地生灵绝不至于皆成无骨之人！

艾穆是张居正的湖广同乡，张居正对他尤其耿耿于怀，曾黯然对人道："昔日严嵩尚未有同乡攻击者，我还比不得严嵩了！"

自十月十三日张居正提出"在官守制"起，至二十二日施杖刑为止，十天里，朝野人情汹汹，众人对张居正侧目而视，民间也流言四起。恰在张居正再次上疏乞归那一天，夜有彗星长数丈，街谈巷议对此更是加以附会。此后，有人贴出谤书，指张居正要造反！

看看乱得实在不像样子，万历于次日赶忙对群臣下了一道敕谕，以正视听。他说：朕身为君主，有权决定大臣的进退予夺。张居正身任天下之事，岂容一日去朕左右？群奸小人借纲常之说，行排挤之计，就是要孤立朕。今后若有邪恶之徒再欺君罔上，定罪不饶!

当天通告下来后，舆论才稍微平息了一些。

然而，张居正这次采用的强硬手段，效果并不佳，反对意见仍未能压制住。

仅过了一天，二十四日又有一个自愿送死的跳了出来。观政进士（在各部实习的进士）邹元标，在四人受刑后毅然上疏，把炮火又升了一级，对张居正的人品、执政作风全盘否定，要求立即罢免张居正。他说，对于自己的亲人，生时不照顾，死时不奔丧，犹自称是"非常人"也，这不是丧心病狂就是禽兽，怎么就能说是"非常人"呢?

他讽刺道，幸亏居正只是丁忧，尚可挽留;要是不幸因公捐躯，陛下之学终将不成、志终将不定吗? 其实，居正一人无所谓，关键是后世若有揽权恋位者，必将援引居正之例，甚至要窥窃神器（阴谋篡位），那遗祸可就太深远了，一言难尽!

这个邹元标，春天时才中的进士，被分配在吏部实习，与朝中政争本没有任何关涉。但因他是王学的信徒，所以对张居正素有不满。初生牛犊不怕虎，众人还在惴惴之时，他偏要以头触墙!

邹元标其实在前一天，就已将奏疏写好。入朝时，正逢吴中行等人受刑。他远远看去，不禁怒发冲冠。杖刑一结束，他就向随值太监递上奏本。正值敏感时期，太监怕事，不肯收。邹元标撒谎说:"我这是告假本。"又掏出银子来塞上，这才将奏本递入。

后事如何，不用说也知道。当天就有诏下，命杖责邹元标八十，发配极边卫所充军。

五人受刑后，直声满天下。而张居正在士人中的威望，却急

125

剧下降，这是他万万想不到的。

在这之后，仍有布衣韩万言、南京浙江道御史朱鸿谟，先后上疏为吴中行等人鸣冤，皆被严厉处置。翰林院张位、赵志皋等人，也因论救吴中行相继被贬谪。

最为豪壮的是，宛陵（今安徽宣城）生员吴仕期，十分仰慕受刑诸人，听说邹元标被谪路过京口（今属江苏镇江），竟然步行数百里，赶到江上与之相会，与邹握手谈天下事，慷慨激昂。归家后又写了一篇万言书，力陈张居正之非。对这个不怕死的秀才，张居正十分恼恨，决意伺机报复。

又有芜湖生员王律，托名海瑞，写了一篇声讨张居正的疏文，人人皆以为真，四海为之轰动。后南京操江都御史胡槚（jiǎ），为巴结张居正，命太平府（治今安徽当涂）同知龙宗武，予以严查。龙宗武心领神会，将王律逮捕，严刑拷打。逼迫王律把无辜的吴仕期牵连进来，两案合并为一。

案件审结后，上报给张居正，张回复暗示，杀之了事。龙宗武便将吴仕期下狱，故意不给饭吃。吴仕期饿极，将衣服里的棉絮吃尽，仍未死，龙宗武便命人以沙囊堵其口毙之。后王律也被虐待至死。

消息传出，天下大哗，官民皆有怨愤不平之声。

处在事件旋涡中心的张居正，并未尝到胜利的喜悦。

这是一次信心上的受挫，也是一次声望上的重创。

他守父丧而不离开相位，是从大局考虑，情有可原。但这样做，是逆伦理习俗而动的非常之举，本应以温和低调的手法处理。在开始时，他过分相信皇帝的威力可以压倒舆情，"做戏"做得太假，也太简单。当反对的浪潮爆发后，又过于惊慌失措，操之过急，以至步步被动，完全丧失了舆论的主动权。到最后，只能靠高压手段扑灭舆论，从而付出了道义上的最大代价。

在镇压过程中，其斩尽杀绝的做法，也引起公众的心理反弹，为政敌指责其擅权提供了最好的口实。

在整个夺情事件中，张居正保留相位的好处，远抵不上失去人心的损失，并且此事对他以后的执政作风，也产生了极为负面的影响。张居正的门客宋尧愈在事前的建议与分析，可说是非常有远见的，可惜未被采纳。

"侧想素心人，浩歌渺空谷。"

今日位高权重的张阁老，不知还能否记起年轻时的抱负？想廓清天下，自己先清否？想为不世之才，为何偏留下了百年之憾？

因为历史无情！

任何一个英明的政治人物，都不能以功绩作为资本，来做恶事。人们在评判一个人好坏时，用的并不是善恶抵消法，而是看到有一分恶，就认准是一分恶。这一分恶只要做了，就将永久留在历史的耻辱柱上，不是你其他方面的善绩可以抵消得了的。

张居正，从此有了不能瞑目之耻！

第九章

此人终究不能为圣贤

风波过后，又是百鸟压音。讨厌的人统统被逐出了视野，似乎什么都没发生过。

张居正的位置，稳如磐石。来自后宫的信任与小皇帝的眷顾，一点儿没有衰减，但是，在他的内心世界，却有一个东西崩塌了。

在夺情风波之前，他很自负，认为自己在官场的平步青云，是才华超群使然。当了首辅后，令出如山，无有阻碍，就更是被权力的幻觉障住了眼，以为自己无所不能，是上天唯一钟情的人物，以为其他人都是碌碌无为之辈。

环顾大明浩漫疆土，傲视天下万千苍生，所谓"不世之才"，谁行？谁配？

但是他忘记了，凡是上天赋予一生灵以头脑，这个生灵，就有他的好恶，有他内心的尊严。

屈居在你之下的，或因时运不佳，或是机遇未到，没有谁能把某个人真正看作一尊神。

在夺情风波中，张居正的楷模形象，被滔滔议论瓦解了。他第一次惊讶地知道，并不是所有的人都认可他的权威，并不是在任何时候人们都不吝自己的笑容。

他们随时可以把最恶毒的评价加在你身上。

你只是一个平凡的人，平凡到连起码的道德都不完美。

文渊阁往日的宁静，飘然远去，张居正猛地感到自己是走在荆棘丛中。人心，不可测。不仅是门生能够反目，连亲手提拔起来的下属，居然也会背叛。

还有什么是可以相信的呢？

权力，唯有手中的权力，才可以让一切人俯首！他不再指望征服他们的心了，只想征服他们的尊严。

从刘台发难，到夺情风波，张居正失去了往日的稳重。《国朝献征录》说他神志渐恍惚，面对异己力量，不再企图以德服人，而是欲以威权强行压制，越发无所顾忌。《明史》也说，他从此"闻谤而不知惧，忿戾怨毒，务快己意"。

权力失去了道德的约束，就很可怕。当年十一月初一，当风波尚余尾声时，张居正就对官员队伍开始了"快意"的清洗。他以应对"星变"为由，建议万历下诏京察。京察按例是每六年一次，临时性的京察称作"闰察"。万历立即允准，半个月后，吏部宣布"闰察"结果，共查处五十一名官员，都是反对夺情一派的。其中，南京操江都御史张岳，才名本来极高，只因反对夺情，反倒以"才力不及"降调。

反过来，对拥护夺情一派的人，则尽力提拔。南京吏部尚书潘晟（shèng），官声素不佳，因为拥张立场坚定，反而被擢升。

张居正当年在逐走高拱后，尚能重用几个高拱一系的人才，并不是一律排挤，如推荐张嘉胤为浙江巡抚、张学颜为户部尚书、吴兑为宣大总督，现在则已完全失去了那种气度。

此次清洗，并非出以公心，从而严重败坏了官场风气，致使见风使舵者高兴，表里如一者沮丧。今日的张居正，变成了他昨日曾猛烈抨击过的大昏大庸者。

看别家的病易，剜自身的疮难。谁能逃得了这铁律？

待张居正死后，到了万历十三年（1585），当时的吏部尚书杨巍上疏说："执政为了清除异己，才举行闰察，众心不服，请永停闰察。"万历皇帝照准执行。取消闰察的原因，就是因为张居正在这次闰察中做得太不公平。

自这次闰察后，一个以乡谊、年谊、姻亲、师门为纽带的新官僚体系，完整建立起来了。张居正不想再陷入朝议的汪洋，他要的是一群没有自己嘴巴的人。

平心而论，这个新形成的依附集团，收纳的并不都是品行恶劣者，其中也有官声正直的人。像工部尚书曾吾平，曾经平定西南土司叛乱有功，勤勉从政，从不打小报告，就是比较好的一个。

但明代官员的士大夫气还是比较重的，直臣虽多赞同张居正革除弊政，但却不齿张居正排斥异己的做法，宁愿回避，也不愿受垂青。比如礼部尚书陆树声，他是张居正的前辈，威望卓著，张居正一再表示想延揽他入阁，但陆不屑为之，始终装聋作哑，后来索性装病挂冠而去。

张居正对于内阁的同僚，不再礼敬，而是开始颐指气使。《明史》说，当时，政事一决于张居正，张居正全不推让，视同僚如无物。

他执政时的内阁组成，是经过精心筛选的，多是柔顺听命的仆从。万历皇帝给张四维的任命，甚至只是跟随张居正在内阁办事，形同秘书。

即便这样一个内阁，也并非与张居正同心同德。在高拱被逐后首先调进来的吕调阳，为人谨慎，遇事模棱两可。张居正始终不大看好他的能力，而吕调阳内心，也未见得服气张居正的一些做法。入阁六年，吕调阳无所作为，在阁办公时，常怏怏不乐，仰望屋顶叹息而已。至万历六年（1578）中，坚决上疏请辞，负气走了。

另一个阁僚张四维，倜傥而有心计，曲意逢迎张居正。他精通官场明暗规则，又擅长边务，但有时仍难免做事不合张居正的意，累遭训斥，也感到极度郁闷。张居正对他，逐渐也产生反感。张四维曾经一度与冯保关系密切，张居正得知后，予以呵斥，不准他擅自交结冯保。此后，张四维心里就越发怨恨。

尤其是张四维对老上级高拱的结局深感不平，常怀为其平反之心，不能释怀。

这些过节，导致张四维在张居正死后，成了推翻张居正既定政策最有力的人之一。

马自强入阁的时间较晚，只在万历六年干了几个月，就病逝了。他任期虽短，却不像其他阁僚那样，对张居正只是唯唯诺诺，对张的做法，总是力图有所纠正，说是"我不能让千秋之后，只得一个伴食之名"。

申时行是与马自强同时入阁的，但在位时间极长，前后共计十三年。他在张居正死后第二年继任首辅，主持大政八年。这是一个老猾的官僚，善于见风使舵。张居正得意时，他一意阿附；张居正一死，他立刻就迎合万历之意，把张居正所有的改革措施基本停掉了。

张居正蔑视同僚所付出的代价，不可谓不大。在其死后，这个班子不但没起到延续政策的作用，反而成了迅速埋葬他改革成果的掘墓人。

不过，所有这一切不祥之兆，眼下都还在隐伏中。

张居正把反夺情的风潮压下去后，益发注意巩固自己的权势。

此时的情况还很不错，万历似乎更加信任首辅了，所有写给张居正的手札，都称其为"先生"，此乃大明朝前所未有。张居正也欣然接受，常以萧何、张良自居。

他一面对万历有倨傲之态（以此镇住小皇帝），一面对冯保卑辞逢迎，认为只要这两方面不出问题，自己便权力稳固。

万历六年二月二十九日，万历皇帝"大婚"礼毕。张居正认为万事妥当，便递上《乞归葬疏》，要请假回乡葬父。

此次回乡，除了安葬父亲之外，也有衣锦还乡之意。

岁月匆匆如逝水，明镜怎奈华发？距离他上次翰林院毕业时请假回乡，竟已是十九年过去了！

万历开始时并不同意，后经张居正再次上疏，方予批准。他叫张居正于五月就要回来，并且嘱咐把张母也一起接到北京来。

万历还特意叮嘱道："长途保重，到家少要过恸，以朕为念，方是大孝。"又援引前朝杨士奇、张熜之例，赐给了张居正"帝赉（lài）忠良"银印一枚，嘱咐他，如在途中发现朝政有问题，随时可密封奏报。

张居正在行前，对朝中有可能发生的人事变动，做了周密的分析。对有可能入阁的人，都特别加以提防，以备万一。数了一数，在野士人中威望最高的，当数高拱，但高拱在万历那里是绝对通不过的，因此可以放心。还有一个曾大闹过内阁的前阁老殷仕詹，则要加倍防范。

此外就是徐阶了。徐的情况比较特殊，年事已高，在家乡的处境又不好，不用防备。张居正曾考虑推荐徐阶回来，甚至已给徐老发了信去，但一想到那样的话，自己就要让出首辅位置，也许会有意想不到的后果。于是断了此念，还是推荐了马自强和申时行入阁——两个三流的人才，远不足以为虑。

人事安排好之后，张居正便进宫去向万历辞行。那一天，万历在文华殿听课。君臣相见，心里都有老大的不忍。

万历说："先生近前来些！"

张居正走上两步。

万历殷切叮嘱说："圣母与朕意，原是不放先生回的，因怕先生太伤心了，才特此允许。先生到家了，就快些回。国家事重，先生去了，朕何所倚托？"

张居正连忙叩头谢恩："臣犬马之心，无时不在皇上左右。皇上大婚之后，起居饮食，一定要小心。这是第一要紧事，臣为此日夜放心不下，望千万注意。此外，这几年皇上把什么事都交给臣做，今后皇上要自己留心了。各衙门奏章，一定要自己看，亲自裁决。难办的事，就召内阁的臣子来，商量好了再办。"

万历说："先生至忠，朕知道了。"

张居正顿了顿，又说："臣目前还戴着孝，不便到宫门叩谢圣母，望皇上代为转达。"

万历微微叹了一声："知道了。先生到家，不要过哀啊。"

张居正心头一颤，不禁伏地痛哭起来。

万历连忙劝道："先生不要悲哀……"

说着，他自己也哭了起来。

两人就像即将久别一样，相对垂泪。

如此良久，张居正终于起身告辞了，退下殿去。

张居正走后，万历抹了抹泪，对左右太监说："我有好些话，要对先生说，见他悲伤，我也忍不住，说不得了！"

李太后那里，也派太监给张居正送来银制"八宝豆叶"六十两，以备路上赏人用。太后和他儿子一样，都是念兹在兹，生怕张居正回来得迟了。

三月十三日，张居正离京上路，其时百官都来列队送行，居正一一拜别。万历还特派司礼监太监张宏，到京郊为首辅饯行。

按照惯例，首辅因故离职，次辅可相机主政。但万历给内阁发了一个帖子说："有大事不许专决，驰驿至江陵，听张先生处分。"吕调阳知道小皇帝这是信不过他，郁闷之极。

张居正走后，恰逢辽东有所谓"长定堡大捷"奏报，万历将之归功于张居正，甩开内阁，派太监使者快马至江陵，请张居正亲自制定封赏条例。

吕调阳觉得颜面扫地，遂告病假在家，又一次提出辞呈，但万历仍不许。

皇上对张居正眷顾如此，天地之间，还有何等荣耀值得羡慕！

张居正顾盼得意，眺望万里春光，觉得整个大明的政治中心，都随着他在缓缓南下了。

这次还乡的阵容，极为壮观。兵部特派一千骑禁军，作为警卫随从，队伍前后都有乐队，仪仗旗帜彩绘斑斓，光耀白日。除了千骑虎贲之师外，戚继光还从蓟州前线调来一队鸟铳手，执新式火器以壮行色。张居正考虑，还是不要太过张扬为好，最后只留下了六名。

张居正所乘坐的轿子，是为此行专门特制的大轿，须三十二名轿夫抬杠。轿子前部是会客室，后部是卧室，外部有走廊相通。两名小童在轿上随时伺候，焚香摇扇。

所过州县，都有地方衙门呈献美食，并驱使民夫将道路平整，两旁罗列兵器，气势极盛。

真定（今河北省正定县）知府钱普，一向善于媚上，此次特地找来了一大批江南厨师，随队伺候，据说江南名厨因此被搜罗一空。

真个是，宰相出行，地动山摇！

江陵的山水，苍然如故，阅尽了百世的风光。

它们见惯了车如流水马如龙，今日方得见到：书生亦能登庙堂，握乾坤，傲王侯。

时矣势矣，更是天之所赐矣！

四月十六日，葬礼隆重举行。张文明的棺木，被安葬在荆州西门外的太晖山。这是万历敕赐给张家的一块坟地，与国初湘献王朱柏（朱元璋第十二子）的王陵毗邻。

这次归葬，规格之高，在历代大臣中空前绝后。皇帝特地派司礼监太监魏朝和工部主事徐应聘，负责丧葬事宜。礼部主事曹诰，专程前来谕祭。尚宝司少卿郑钦、锦衣卫指挥佥事史继书，一路负责护送。湖广巡抚陈瑞等一大批地方官员，也趋之若鹜。

《嘉靖以来首辅传》记载，陈瑞赶到江陵张家后，一进门就换上白色孝衣，戴上麻冕，伏地大哭。哭罢，求见张母赵老太太。太夫人没兴趣见他，他就在庭中长跪不起。赵老太太只好出来，陈瑞复又大哭一番，才起身坐下。此时。赵老太太身旁恰好有个小太监，是张居正私自留在身边打杂的。老太太觉得场面尴尬，于是没话找话，对陈瑞说："陈大人，您看这小子还顺眼吧？"

陈瑞连忙起身，向小太监作了个揖说："哪里！我陈瑞怎能评价公公，还是公公看重我才对呀！"

当时，地方官在张氏葬礼前后的丑态，多半类此。

葬礼完毕之后，张居正怕老母在路上受不了炎热之苦，就上疏请求推迟归期，拟在九月天凉后，再行返京。

万历哪里肯依，发动内阁、部院官员上疏催请。他本人也下旨，让魏朝留在江陵照顾张母，令张居正务必在五月以内回来。又差遣锦衣卫指挥佥事翟汝敬，星夜赶往江陵，负责催促。

翟指挥带了万历的一份敕谕，上面写道："元辅张先生：自先生辞行后，朕日夜悬念，朝廷大事俱暂停以待。望敕书一到，马上整装上路，以慰朕怀。"

盼望之情，有如嗷嗷待哺。

国事重如山。张居正只得于五月二十一日启程返回。

这次张居正归葬，一路俨若帝王。所过之处，地方主官皆长跪于途迎候，各省封疆大吏也都越界迎送，亲自充当队伍引导。途经襄阳时，襄王也破例前来迎送，并设宴接风。

按大明祖制，凡大臣见藩王必执臣子礼，也就是叩头行礼。而张居正见襄王，仅以主宾之礼相见，作个揖就算完事，且在宴席上坐在了首席，可见气焰之盛。终大明一朝，这样的事，绝无仅有。

另外按祖制，为防止亲骨肉造反，藩王在一般情况下不允许出城。只有天子驾到，藩王才可出城迎候，且须有敕谕事先通知。这次张居正路过湖广、河南等地，襄王、唐王都曾亲自出郊外迎接，以能逢迎为喜，尊卑颠倒一至于此。

张居正回乡的时候，有个插曲值得一提：他特地绕道新郑，去看了他多年的老友兼政敌高拱。当时高拱百病缠身，已卧床不能起。其亲属将张居正请入卧室内，一见之下，两人都忍不住相视而泣。

忆当年，曾以大业相期许。那种豪迈，今日早已了然无踪！

张居正百感交集，握住高老的手流泪，久久不忍言别。

据在场的人后来回忆，两人可说是尽释前嫌了。

张居正对高拱，总怀一种复杂的心情。高拱失势罢归后，他还是念念不忘。一日，高拱遣一仆人入京，回原来的家中取一些器具。张居正得知后，召那仆人来，询问了高拱的起居情况。仆人泣诉道："高老回乡后病困，又经王大臣案惊吓，几乎活不了啦！"张居正听了，为之泣下，而后拿出玉带、器币、杂物等，大约可值千金，交给仆人，带给昔日的好友以作安慰。

葬父返京途中，张居正再次去新郑高拱家中看望，回京后又致信问候。这番情谊，不太可能是假的，只可惜，昔日强悍的高拱，当时已病入膏肓，来日无多了。

当年十月，高拱去世。高拱妻上疏要求恤典，也就是请国家拨给丧葬费。万历对高拱当年挟制他们母子的事，仍不能释怀，因而不准。张居正特地上疏，恳切为之呼吁，万历才准予开复原职，但只给予"半葬"待遇，即国家承担一半的安葬费用。

随后，高拱之弟高梅庵，请张居正为高拱写墓志铭，张居正也立即应允。

命运无常啊，真的是很无常！

元人有小令曰："傲煞人间万户侯，不识字烟波钓叟。"（白朴《沉醉东风·渔夫》）

高拱是一个有国家观念的人，也是个有大志向的高官，可是他与张居正相比，在生前的遭遇竟然有云泥之别。不知在乡间养老的那些岁月，他是否也有过这样的感叹；不知在临终时，他是否也有过难言的后悔。

宦海也是江湖，碌碌竟为谁忙？

蟒衣玉带，能传几世？钟鼎之盛，却祸在其中！

张居正是官场上的胜者，他终生也不可能体会高拱的这种失落感。施与同情，也是基于胜利者的大度。

他步上巅峰，自认为即便做不了万世圣人，起码在当世的权势，无人能出其右——包括皇上！

掌权者的幻觉，总是让他看不到弱小者的力量。他绝想不到，大厦也有倾的时候，老树也有朽的时候。得意之时的每一步，都是在迈向明日的败亡。

他感觉不到有这样的威胁，荣耀的光芒让他目眩。

六月十五日，浩荡一行人刚抵京郊，就有皇上派来的司礼监太监何进，等候在真空寺接风。

何进宣读了谕旨："若于中午进城，请张先生在朝房等候，朕即在平台召见。若于午后进城，则请张先生回宅安歇，明日免诸臣早朝，特为召见。"

国之栋梁，终于回来了，皇上一刻也等不得了！

次日一早，早朝免去，百官列班迎候张居正入朝。衮衮诸公，绯袍玉带，恭谨地行礼如仪。随后，万历在文华殿召见了张居正。

即位以来，万历还从未如此之久见不到"先生"，此时自是有千言万语要说。

寒暄过后，万历便问："先生沿路所见，地里的庄稼如何？"

张居正愿意回答这样的垂询，觉得自己一手培养起来的人君，就应该有这样的良心，于是禀报说："托万岁的福，河南、畿辅（北京周围）两地，麦子丰收，稻苗亦是茂盛。"

万历又问："黎民安否？"

张居正说："各处凡有抚按来见，臣必向他们转达皇上的保民之意。告诫他们，凡事要务实，不要虚文。臣见各官都兢兢业业，与往年委实不同。因此黎民感恩，皆安居乐业，实有太平景象。"

万历面露喜色，想想又问："边事不知怎样了？"

张居正答："在途中，臣见到了山西及陕西三边总督，都有密报说，俺答西行，为瓦剌所败，损失惨重，俺答仅以身免。臣以为，夷狄相攻，是中国之利，此是皇上的威德所致，如今边境无事，四夷宾服。"

内外的情况都很好，万历放下心来，特批张居正在家休息十日，再来上班。张居正又在太监张宏的引导下，到慈庆宫、慈宁宫拜见了两宫皇太后。

这一次衣锦还乡的风光，终告一段落。

八月秋凉时，赵老太太在魏朝的护送下启程了，由运河水路进京。自然又是一路搭棚迎送，彩幔高张，鼓角旗帜热闹非凡。在徐州，按察使司副使林绍，竟然亲自下河拉纤，为太夫人做引导。

九月十五日，队伍抵达京郊。万历和两宫都派了太监前往问候。稍事休息后入城，一路仪从煊赫，观者如堵，就是皇太后本人，也未曾有过这等风光吧。

到了京城相府安顿后，万历和两宫又送来赏赐，并有旨慰问张居正母子，语气异常亲切，几近家人之礼。赵老太太年事已高，不能进宫去拜谢，由张居正到会极门代为叩谢两宫。

君臣之谊，空前绝后！

繁华鼎盛过后，尖锐的现实问题，又摆在了首辅的案头。

就在张居正归乡葬父之时，户部员外郎王用汲，上疏弹劾张居正擅权。以张居正归乡葬父时的一件事为话题，直指张居正专用阿谀奉承之徒，败坏了官场风气。

事由葬礼而引起，其时湖广各级官员均来捧场，唯独巡按御史赵应元不见踪影。这位巡按当时正代理襄阳政务，只遣人打了个招呼，说有病来不了。也许在赵应元看来，参加葬礼是人情而不是公务，来不来不说明什么。对于这种特立独行的人，宰相肚子里却撑不了船，张居正在这时，就不以"非常人"来度别人了，心里十分不快。

他以前的门客、现任金都御史王篆，察觉了首辅的心理，就以赵应元借托病不去接任新职为由，唆使都御史陈炌（kài），参了赵应元一本。像此类"任命之后有意规避"的行为，在实行了考成法后，照例是要给处分的，于是万历下诏予以除名。

此事在朝野的震动也很大。一个省级的监察大员，因为不去参加首辅父亲的葬礼，就要被罢官，未免骇人听闻。

王用汲说的就是这个。他说，赵应元不任新职，固然是太放肆了，罢免了都轻。但赵应元被参，真正原因是会葬的时候没有去，得罪了首辅。陈炌参他，不是因为事，而是因为人；不是因为此事，而是因为他事。陛下怎么能知道？

王用汲就此事生发开去，谈到了当今官场风气之恶劣，说是以臣看来，"天下无事不私，无人不私，独陛下一人公耳"，但是陛下又不亲自理政，将政务委托给善于奉迎的一群大臣。大臣独占私利而无所顾忌，那么小臣就越发苦于没有门路办自己的私事。大臣这么做，就等于驱使天下官员都去求他一个人。

这里面，句句说的都是张居正。

王用汲看得不错，朝中主宰者有私，明朝的官场自然就是个大卖场。诸臣都把良心作价，只要把良心杀得越狠，官运上的秤杆就翘得越高。

他说的最致命的一段话是：所谓威福者，应由陛下自出；乾纲者，应由陛下独揽。若寄于他人，即便不是旁落，也可说是倒持。政柄一移，则积重难返。

直斥张居正超越了皇权，为所欲为。

上疏时，张居正正在江陵，吕调阳卧病不出，是由张四维拟的票，将王用汲削职为民。万历同意了，还批了几句话，说："本

141

当重治，姑且从轻。若再有这等人，定与这厮一起重治不饶。"

这个事情，张四维处理得应说是中规中矩，并无可指摘之处。但张居正回阁后，大为不满，认为处理得太轻，应该下狱廷杖。但事已至此，张居正不由得迁怒于张四维，好几天都严词厉色，没给他好脸色看。

朱东润先生说，张居正过了五十岁以后，所作所为与高拱的刻忌一模一样。逆耳的话，听也不要听，开始有了顺昌逆亡的霸蛮气。

情况正是如此。这次，张居正一反常态，不再像过去那样对谤言置之不理，而是利用在家休息的几天，上了一道疏为自己辩护，洋洋三千余言。

张居正看到了王用汲上疏里的要害，即建议皇权不能旁落的问题。这对张居正来说，有身家性命之忧。于是他反击得非常激烈。

自辩疏说道："明主求贤求不到，那是很劳苦的；如果求到了，就很轻松。所以受信任的贤臣，当然要揽权。难道非要像秦始皇那样刚愎自用，像隋炀帝那样猜忌忠良，才算是有权吗？"

又说："先帝临终，以皇上托付臣，今日之事，臣不以天下之重自任，那还有谁可任呢？"

这个自辩疏，扯得有些远，舍我其谁的口气也有些太大。此时万历已完成大婚，是一个成人君主了，张居正自恃帝师身份，仍然把万历当成孩子，教导万历应该如何如何做皇帝，恐怕是太忽略了万历心里的微妙感受。

张居正在这一点上，很长时间里不够谨慎，与皇帝的通信中，有时居然自称"孤"。皇权制度几千年，一个臣子敢这样跟皇帝说话，可是从来没有过。

可是，他没有察觉到：无论是在他身上，还是皇帝的心里，事情都在起着微妙的变化。

万历照旧在张居正的自辩疏上，批了几句赞同的话，却也没有进一步加重对王用汲的处罚，午门前血肉横飞的惨烈一幕，并未重演。

王用汲虽被革斥为民，但是直声遍天下，被士人目为敢于仗义执言的豪杰。

这件事情的结果，显示出令人不易察觉的一种诡异。

夺情事件与归葬恩遇，是张居正官场生涯的巅峰时刻，自此以后，有些东西开始在悄悄逆转。

这个变化几乎没有人能看出来。

王用汲，结结实实地击中了万历皇帝的软肋！

第十章

显赫时忽然心生恐惧

"玩青史低头袖手，问红尘缄口回头。"元人吴西逸在《蟾宫曲·山间书事》中，写了这样一种情状。当士大夫群体中弥漫着这种欲言又止的情绪时，无论如何，这个时代便不能称为盛世。

"万历新政"进行了六年多，当一切都在高歌猛进时，突如其来的顿挫，使得正直的人们纷纷沉默。

张居正，一个起自布衣的读书人，跨入庙堂，荣登首辅，将南柯一梦的神话变为了现实。他不从俗流，自比上古的名臣伊尹、傅说，有起衰振隳的雄心大志。可是，一朝权在手，也同样不能免俗。他的生命之流，在惊涛怒卷朽木的同时，也渐渐地浑浊不堪。

看别人如何昏庸，自己做起来也一样。年轻时立志剿除的疴痛，同样长在了自己身上。

身自清流出，而终为浊流之首，这难道是摆脱不了的宿命？

张居正登临权力顶峰之后，最大的问题，就是"喜谀"，欣然接纳谄媚小人。

在科举仕进的生态场中，总有一批能力低下但向上爬的欲望很强的人，也有一批把升级视为生命全部意义的官吏。这两种人，等不及按部就班的提拔，又做不出超群绝伦的业绩，于是谄媚就成了他们晋升的唯一手段。

高明的在上者，对他们应远避之而唯恐不及，或者把那些谀辞只当作寻常寒暄，衡量下属的唯一标准，应该只看才干如何。

张居正太多地吸取了前辈首辅的消极经验，未能形成一个与自己志趣相投、才干相当的中枢集团。他唯一的一个政治盟友，是那个连权术也玩不大好的宦官冯保。

对才干上稍差一些的内阁同僚，他失之苛刻，驱使如奴仆。对一些为人正直但持有异议的部院官员，他又视为异己者。于是，他能够感到亲切一些的，就只剩下笑容可掬的谄媚小人了。

张居正在用人之道上，不要说与上古三代圣贤比，即使是与朱老皇帝比，也相差甚远。

他只是想如何制约皇权，以保障能出一个好皇帝；却没有考虑如何制约自己的权力，以保证自己永走正途。

在亲近小人方面，张首辅与凡夫俗子无异。有人送给他一副对联——"上相太师一德辅三朝，功光日月；状元榜眼二难登两第，学冠天人"（《万历野获编》），上联说的是他辅佐嘉靖、隆庆、万历三代皇帝；下联说的是他两个儿子，分别得中状元、榜眼。辅三朝显然是夸大，儿子的荣耀也大有问题，至于"日月""天人"就更离谱了。但这样肉麻的吹捧，张居正也能欣然接受，将其悬挂于家中厅堂。

有一位荆州同乡刘珠，是张居正老爹张文明的同年诸生，几十年了也考不出个名堂。隆庆五年由张居正主持会试，刘老童生这才高中进士，不过当时年纪已过七十。万历二年（1574），他为张居正贺五十大寿，特撰一联，曰："欲知座主山齐寿，但看门生雪满头。"难为老爷子了，马屁拍得这么响亮，然而，张居正竟也笑纳。

"江陵柄政"期间，官员们摸透了张居正的脾气，阿谀之风大盛。六部大小官员视张居正为再生父母，起先还只是谀居正为伊、周，后竟升级至尧、舜，张居正也愈加自负。

在张居正执政晚期，被人诟病的还有一个问题，就是为亲属谋私与纵容奴仆。

张居正共有六子：敬修、嗣修、懋修、简修、允修和静修。他对大的三个，期望很高，督促他们走科举一途。其中懋修才学最高，张居正视其为"千里驹"。按照大明的规矩，大臣在建功或考满后，可以荫子，分为文武两类："文荫"，是其中一个儿子可以进国子监读书，毕业后任尚宝司丞、尚宝司卿；"武荫"可做锦衣百户、千户，再升指挥同知，这也算是仕途，但不能升到大学士和尚书。

张居正希望儿子当中，也能出一个"国器"，逼迫兄弟三人走乡试、会试的正途。

万历二年，他的长子张敬修会试落第，这是考官没有买他的面子。张居正为此恼恨，竟决定当年不选庶吉士，为此朝中曾有不少议论。万历五年（1577），三子张懋修因前一年乡试没过关，只有长子张敬修、次子张嗣修进京参加会试，张敬修仍落第，但张嗣修中了二甲一名，由皇帝拔为一甲二名，也就是榜眼，世人大为惊讶。万历八年（1580），三子张懋修终于及第，且中了一甲一名，是为状元也，同期，张敬修也中了进士。端的是，一门两中，天下大哗。

张居正为了儿子的前途，没少使用暗箱功夫。万历八年，老大张敬修和老三张懋修考进士的策论，都是枪手何洛文顶替代笔的。何洛文因此被张居正授以礼部侍郎，同僚皆鄙视之。

张居正为子弟上进，不惜科场作弊，朝中权贵自然会效仿，由此带坏了科场风气。其时，有阁臣张四维和申时行、吏部尚书王国光、吏部侍郎王篆等人的儿子，也都陆续科场得意。

但是，正直之士也有不买他账的。大名士汤显祖，年轻时文名就甚高，时人多仰慕。张居正想让儿子的才学有所提高，便广搜海内名士，做儿子的朋友。他听说汤显祖和沈懋学素有才名，就让儿子们去交结。汤显祖断然拒绝，而沈懋学则答应了，后沈懋学与张嗣修一同进士及第。

对比之下，汤显祖的清介，为当时的士林所称道——宁可穷困潦倒，也不去做豪门的点缀。

海瑞此时正致仕在家，也听到了各种议论，便写信给担任会试总裁的吕调阳，希望他以公道自持，不以私徇张居正。

琼州至北京，不下六千里。身在海岛上的一个闲人，也能听到传闻，可见此事波及的范围之广。

张居正如此做法，在他死后，受到后世的谴责。一直到万历中期，王世贞还说到这个事。他说：国初以来，科场基本公道。自张居正始，公道全部败坏，士人至今唾骂未已。

到万历十六年（1588）的时候，王锡爵当辅臣，儿子在顺天乡试中第一，再次引起轩然大波。从那以后，辅臣当国的时候，儿子不允许参加会试，就成为一项制度。

辅臣是国家的最高管理者，一不应让子弟占尽国家的便宜，二不应为臣僚做出负面例子，三不应背负不忠诚的污名，失信于天下。后来大明的君臣，在这方面总算汲取了一点儿经验教训。

张居正纵容家奴游七，也是在当时招致士人非议的一件事。

游七是张居正的心腹家奴，相当会看脸色行事。张居正任首辅后，游七背倚大树，众官都争相巴结，托游七在张居正面前美言，因此而得到美差的，比比皆是。宫中的小太监、朝中的言官，都热心与游七交结，称兄道弟。一、二品的大臣见他，也都客客气气，呼他为"贤弟"或者"楚滨先生"。边防将帅，甚至也有出自游七门下的。

游七不过是个"苍头"，家奴的大领班而已，何以嚣张至此？皆因晚年张居正生活日渐奢靡，据说也有女色的嗜好，能办此类事的，非游七莫属。此外最要紧的，是在权力之争中，游七是他最重要的耳目与信使。张居正命游七与冯保的心腹徐爵结为兄弟，冯、张之间的一些密谋，就由这两个奴仆来传话。

当然，此辈并无长技，倚靠主子的威势张扬跋扈，结怨甚多。主子一倒或者一死，政敌也饶不了他们——往往让他们死得最难看。

执政后期的自我膨胀，使得张居正在处理与万历皇帝的关系上，也缺乏应变，过于执拗，从而埋下了身后名毁的伏笔。

万历初年，小皇帝还是一个孩子，受制于"铁三角"的严密控制。他很乖巧，不想去冲破这牢笼，反而设法讨张居正的欢心，以求换得稍宽松一些的环境。

万历即位之初，身边的男保姆——"大伴"冯保，自恃拥护有功，对他约束得相当厉害。小皇帝稍有不轨，冯保就会去报告李太后。太后管束万历，是出了名的严厉，常因小过失而切责之，而且总是说："假使张先生知道了，怎么办！"

张居正和冯保都不过是臣子，在皇权制度下，如何能约束得了皇帝？所以关键的因素还在李太后那里。中国的人伦，在某些时候要大于皇权，李太后是在用母权压制着皇权。"铁三角"如果没有李太后做实际的支撑，很难想象会有这么大的能量。

但是在万历大婚以后，权力结构有所变化。李太后按祖制要退出乾清宫，回她的正地方——慈宁宫去，不能再以母亲名义与小皇帝同住了。

而且，大婚也标志着小皇帝已经成人，太后不能再干政。

李太后的退出，使张居正成了唯一能管束住万历的人。这就使以往并不明显的君臣权力分割的问题，凸显了出来。

以前是以臣诲君，以君谀臣，李太后退出政坛后，一时也还没有变。但这个"权柄倒持"的格局，不免就显得有些怪异了。

据韦庆远先生研究，以万历六年（1578）二月皇帝大婚为标志，万历性格中贪财好货、怠惰嬉游的一面有所爆发，而张居正也对是否能把万历培养成一代圣君，逐渐失去了信心。两人关系的蜜月期，实际已经结束。表面看来，万历对张居正一如既往，但已从原来的心甘情愿，变成了不得不然。

韦庆远先生还发现一个大可玩味的历史细节，在万历六年一月底，皇帝大婚前夕，张居正不无忧虑地给李太后上了一道密奏，请求李太后马上搬回乾清宫，看守到二月十九日，即册封万历原配王皇后之后，再搬走。张居正提出的理由是：皇上独居乾清宫，朝夕供奉左右的，不过是些宫女、内侍，万一起居欠谨，则九仞之功将亏于一篑。

什么叫作"起居欠谨"？奥妙就在这里。

在小皇帝无人管理的十多天，究竟发生了什么事？张居正恐怕是有难言之隐，韦先生在他的文章中也没有明说。其实，之所以张居正的言辞含含糊糊，就因为他担心万历受太监教唆，潜出宫去寻欢。这样的事，以前肯定发生过。

联想到张居正归葬前，向万历辞行时说的话："皇上大婚之后，起居饮食，一定要小心。这是第一要紧事，臣为此日夜放心不下。"万历被太监怂恿着胡来的事情，肯定发生过不止一两次。

大婚后，万历从伦理上解脱了一个最大的枷锁。

婚后第四天，他便首次下了求财诏书，要求户部和光禄寺，各拿十万两银来给他用。尝到甜头后，趁着张居正回乡葬父，又命令这两个衙门再添加银两。

从此一发不可收拾，不光是看中了有钱的户部和光禄寺，还从马政和治河专款那里要钱。朱东润先生说，万历贵为天子，但毕竟是小农的外孙，贪财的毛病似乎有遗传。一次，还忽发奇想，要铸铜钱一亿文给自己花，被张居正坚决顶住。

这类事情，直到张居正死前一个多月，还在不断发生。

张居正频繁的阻谏，必然使万历在行使至高无上的皇权时，有严重的受挫感。尽管他最后也往往妥协，但反感情绪，恐怕早已有之。

万历八年（1580）十一月发生的一件事，给万历与张居正的关系蒙上了阴影。正史上和后来的研究者一般都说，这件事，是两人关系开始恶化的导火索。

事起乾清宫的两个执事太监孙海、客用，两个人跟万历的关系十分亲密，好得跟穿了连裆裤一般。他们无甚能耐，也就是无赖泼皮的素质，为讨好万历，常引导万历玩拳弄棍。几个人聚在一起，小衣窄袖，在宫中走马持刀，一副好兴致。两人又屡次进奇巧之物给万历玩，深得万历宠幸。冯保自诩是个知书达礼的人，只想着让皇上多习文，对两个家伙极为反感，经常责骂甚至体罚两人。

孙海、客用受责不过，便伺机报复。一天晚上，两人又引诱万历喝酒，喝醉了以后带剑夜游。

万历身边，另外还有两个小太监，是冯保的养子。孙海等人看不顺眼，就借故找人家碴儿，用语言激怒万历，唆使万历将两个小太监打成了重伤。这还不算，万历又骑马到冯保的住所外，隔着门大呼冯保之名，一顿乱骂。

冯保被惊醒，大为惊恐，连忙嘱咐仆从，用大石将门顶住。

次日，冯保就将此事报告给李太后。

李太后就指望着这一个出息儿子呢，闻言大怒，脱去盛装，取下头饰，换上了青布袍，在宫中散布说，要召集阁部大臣告谒太庙，废掉万历，另立万历的弟弟潞王为帝。

万历知道后，吓得魂飞魄散，赶忙去向母后请罪。李太后在盛怒之中，也没有什么好话，大声训斥道："你以为天下大器，就只你一人可以承当吗？"

太后遂命冯保拿来《汉书》，找出《霍光传》这一篇，让万历自己念。当念到霍光与群臣一起去见太后，详细陈说昌邑王不可入继大统一段，万历不寒而栗，泪水夺眶而出。

李太后问道："看明白了吗？皇帝的废立，古即有先例。来人，去召潞王来！"

万历知道这回闹大了，只好跪在地上痛哭流涕，求饶的话说了一箩筐。

待李太后消气了之后，万历赶紧把孙海、客用逐斥出宫，贬为南京孝陵卫"净军"。所谓净军，是太监里最低的一个等级，也叫值殿太监，是专门负责清扫卫生与种菜的。

万历从此恨透了冯保。老家伙这一刁状，告得太毒，险些闹掉了朕的皇位！但表面上，仍给冯保写了个宣谕帖子，也就是悔过书。不过这悔过书里，言辞却略带讥讽，埋怨冯保不应越级告状。

因为此事，万历同时还迁怒于张居正，第二天，他问张居正："昨天朕有亲笔帖子，你看了吗？孙海、客用乱国坏法，发去南京种菜了。先生既为辅臣，就该谏朕，教朕为尧舜之君，先生也为尧舜之臣。"

这是在埋怨张居正，事先为什么没提醒他，闹事也不要闹得太过。

伺候这样的顽劣君主，也真是不易。这哪里能成尧舜？不成纣桀，天下臣民就要烧高香了。张居正耐着性子看完万历的御笔悔过书，写了一道《请汰近习疏》，解释了他之所以事先没管的缘由。

张居正说，此前他曾有耳闻，问过负责宫中与内阁联系的文书官，皇上是否有夜游事。文书官答："并无此事。"因此，他以为是谣言，也就没再深究。

而后，张居正笔锋一转，谈到了实际问题。他说，现在圣母及时教诲，是好事。希望皇上把司礼监孙德秀、温泰，还有兵杖局掌印太监周海等，也一并开掉，他们的罪过，也不在孙海等人之下。

张居正在奏疏里开的这个名单，自然是冯保授意的，否则外廷的人哪里知道宫中的事。

万历心里苦啊：娘的，真是多一事不如少一事！

他不敢坚持，只好将所有冯保看不惯的人，统统打发走了事。

事后，太后又命张居正替万历写"罪己诏"，向内阁认错。这原本只是个虚套，不过张居正代写的罪己诏，用词太过贬抑，引起万历不快。《明史》载，万历那年已经十八岁，看过拟好的诏书后，大为羞愧，然迫于太后之威，不得不下诏。

无论当时，还是现在，史家们都认为，张居正写的这两篇东西，对他和万历之间的关系影响甚大。就因为此事，万历心里颇怀恨冯保与张居正。

此说应该不谬。

这确乎是一个转折点。

在此之前的任何文字记载上，基本没有两人之间有裂隙的迹象。在此之后，君臣两个在观念与处理问题的主张上，常有抵牾。

此后有一次，讲读完毕时，万历兴致不错，挥毫为阁臣题字。忽然，他用笔饱蘸墨汁朝冯保甩去，把冯保大红的衣服甩满了墨迹。冯保惊呆了，在一侧的张居正也脸色大变。万历没事一样，写完了字后，扬长而去。

他以这种方式，表示了内心的愤恨。

万历在内心世界里，与张居正、冯保已渐行渐远。

于慎行认为，张居正之所以死后名败，就在于操弄君主之权，对万历束缚太过，导致万历心中已默默记恨，所以后来一遇机会，就爆发了出来。

这种管制与反管制，从本质上说，是相权与皇权的冲突。万历的皇权弱小，张居正的相权强大，以至于在某种意义上由张居正代行了皇权，这是特定背景造成的。一旦皇帝要求收回皇权，冲突就会开始——哪怕张居正一贯做得完美无缺。

张居正此时的境况，确实相当尴尬，他既认为"致君尧舜上"的理想必须坚持，同时也察觉到了万历与他之间，在执政理念上的巨大差异。最令他沮丧的是，让万历成为尧舜之君基本没有可能了，是否还有必要继续充当监护人？

是坚持，还是退缩？他在犹疑不定。一方面他曾对友人表示：不惜破家沉族，也要做好公家的事，即使百官不配合，他也抱有死而后已的决心；另一方面，在万历成人之后，他又深感高位不可以久居，不能让人议论自己是个恋权的人。

万历八年（1580）三月的时候，万历皇帝到天寿山举行谒陵礼，这是小皇帝成人仪式中的最后一项。此礼行毕，就标志着万历可以亲政了。

随驾谒陵时，张居正偶感风寒，回来后在家中调理。几天后，他上了一道《归政乞休疏》，正式提出要退休了。他回顾了自隆庆六年受顾命以来的经历，表示了如释重负的心情，请万历恩准还乡，以保全名节。

他在做从长计议了，而且预感不是太好。

当年在归乡葬父的时候，皇帝曾一日三诏飞驰江陵，召他及早回京。这一件盛事，湖广巡按朱琏等地方官，始终念念不忘，要为他建造"三诏亭"。

他在给朱琏的复信中，发了一通前所未有的感慨。他说，修三诏亭，情我领了。但日后世事会有变化，高台倾，湖泊平，我的房子恐怕也不会存在了。这亭子若修起来，到那时也不过是五里铺上一个接官亭罢了，哪里还能看到什么"三诏"？这就是骑虎之势，难以半途而下啊，霍光、宇文护，就是这样终不免被祸的！

——霍光为西汉大司马、大将军，宇文护为西魏大将军、司空，都是主持过皇帝废立的摄政辅臣。霍光死后，祸连家族；宇文护因专权被皇帝所杀。

环顾左右，和者盖寡。仰望君上，天心难测。

这就是张居正在执政末期的心境。

他是个饱读经典的人，不会不知道威权震主可能隐伏的危险。史有前鉴，每个事例都触目惊心。

然而，万历此时还没做好亲政的思想准备，对张居正乞休的要求甚感突然，于是很快下诏挽留。

张居正上疏再辞，意甚恳切，说自己身心疲惫，难以负重。他还提出，可否请长假数年，以调养身体，这中间如果国家有事，他旦夕可以就道，随时应召。

万历对局面做了全面的权衡，认为首辅退下去也未尝不可，在犹豫之间向太后做了请示。

不料想李太后根本信不过万历的能力，斩钉截铁地答复："等你到三十岁时，再商量这事，今后不必再兴此念。"

这个决定，令万历和张居正大感意外。万历那边，知道太后的意志是没法违拗的，自己短时间内亲政已是无望。于是再下诏挽留，请张居正务必尽忠全节，不要半途而废。

张居正这边，则明白有可能此生也息不了肩，不管前面是陷阱还是悬崖，只能一条路走下去了。

——他晚年唯一可避免身后惨祸的机会，就此失去！

重回内阁办公后，张居正有意放手让万历亲自处理一些政务。万历也表现出了一定程度的主见，对地方官员在公务上的敷衍，他都能看得出来，并穷究到底。

此时君臣二人的关系相当微妙。一方面，是张居正觉得既然退不下去，就应当以社稷为重，不能因畏祸而缩手。他认为，得失毁誉关头，若不打破常规，则天下事一无可为。

另一方面，万历觉得有这么一个位高权重的首辅压在头上，终究是束缚太多，甚至有时还会令自己陷入大尴尬。于是他暗自祈望，能早日获自由，所以难免愤结于心，久久难释。

后世史家在评价张居正时，都喜欢引用海瑞所说的"工于谋国，拙于谋身"的评语，这甚至已成为世人的共识。

但是，事情不那么简单。

张居正何尝不知谋身的重要？能跟别人提起霍光、宇文护的故事，那就是严嵩、徐阶之辈绝不具备的一种透彻。

但他为什么不退？是因为，张居正认为自己所做的一切，无论赏罚功罪，都是奉天行事的，因而虽有谤言，又何足畏！在这一点上，他底气很足。

在他与万历有了微妙的裂痕时，心里完全明白，"破家沉族"的风险是存在的，但他仍在执政的最后一年里，以空前的力度，在全国推行了新政中最重要的措施一条鞭法。

他很清楚，仕途荆棘不可避开，那就只有一个办法，可使后世对他有一个公允的评价——要为苍生多积一点德！

一头是社稷，一头是百姓，这是必须要对得起的。

两件事，在他，其实就是一件事。

他做到了。

他以铁腕手段，惩治那些贪污挪用的钱粮官，规定一律用锦衣卫一百二十斤大枷，于户部门口戴枷示众两个月，然后遣送戍所。

他以严刑峻法，对付各地阻挠平均赋税的不法富户，声称为民除害要如鹰隼逐鸟雀，有什么可畏怯？

他厉行一条鞭法利国便民，到万历十年（1582），太仓粟可支十年，国库存银近八百万两，又免除隆庆元年（1567）以来各省百姓积欠赋税一百余万两。史称自正德、嘉靖以来，万历十年间的大明，最可称富庶。

明代史家谈迁说：江陵志在富强，力振其弊，务责实效；一时中外凛凛，不敢以虚数支塞。

清代史家夏燮说：张居正有经纶之才，使天下晏然如覆盂般安稳。当是时，钱粮充裕，国家最富，纲纪修明，海内殷实。

这是公允之论，亦是人心的标尺！

生民百代，劳劳碌碌，盼的是什么？图的是什么？

——就是这天下晏然如覆盂。

岂有他哉！

第十一章

寿终正寝即有风卷落叶

一个国家的命运，在他的手里操持；万千生民的命运，在他的手里发生改变。

文渊阁里造型考究、线条流畅的桌椅，都透着一股沉静气。在这个房间里，治国，是一件烦琐的工作，并非只是百僚之上的荣耀。

少年狂想是一回事，而案牍劳神则是另一回事。

张居正的日常生活中，少有文人曲水流觞的快意，多的是军国大事压下来的沉重。

他并不热衷以大言博得喝彩，近十年来，只是如牛负重。

长期的劳神竭虑，压垮了他的身体。万历九年（1581）入夏以来，他觉得精神委顿，睡眠与食欲也都不佳，一连数月不得安宁。到七月，终于难以支撑，病倒在家，不能办公了。

万历马上派了四名御医，前去诊疗。张居正在上疏谢恩时，趁机提出了请长假的要求。据他自述，自己的病是因为体弱过劳，内伤气血，外感暑热，以至于积热伏于肠胃，最后变成下部热症。

万历对情况的严重性估计不足，只是让张居正一面疗养，一面在家处理公务。又几次派文书官前去探视，还带了不少赏赐去。

到八月中，"热症"慢慢痊愈了，张居正复又上朝。君臣一个月未见了，一见之下，两人都很高兴，马上谈起了具体的事务。万历和张居正当时都没想到，这样的状况，已经维持不了多久了。

这一年的十一月，张居正十二年考满，万历对他大加褒奖，又加了上柱国、太傅等勋荫。

转过年来，万历十年（1582）二月，张居正再次病倒。他说的所谓"热症"，其实就是痔疮，常年伏案的人，易得此病。

据王世贞的《嘉靖以来首辅传》说，张居正的病，是因为房事精力不足，每天吃"房中药"，药力引发燥火，不得已又服用寒剂下火，结果生成痔疮。

沈德符的《万历野获编》也持这一说，说张居正服用房中药过多，毒发于头部，冬月里也不能戴貂帽。京官们见了，不知就里，以为这个样子很酷，竟然纷纷效仿，大冬天都光着脑袋。

上述两人所说的，是不是事实？

两人的治史态度，后世的评价都还是不错的。清人认为，他们的著作，可以补充正史的不足。

因此，张居正致病的原因，似乎也就是这样。

还有更具体的说法，传言张居正之所以房事精力不济，是因为戚继光送了他两位胡姬——波斯美女，附带又送了些海狗肾。这海狗肾，就是强力春药。

但是今人也有提出怀疑的，写了《张宅并非辽府考》一文的作者陈礼荣，对此事就持有异议。他说，张居正在执政期间，曾经严厉整顿过学政，毁了不少书院，后又发生夺情事件，这些事，大大伤害了当时的士大夫阶层。所以在那时的野史笔记中，士人都乐于记载张居正喜食海狗肾之类的逸闻，不足为凭。

在这里，只能存疑了。

张居正这次病倒后，感到有必要找高手来好好治疗一下，便请了徐阶的医官赵裕。赵医官看过，才弄清楚了病症，并做了痔疮切除手术。在张居正疗病期间，内阁的公务都是拿到其寓所来办的。

首辅病倒了，影响甚大。百官不知所措，上演了一出祈祷大戏，其中甚有可观之处。

几乎所有的大小官员，诸如六部大臣、九卿五府、公侯勋戚、翰林、言官等等，都陷入了一种狂热中，纷纷做佛事、摆道场，为首辅祈祷。接着，五城兵马司、锦衣卫也动了起来，于仲夏赤日之下，舍本职而朝夕奔走此事。六部的主官们，手捧香炉，于烈日之下，长时间跪拜精心撰写的祈祷辞章。有些人因为跪得太久，竟然站不起来了！

所拜过的那些辞章，要用红色锦缎蒙起来，呈送张居正。张居正深居不出，见不到面，百官们就贿赂其家人，务求一见。只要首辅大人出来开颜一笑，或点头表示赞赏，众官就心满意足。为了写好阿谀文，各官争相招揽辞客，不吝花费，就为求得张居正点一点头。

旬日之间，南京衙门也群起效仿，继而各省抚按也纷纷开始烧香拜佛。

但这套花样，是起不了作用的。张居正的病情日甚一日。六月初，他向万历上了一份奏疏，请求致仕，说："今若不早求休退，必然不得生还。"

万历未允，张居正再上一疏，说："今日精力已竭，强留于此，不过行尸走肉罢了，还有何用？"

字里行间，不胜哀伤！

万历虽然恼恨张居正严苛，但事到临头，也不免慌乱。据说，张居正病后，他深感忧虑，涕泣不食，常派御厨为张居正送饭菜。一时间黄门使者，道路相望，京中有人见了，甚至有感叹下泪的。

六月十二日，因辽东获镇夷堡大捷，有上谕论功，张居正又加太师，其一子可荫锦衣卫指挥同知。这个太师，为最显赫的荣衔"三公"之首。由此，张居正成为大明二百多年中唯一活着获此殊荣的人。

这是人生的极顶，但是，奈何岁月如逝水滔滔。

六月十八日，万历派司礼监太监张鲸，携手敕慰问张居正，并询问其身后的国家大计。张居正此时，已将近昏迷，强撑着安排后事，上了一封密奏，推荐前礼部尚书潘晟、吏部左侍郎余有丁两人入阁。稍后，又推荐了张学颜、梁梦龙、徐学谟、曾省吾，许国、陈经邦、王篆，称他们可堪大用。

次日，万历照准潘晟、余有丁入阁，其余人的名字都贴在御屏上，以备召用。另再派太监慰问，就便继续询问其身后措置，但张居正已陷入弥留状态，说不清话了。

万历十年（1582）六月二十日，张居正走完了所有的路，溘然长逝，时年五十八岁。

悲风骤起，盛暑也觉寒彻。

整个大明的疆土，仿佛都在瑟缩。

万历十分哀伤，下令辍朝一日。第二天，派了司礼监张诚主理治丧。这一天，皇帝、两宫太后、皇后都有赏赐下来。

谥号也定了，赐为"文忠公"，并赠上柱国衔，荫一子尚宝司丞，赐祭十六场，一切可谓备极哀荣。谥号中的"文"，是曾任翰林者的常用谥法；"忠"是特赐，意谓"危身奉上"。这个谥号，还是比较贴切的。

灵柩即将启程归葬时，申时行等人上疏，请求派员护送。万历照准，派太仆少卿于鲸、锦衣卫指挥佥事曹应奎，护送灵柩回江陵。张居正的七十老母赵太夫人，也乘坐驿车同时回乡。

这是自嘉靖以来，唯一死于任上的首辅，死后仍威仪赫赫。

一支浩大的队伍缓缓南行，随行人员共乘了七十条船，使用船夫、马夫等有三千余人，船队迤逦十余里。

"必然不得生还"，还真是一语成谶啊！

世事轮转如流水。谁也料不到，张居正尸骨未寒，身后就骤起一场又一场是非争议。

历史的走向，开始诡秘地转弯。

所有的问题，都因人事问题而起。张居正生前推荐的人当中，入阁的潘晟，是大有来头的。此人是张居正中进士时的座主，两度出任礼部尚书，为人庸碌且不廉，两次在尚书任上，都是被劾而罢职的，此时正在浙江新昌老家闲住。

在内阁里安插潘晟，是冯保为应变而走的一步棋。他见张居正不行了，想在内阁预留后路。内阁是他权力地位的一个支撑，不能因张居正的离去，而失去这一方面的支持力量。

潘晟入阁，从资望上确实很勉强，但冯保极力怂恿病中的张居正，向皇上做了推荐。估计张居正开始也是犹豫，一直到死前两天的半昏迷状态中，才拗不过，考虑到冯保求稳的因素，只得照办。所以，这个推荐，显得异常仓促。

冯保是个只有小聪明的人，每逢独自玩一个大的场面，总要出败招。张居正的存在，使他在万历时期的头十年中，安稳如山。这个权力幻觉，让他看不到自己的弱点，以为今后即便剩下自己，也是一样玩得转。

这个极不明智的推荐，引发了张居正身后的一场政争，其势头之凶猛，最后发展到冯保完全控制不住的地步。

张居正死后，将升为首辅的，是现在的次辅张四维。冯保不去拉拢张四维，却要安插一个官声并不好的潘晟作为内应，不知是出于什么考虑。也许，他还想玩一玩高拱下台的那场戏，打下一个去，再提起来一个，以显示自己的权势，并且确保新入阁者长期感恩戴德。

这样想，当然也可以，但问题就在于——所选非人！像潘晟这样，哪里能比得上张居正一星半点儿？

也活该这位潘晟倒霉，以他的资历论，入阁后，按例要排在申时行的前面。这一来，一下子就触犯了两个现任阁臣的利益。

张、申两位，既然能入得了阁，政治头脑自然都不一般，立刻看出冯保向内阁安插亲信的用意，两人迅速结成同盟。张四维深知申时行必以屈居于潘晟之后为耻，便鼓动申一起向言官吹风，要把潘晟这个不要脸的拒之门外。

六月二十三日，也就是张居正死后第三天，御史雷士桢闻风而动，率先上疏弹劾潘晟秽迹昭彰，不足以委以重任，请皇上收回成命。

万历接到奏疏后，有点犯难。考虑到不能元辅刚走，就否定其遗疏，便下诏驳回，意思是说，过去的事儿就别再提了。

但言官是早已准备好了的。第二天，给事中张鼎思、王继光、孙玮、牛惟柄，还有御史魏允贞、王国等人，接连开火，形成了巨大的声势。

那边潘晟已经离开原籍就道，来上任了。在半路上听说消息，知道这批言官的后台一定很硬，便很知趣，连忙按着被参的惯例，上疏请辞，停在杭州待命。

张四维不容他喘息，立刻拟旨："放之归！"

万历拿到拟票，感觉到不大好驳回，只好同意了。

这样，潘晟入阁拜相的美梦，刚开个头，就在杭州收到了"着以新衔致仕"的诏旨。

这是皇帝给了他一点面子，把他的退休待遇，提到辅臣级了。但对潘晟来说，则是奇耻大辱——被人当猴耍了一通，且天下皆知，颜面何在！只能垂头丧气，折返老家新昌。

历史的大转折，往往就在一件微妙的小事上发生。这期间冯保偶染小疾，在家休息，没能在言官倒潘的攻势中，发挥批红的阻遏作用，结果让张四维得了手。·

此战非同小可！如果冯保当时在班上，以他对万历的威慑力，上下其手，完全可能把张四维给压下去，使得新内阁从此不敢小瞧他。

可是现在形势就不同了，张四维等人首战轻易取胜，一下也就看轻了冯保，以后当然还会有动作。

冯保知道事情结果后，跺脚大骂："我刚得了小病，你们眼里马上就没我了！"

——这病，来得真不是时候。

冯保主持内廷十年，深得李太后信任，外面又有张居正罩着，位高权大，让他失去了应有的敏感。潘晟入阁失败，实际是一个信号，表明后张居正时代已经开始，原有的政治格局已发生了深刻变化。一个新的、能量很不小的外廷官僚集团，业已形成。

他完全看不到这个迹象，未能顺势调整战略，而只是沉浸在欲图报复的仇恨中。

说来也是，曾经掀翻高拱的人，怎会把初出茅庐的新首辅放在眼里？这位冯公公，犯了跟高拱当年一样的错误。

三个多月后，冯保精心策划的反击开始了。

十月十三日，云南道御史杨寅秋发难，弹劾吏部尚书王国光滥权纳贿。两天后，御史曹一夔跟进，在弹劾王国光之外，还一把火烧到了张四维。

这个王国光是主管官员升降的，目前正紧紧追随张四维、申时行，悄悄清洗张居正时代的原有格局。

冯保这次采取的策略是，先拣软的打，然后牵出对方主帅。

王国光屁股不干净，果然被参倒。接着，由冯保推荐梁梦龙，继任吏部尚书。

到此，小胜一局，扯平。

但是有个情况，冯保没有料到——他主持内廷，呼风唤雨，因而也就结怨甚多。在内廷里，也有不服并且要趁机掀翻他的人。

此人就是内廷的"二把手",司礼监秉笔太监张鲸。他就是在张居正死前两天,代表皇上来探视的那一位。

因为看出情势已变,故而张鲸的密谋,几乎是半公开地在进行。

另一个老太监张宏得知此事,大为不解——阉官们从整体上来说,利益都是一致的,为何要自相残杀?他当即劝告张鲸:"冯公公是个有骨力的人,留着他多好!"

但张鲸却有另外一个思路:冯公公固然能干,可我现在就要学他当年的样儿,联络外廷,赶走上司。张鲸没有听劝,反而让自己的门客乐新声,赶紧把倒冯的风声散布到外廷去。

如此数日之内,对冯保来说,在中枢内外,已成两面夹击之势。

万历皇帝这方面的态度如何呢?

他在坐山观虎斗。对冯保以往告他刁状的一箭之仇,他是一定要报的,然而在张居正的影子仍然笼罩的此刻,他不会轻易出手。万历只是命亲信太监张诚,继续秘密监视冯保。

——三面是敌!危矣。

如果冷静下来,冯保现在应该做的,不是进攻,而是退却了。他还有唯一的一道防线——李太后的信任。这个关口,就应该对外廷让一让,加紧巩固一下宫里的这个关系,可能还不致有大的风险。

但他昏了头,仍然想决定外臣的去留。小人的心胸,就是如此,地位再高也是小的格局。

于是,他发动了取胜把握不是很大的反击,挑起了最不应该挑起的战火。

在外廷那一方面，次辅申时行认定，冯保肯定是杨寅秋等人的幕后主使，便对张四维说："事迫矣！"

此时新内阁的力量，实际上还是脆弱的，因而也格外敏感。前哨战让他们很紧张，为了维护刚到手的权力，他们必然要不惜殊死一战，也就是以快打慢。

两个人迅速商量好，分头去物色言官。

十二月初七，山东道御史江东之上疏，弹劾冯保的亲信、锦衣卫同知徐爵。

决战，开始得迅雷不及掩耳！

江东之首先揭了徐爵的老底，指徐爵是一名以诈骗被充军，后从戍所跑出来的逃犯，混到了冯保门下，成了锦衣卫南镇抚司的军官。身为军官，却没有一天到锦衣卫衙门去上班，反而能够随便出入宫禁，在宫内日夜与冯保密议，不知道要干什么，这就是"为谋叵测"。

这一疏，附带又揭发了吏部尚书梁梦龙，以三万两银托徐爵贿赂冯保，谋得这个尚书职。当任命下来后，竟然前往徐爵家拜谢。这就是"受命公朝，拜恩私室"。

江东之感慨道：清明之世，岂容有此举动？如此狐假虎威，人心由此不正，气节也渐以堕颓。

此疏名义上虽是指向徐爵，却又处处烧到冯保，意在火力试探。

接到这一批奏疏，万历动了心思，大概觉得搬开冯保这座大山的时机，已经成熟了，便毫不犹豫，拟旨将徐爵逮入诏狱过堂，然后移交刑部拟斩。

徐爵这人，史称他"善笔札"，也就是擅长写公文，熟悉公文套路，以前凡是皇上表扬张居正的手敕，实际都是由他拟的，世称"樵野先生"。此次按万历旨意，论大辟（砍头）之后，倒是没掉脑袋，而是没等斩首就病死在诏狱里了。

对梁梦龙，万历则暂时没动，但挡不住又有人穷追。于是万历不想再保了，勒令其致仕，回家去算了。

徐爵一被逮，张四维一派马上就料到，冯保基本上是完了。所以第二天，即十二月初八，又有江西道御史李植上疏，直指冯保"当诛十二大罪"。

李植的上疏，尤为狠毒，件件指控都是要命的。

这里选几个来说。

其一，冯保的亲信张大受、徐爵都是逃犯，冯保明知其隐私，却还收为心腹。

其二，徐爵参与批阅奏章，凡重要机密、紧急军情，皇上还没看，徐爵都知道，抢先泄露于外。在宫内窥伺皇上起居，打听圣母动静。听到宫内的戏言亵语，就出去宣扬。人家以为他好大神通，争相攀附，竟至门庭若市。

其三，公主选驸马，入选者是靠贿赂冯保才被顺利选中的。

其四，皇上赐给乳母田庄和银两，冯保抢先勒索二千五百两。

其五，御用监买来的珠宝，冯保挑选低劣的给皇上用，贵重的尽入私囊。连罚没的赃物也窃为己有。

其六，冯保的房产、店铺遍布京师，数不胜数。原籍深州还造有私宅，规模之大，可比王府，有房五千多间。

其七，冯保之弟冯佑，在太后居所内高声辱骂太监；冯保之侄冯邦宁兄弟，在皇帝所选的九嫔之中，挑了两个绝色的美女做妾（享受皇上级别待遇）。

其八，冯保竟敢僭用皇上才能用的黄帐。

奏疏还捎带了一笔，说冯保亲近辅臣，掌握中枢。这是明显向已故张太师的余威挑战了。

万历拿到奏本后，反应同样很快，马上有批示下来。据说，当时他闻奏大喜，连拍膝盖道："我等待此疏久矣！"

万历此时究竟是何心情，后世史家多有推测。一般都是说冯保对万历管束过严，引起万历反感，必欲除之，这个因素是有。但另一个因素也不可忽视。万历此时已开始亲政，他急于想打破原有政治格局，自己来放手施展一番。张居正未死时，因有李太后钳制，万历不敢做如是想。现在，只要把冯保逐出政治中心，就可如愿以偿。

因此对冯保的处置，就很耐人寻味。

万历批示，冯保罪恶深重，本该杀头。但念他是先帝托付，效劳日久，姑且从宽，发往南京闲住。而且还令"赏银一千两，衣服两箱"。

这个处理的实质，是褫夺权力，算不上什么严惩。后面的那个赏赐就更有意思了。以明代皇帝的吝啬来说，这简直就是慷慨施舍，万历大概以为冯保靠这些钱就可以养老了。

弹劾冯保的罪状多涉及宫闱事，万历并未反驳，可见是事实。这样的罪，只判了个回南京闲住，如何说得上是严惩？其党羽冯佑、冯邦宁都革职发回原籍为民，张大受发往南京"净军"司香火，处理得都不是非常重。

野史上还提到，即使冯保到了临近败亡的关头，万历对这位严厉的"大伴"仍是心存畏惧。李植的奏疏上来后，冯保正在休假。万历颇为踌躇，不大敢就此下手。张鲸则在一旁添油加醋，建议万历把冯保赶跑算了。

万历担忧："大伴来了怎么办？"

张鲸说："怎么会？"

万历半信半疑："若大伴来了我不管啊。"

张鲸说："既奉了皇爷处分，他怎么还敢来？"

于是对冯保的处分就发下去了，冯保果然没敢闹，乖乖地下台了。

但是仍有言官嫌处分太轻，浙江道监察御史王国上疏，又举出冯保"十大罪"，要求比照武宗时处死权阉刘瑾之例，处死冯保。王国的这个奏疏没有太多新的东西，不过是表示穷追而已。

万历哪里会接受这建议，见王国没眼力，罚他到南京的衙门待职去了。

后又有御史李廷彦继续弹劾冯保，万历恼火了，让他停职反省。

因为诸人的奏疏里都提到了冯保敛财的事，万历独对这个很感兴趣，几天后下令抄冯保等人的家。

可是，冯保的田产房产变卖后，仅仅折银八万余两，与奏疏揭发的数字差得甚远，万历不禁大失所望。据说，是各犯的家属贿赂了负责查抄的锦衣卫都督同知刘守有，把绝大部分财产都转移走了。不久事发，万历命提督东厂的太监张诚将刘守有贪污的珠宝收回，又干脆把几个贪污分子的家产也全部没收。万历这才觉得差不多了。

不过，有人估计，冯保诸人还是把大约十之八九的财产都转移出去了。《万历疏钞》里说，冯保抵达南京后，仍带着随从数十人、辎重骡车二十辆，俨然一大富翁。

冯保的命运，非常奇特。他最辉煌的政治生涯，是和张居正的首辅生涯相始终的。他就好像是上天派给张居正的一颗政治伴星。

张居正陨落了，他也熄灭了。

最后冯保无声无息地死于南京。

雪落无声，万物肃杀。京城的千门万户，一派沉寂。

万历十年（1582）的这个腊月，呼啸的寒风有不祥之兆……

第十二章

身后竟然是五十年沉冤

冯保的全线崩溃，使张居正的身后名声，受到了直接的威胁。

有三股力量正蠢蠢欲动：新崛起的政治势力张四维集团，急于独立操控政治局面的万历皇帝，以及昔日对张居正施政纲领极为不满的一批官员。

为了一扫旧局，开辟新天，树立起自己的威望，他们都想到了一个办法，那就是——打倒张居正。

逆风在骤然间卷地而来！

十二月十四日，倒张的第一枪打响。陕西道御史杨四知，上疏论已故太师张居正"十四大罪"，说他"贪滥僭窃，招权树党，忘亲欺君，蔽主殃民"。

就在四年前，傅应祯、刘台两人所上的劾奏，也是类似的内容。那一次的攻势，是绝望的反抗，发起攻击的人结局很惨。

而今，天平已向相反方向倾斜，万历皇帝欣然接过了劾奏。

对他来说，这又是一个"吾待此疏久矣"的好机会。但是他现在处理政务的手法，已较为成熟，没有太任性，而是做了一个非常策略的答复："居正是朕虚心委任的，恩宠甚隆，但他不思尽忠报国，而是怙宠行私，实在辜负了朕的恩眷。"如此，就先定下了一个基调，使臣民都明白，皇上对张太师的评价已经变调了！

然后，万历再讲处理办法："念及他是皇考托付，伺候朕幼年冲龄，有十年辅理之功，今已殁，故而不究。"

说完这话，立即就表态，对张居正的亲信庞清、冯昕、游七等人绝不放过，要逮入诏狱，严刑审讯。

这个处理，是在比照处理冯保的办法，所不同的，是不能把已死了的张居正打发回家闲住了。

然而，不追究，这究竟是不是万历的真心话？

显然不是，从夺情事件起，万历就知道，张老师在朝中结怨甚多，若不是有皇权在压着，反张的浪潮是一天也不可能停的。

这样一道圣谕发下去，会不会有言官想继续穷究？那肯定会有。

张太师的势力还在朝中，下一步要做的，就是必须把这些势力彻底驱散。因此，只要定了基调，就会有人趁势而上，继续炮轰。张居正的阴影，只有在这样一种强烈舆论攻势下，才能完全清除掉，万历显然是有所期待的。

但是过去的十年，张居正与万历在施政方针上，可说是完全重合的，怎么能够一下子分开？张居正的专横跋扈，不都是万历在背后无条件支持的吗？这一幕，人们大概还没忘，万历也不好自圆其说。因此，他首先在打击范围上，筑了一道隔离墙——我是不主张追究的。

这道精心撰写的谕旨，在最后特别强调："朕还是要告谕大小臣工，奉公守法，各修职业，以图报效，不必追言往事。"

只抽象地否定掉张居正，就算了。

但是任何历史的大翻盘，其猛烈、彻底和无理性的程度，都不是按动机栝的那个人所能掌握得了的。水出闸门，咆哮如雷，不分良莠，无一得免。

四天之后，四川道御史孙继先，上疏继续"追言往事"，请求将先前因弹劾张居正而得罪的吴中行、赵用贤、艾穆、邹元标、余懋学、傅应祯、王用汲等一干人召回复职，刘台等已冤死的，给予恩恤。随后，言官陈与郊、向日红等人，亦上疏跟进，附和此议。

万历这时候感到有点棘手了。魔瓶是自己打开的，让魔鬼出来玩玩，再收回到瓶子里去，也就是既弄坏了张居正的名声，又不牵涉其他事情，看来已是不可能了。

所有被罢了官的这些人，都是你万历爷亲自裁决并下的诏，那时候你是木头吗？

他只好先打几下自己的脸。

对平反他同意了，下诏说："朕一时误听奸恶小人之言，以致降罚失中。凡是这奏本上列名的，因建言得罪的，俱都起用。其余有类似的情形，吏部都查明报来。"

他要争取主动了。

平反的事情倒好说，关键是目前还在台上的张派余孽，要怎么处理？目前，舆论已经造足，冤案已经昭雪，跟着来的就应该是人事大清理。你皇帝不想这么做，言官们也不能放过。皇帝想得倒好，只扳倒一个幽灵张居正，其余的照常，那怎么可能？

打倒张居正！在当时，这被大小官员视为一个潮流，谁都想来插一手。

腊月里，万历住的乾清宫，飘下了另一场"雪"，弹劾奏章如雪片纷纷扬扬而来。

这一阶段，有了新特色，是官员们互相弹劾。

——你为什么不忏悔？

——你才为什么不忏悔？

先有山西道御史魏允贞，弹劾张居正时代前后几任吏部尚书张瀚、王国光、梁梦龙，说他们是靠拍张的马屁过日子的，吏部选官全是张的授意。在会推之前，名单就已拟好，九卿、科道的会商，那全是装样子，走过场。

再有御史张应诏，弹劾刑部尚书殷正茂、兵部尚书兼两广总督陈瑞，曾经贿赂过冯、张。这两人的名声本来就不很好，万历当即允奏，勒令他们致仕。

又有御史黄钟，揭发湖广巡抚陈省曾重金贿赂张居正，还派遣兵卒数百名，守卫江陵张家，每年耗银数千两。万历依照前例，马上将陈省削职为民。

张居正的这一系人马，历经了几个月的风雨飘摇，终于被逐一扫落。此外，还有几任兵部尚书张学颜与吴兑、礼部尚书徐学谟、工部尚书曾省吾、刑部尚书潘季驯、吏部侍郎王篆、蓟永总督戚继光、陕西总督高文等，皆或贬或免。

王篆、陈瑞人品不好，被拿掉不足惜。但戚继光、吴兑、潘季驯等，都是极有才干的能臣，是天赐大明的一代人杰，竟然因政局变化而跟着垮台，不能不令人扼腕。

人事，往往也就是施政的走向。

十年万历新政，随着这批人的离去，无形中已告瓦解。

这就是人亡政息。

张居正不是不知道这是皇权专制下的铁律，他在生前是决心有所突破的，哪怕是局部也好。在生命的最后一年中，他将丈田结束，在全国强力推广一条鞭法，就是企图形成不亡的制度。以"朝廷、官府、百姓皆称便"的舆论，以国库丰盈的既成事实，来保障考成法与新税制的延续，除此而外，更有何法？

可是，在安排接班人的问题上，他犯了跟诸葛亮同样的错误。十年柄政中，由于他自视过高，择人太苛，没有设法物色一两位能力超群、志同道合的后备人选，先安插进内阁。这样一来，直到最后一刻，他还要事必躬亲。

他一走，自然"蜀中无大将"。新的内阁，甚至远不如诸葛亮留下的班底——连对前任忠心耿耿都做不到。

至于皇帝，就更是完全辜负了张最初的期望，连基本的责任心都没有，败自己的家，犹如劫别人的财。

君臣两人积十年之功，好不容易建立起来的政治经济体系，万历实在太不珍惜，就为了发泄昔日被压抑的积愤，为了享受"我也可以使你狼狈"的报复心理和虚荣，竟任其崩溃。

在万历的纵容下，对张居正的攻击还在升级。南京刑科给事中阮子孝，弹劾张居正的三个儿子及王篆的两个儿子"滥登科第"，说他们的学位是作弊得来的。万历即令，将这五个小子全部革职。

首辅张四维，却没按这个意思拟票，因为他自己也不干净，他的儿子在科举中也有过猫腻。他怕产生连锁反应，所以提出折中意见，说张居正的儿子连中高第，肯定是有问题，但达到录取程度应该是没什么问题，也就是说，做官的资格还是有的，因此建议不要革职。在翰林院工作的那两个，只需换换衙门就行了。至于王篆的儿子水平如何，谁也不知道，可以复试。

万历不接受这个建议，坚持要革职。他说，冯、张的罪过是一样的，既然冯保的弟侄都革了职，那么张居正的儿子也不能例外。

按照"墙倒众人推"的习气，到现在，倒张已经形成狂潮。不管是否有利益关系，大家都一齐上，政局显出一种狂欢的色彩。

——真是痛打落水狗啊！

这里面，有想撇清的，有想建功的，有想出风头的，也有想挟嫌报复的，还有想着"不打白不打"的。

昨日之大江南北为张公含泪祈祷，今日之义愤填膺诉权臣斑斑劣迹——这中间，无须进行反省，瞬间变脸。确实没见有什么人忏悔。

万历仍在放纵言官拆毁昨日的大厦，只觉得快感当前，日日有惊喜。他根本没考虑，今后的施政走向与新格局，应该是什么样子。

万历十一年（1583）三月，在杨四知打响倒张第一枪后的第三个月，万历下诏宣布，追夺张居正的所有官衔，包括上柱国、太师兼太子太师的荣衔，并革去其子张简修锦衣卫指挥同知职。到八月，再夺张居正"文忠公"谥号。

昔日本朝第一大臣，就这样在地府里，被剥夺成普通老百姓了。

一片白茫茫大地真干净！

弹冠相庆吧，弟兄们。

张四维的门生李植再次站出来，揭发张居正有篡逆之心，即便是斩棺断尸，也有余辜，其言辞之激烈，登峰造极。他还与江东之等勾结起来，一唱一和，交章弹劾吏部尚书杨巍等人是张的余孽。他们这样丧心病狂，意在兴起大狱，搞死一批人。

声讨的规模又上了一个台阶，进入了荒诞阶段。

有人揭发，张居正的长子张敬修，曾于张居正死后，以名琴七张、夜明珠九颗、黄金三万两、银子十万两贿赂冯保——可是抄冯保的家，并未抄出这些东西来。

有人检举张居正家有银火盆三百个，张家几位公子胡闹打碎的玉杯玉碗有好几百只——这怎么可能？除非张居正想在退休后做生意。

还有人控告张居正在归葬途中，五步挖一井，十步盖一庐——信不信由你！

大量这样的奏章堆在万历的案头，每一件，都需要有个批示。

万历终于发火了。

他要开展他自己的新政，不想看到乱哄哄一片。

为此他接连下诏，说了如下的一番意思：

先前权奸当道的时候，科道不置一词；等到罪人已被逐斥，又纷纷攻击不已，实在有伤国体。言官论人，就应该实事求是。不知道事情的始末，不分人品的高下，动不动就肆意诋毁，弄得大臣人人自危，成何体统？奸党现在已斥退不少了，今后要为国家爱惜人才，讲究和平之道，再有违旨追究往事的，定重治不饶！

他终于知道，逞一时之快是没有用的，对未来毫无建设性。大家不过都是在唱道德高调以泄私愤。

万历是个执拗的人，不知他后来是否后悔过发动"倒张"。这个运动，是他自己放弃了一个道德制高点，把自己降为曾受坏人蒙蔽的君主，成了在这次运动中唯一不得不做忏悔的人。

"倒张"是很痛快，但万历没想到，这无疑是一次自污行为。

张居正已经走了，昔日的桎梏已消失，前首辅的身后名声是无害的，何不继续打他的旗号，在原有的轨道上推进。必要时也可做大幅度修正，甚至口喊前进而倒行也不妨。这样做，不仅自己昨天正确，今天也正确，又何乐而不为？

放弃现成的合法性不用，非要否定与自己脱不开干系的过去，以取得新的合法性，不是多此一举吗？

过去，局面也曾经乱过，但张居正是个镇得住外廷的首辅。君臣俩一唱一和，乱局很快就能平息。

而现在，张四维不具备镇住全局的能力，而且还在和皇帝斗心眼，乱糟糟的局面需要万历一个人来对付，令他不胜其苦，这不是搬起石头砸了自己的脚吗？

在"倒张"运动中，三百个银火盆之类的说法是信口开河了，一旦查不到东西，谣言会自生自灭。可是，有一件事，是铁案如山的，人们至今记忆犹新，它被适时地翻了出来——

这就是"废辽案"。

该案在万历六年（1578），刘台弹劾张居正的奏疏里，就曾提到过一次。那时张居正如日中天，大家也没敢多想什么。

这一次，最先翻起这旧账的，是兵科给事中孙玮。他于万历十年（1582）十二月，紧随杨四知之后，弹劾原福建巡抚劳堪，秉承张居正之意，将秉公调查辽王案的刑部侍郎洪朝选下狱逼死。

万历看后，只把劳堪罢官了事，并未追究张居正的责任。他大概不想利用一个废王做什么文章。

到了万历十二年（1584），洪朝选的儿子洪兢上疏，字字泣血，要求惩办冤案的制造者。都察院副都御史丘橓（shùn）也上疏，提到了应该对劳堪定罪。

万历仍未同意，只叫法司去查，看已故的侍郎洪朝选还有什么遗漏的冤屈没有。

所谓"废辽案"的余波，本来就到此为止了。可是，冷不防却跳出来一个云南道御史羊可立，无中生有，诬陷张居正"隐占废辽府第田土"。

还是"废辽案"，但是攻击的角度变了，变成了经济问题。万历有了点儿兴趣，命湖广抚按核查。

看来这问题有所松动，怀恨多年的辽王家属也开始发动了。辽王宪㸅早已死掉，他的次妃王氏呈了一本，要求调查"大奸巨恶"设计陷害亲王、强占王坟、霸占产业、侵夺皇室的罪恶。这个奏本，是要全面地翻"废辽案"。里面还特别提到了一句：辽王家财，有金宝数以万计，都入了居正府。

从年龄上推测，这个辽王的遗孀，年纪不会很大，应该不超过二十八岁，复仇的勇气确实可嘉。她的奏疏，估计是羊可立之流给出了主意，说到了要害处。

只要提到财产，万历皇帝的眼睛就会放光。

一年前"倒张"运动刚刚发动时,恰逢潞王要结婚,李太后与万历商量筹措费用的问题,万历就曾埋怨,以前官员们只知道给冯、张送钱,财富都跑到他们两家去了。

对张居正家的财产,估计万历是有过想法的,不过在政治上已经把人家剥夺得干干净净了,再打人家财产的主意,总要有个像样的理由才好。

现在,就有了理由。

这次万历有了明确态度,下诏说:"张居正侵盗王府金宝,其父墓地侵占王坟,掘人坟墓,罪恶深重。你等如何不究治?"然后下令,派人前去照着奏本内的原王府所有财产,包括湖泊水田,一应财产,全部抄没入官,变卖后将银子拿回来(这才是实质问题)。金银财宝也要查明白,都追缴上来,不许隐瞒和包庇(吸取查抄冯保家的教训),如有人敢这样做,要拿下重治!

圣旨的最后一部分才提到,废革辽府的情况,也要从公勘明("从公"二字堪可玩味)。

派去抄家的人,有司礼监太监张诚、时已迁刑部侍郎的丘橓、给事中杨王相、锦衣卫都指挥曹应魁。这一行人到湖广后,再会同抚按一起查抄。

圣旨一下,天下震惊。一年前免去张居正各职衔的时候,还仅仅是个犯了错误的官,现在,则已经是拿他当罪人看了。

昨日热泪涟涟阿谀张公的,现在都缄口无言了;但朝中仍有敢抚哭叛徒的吊客,都察院左都御史赵锦,逆潮流而动,上疏谏阻。他以当年查抄严嵩家产为例,唯恐查抄会累及当地百姓。当年查抄严嵩,因为嘉靖事先把严氏的家产估计过高,结果抚按抄不出那么多来，害怕承担包庇的罪名，就在江西地方上株连搜求，抄没的财产多半出自无辜百姓。

赵锦是个偏不服"墙倒众人推"的人，直言张居正不可能有太多财产，人说他家有三百银火盆之类，都是由于人心愤恨，言过其实。要是这么兴师动众地查下去，张居正老家的百姓，将百倍苦于严嵩老家的百姓。况且对张居正的惩罚如此之重，也没有必要，今后大臣哪个还敢做事？张居正因为平生操切，擅权专职，与名教决裂，惹恼的人太多，可是绝对没有异志。受顾命之后，辅佐皇帝您于幼龄，日夜勤劳，中外安宁，这功劳怎能泯灭？

说来，赵锦并不是张居正一系的人。相反，在万历初年，他看不惯张居正的霸道作风，曾提出过意见。张居正授意言官，弹劾赵锦"妄议朝政"，迫使他挂冠而去。

现在，赵锦敢如此仗义执言，也是有这一段往事做本钱，否则余孽的帽子立刻就能被戴上。

可是，万历此时已财迷了心窍，根本不听。

派去查抄的两个主事者，张诚和丘橓，也是万历精心挑选出来的。张诚是万历的亲信宦官，长期负责监视张居正和冯保，没受过张、冯的什么恩惠。丘橓为人强直，喜欢弹劾别人，张居正一向厌恶他，不予起用。

万历的考虑是，派这两个人去办差，下手一定会狠。不狠，财产就弄不上来。

时任侍讲官的于慎行，知道事态不好，很为张家担心，便写信给丘橓，请他务必手下留情。这位于慎行，并不是张居正的人，当年也是反夺情一派的。张居正当时对他说："我待你甚厚，你也这么干？"于慎行答道："正因为张公对我好，我才这样做！"张居正气得拂袖而去，于慎行很知趣，没几天就自己辞职了，直至张居正死后才得以复职。

他写给丘橓的信里，有几句话，是在后世广为流传的，堪称千古名言，他说："江陵……当其柄政，举朝争颂其功而不敢言其过；今日既败，举朝争索其罪而不敢言其功。皆非情实也。"

——是啊，世态炎凉，不正是如此吗？

于慎行的劝告，丘橓不可能听。

丘橓是山东诸城人，嘉靖二十九年的进士。这人很耿直，初任刑科给事中时，就曾上疏，说是"权臣不宜独任，朝纲不宜久弛"，直接批评严嵩，也不怕掉脑袋，被他扳倒的官员不计其数。嘉靖末年，又迁兵科给事中，莫名其妙地惹恼了皇帝，被打了六十下屁股，斥为民。离京的时候，身边仅有敝衣一篋、图书一束。隆庆初年起复，任南京太常少卿，后又晋升大理寺少卿，因病免职。

万历即位后，言官纷纷推荐丘橓，然而张居正厌恶他，不予召用。万历十一年（1583）秋，张死后才被起用，任左副都御史，上任时乘坐一辆柴车上路，堪称廉洁。他虽然强直，但其高风亮节，为时人所称道。

看来，这是个海瑞式的清官。万历派他去，很放心，金银财宝不至于流失了。

果然，张诚、丘橓受命后，决心甚大。一行人立即驰往荆州，准备要穷搜极讨，挖地三尺！

丘橓出发前，先派人通知荆州地方官员，从速登录张氏家属名册，一个不能让跑了。

地方官谁也不敢怠慢，把张家人赶到旧宅里，将门封住，禁止出入。当张诚等赶到开门查抄时，里面老弱，已经饿死十几口了，连死人骸骨也被饿狗食尽。

两位钦差到后，死命追赃，广事株连。他们按照万历的思路，预先估计的张家财产，大约应该值银二百万两。

几日内，便将查抄结果上报：江陵宅内，大概有金二千四百两，银十万七千两，金器三千七百两，金首饰二千四百两，等等。北京这边的府邸，刑部查抄后也报上来，折银一万零六百两。

这个数额，和万历想象的相差天地。哪里能跟"严嵩跌倒，嘉靖吃饱"那个程度相比。况且荆州张家的财富，多为张居正的老爹和兄弟搜刮来的，严格来说并不是张居正所为。

"三百银火盆"乎！何在？

这台阶该怎么下？

丘橓不敢相信自己的眼睛。他下令严刑拷打，追逼到底！

张居正的三子懋修受刑不过，只好诬攀他人，称有大约30万两银，转移到了曾省吾、王篆、傅作舟等人家中。

张居正长子敬修（原礼部主事），实在熬不过，上吊身亡。临死时写下绝命书一封。

这封绝命书，是字字血泪，其大意如下——

四月二十一日闻报，二十二日移居旧宅，男女惊骇之状，惨不忍言。五月初五，丘侍郎到，初七日提审敬修，其吏卒咆哮之景，皆平生所未经受者。更有身被刑具，头戴蒙布，死命拷打之苦！

敬修受难固不足惜，但非要诬陷先公以二百万两数。先公自任官以来，清介之声传播海内，不仅变卖财产达不到此数，就是粉身碎骨也难以充数！又要我诬陷寄放在曾大人那里十万两、王大人那里五万两、傅大人那里五万两。

丘大人还说："从则罢了，不从则奉天命行事！"恐吓之言，令人丧胆。

可怜身名灰灭、骨肉星散，且来日会审之时，又要罗织锻炼，命运皆不可测。人非木石，岂能堪此？

今被囚禁于仓室，风雨萧条，青草蛙鸣，令我不胜悲哀。故告之天地神明，决意一死而万古不愧！

天哪！人孰不贪生怕死，而敬修遭遇若此，想来日后也必无生路。

先公在朝时，有位高招嫌之惧，想去位，又有忧国之虑。唯思顾命之重任，只得以身殉国，不能先机避害，以至于此！而其功罪，自有天下公论。

家中祭祀祖宗之事，为祖母、老母喂粥饭之事，有诸弟在，我死可放心。

丘侍郎，任抚按，活阎王！你等也有父母妻子之念，奉天命而来，见我家如此情景，有何值得高兴的，为何忍心陷人如此酷烈？即是三尺童子，亦皆知怜悯。今不得已，以死明心。朝露散时，生平已矣，能不悲哉！

——这样的血书，真是不忍读，不忍想象。皇权昏聩之下，不知曾有多少这样绝望的呼告！

张敬修自杀，举朝震惊。

刑部尚书潘季驯闻讯，悲不自胜，毅然接连上疏，请求保释居正家属，直言"治居正狱太急"，提醒皇上说，张氏家属已有数十人毙于狱。

当时的首辅申时行，也上疏谏道："现籍没其家，国典已正，众愤已泄。若其老母衣食供给不周，子孙死亡相继，皇上您也有所不忍吧！"

万历到此时，方才心肠软了一软。很快下诏，命拨给张母空宅一座、田地十顷，以资赡养。

后来，潘季驯终因说情一事，被李植弹劾，革职为民。他是深受张居正器重的治河能手，感念恩公的栽培，于人情汹汹之际，敢于出来说一句公道话，免去了张家更大的灾难。这让人看到，乾坤虽倒转，但当时的人心里，毕竟还有一点点暖色！

万历饶了张家的族属，但对于财产仍抓得一丝不苟，特别叮嘱张诚，马上把荆州抄出的财物押解进京，不便于运输而又来不及变卖的，如石牌坊等物，交由当地巡抚来办。在北京，刑部等衙门把张居正在京的财产尽数解入内库。到当年十一月，张诚也将在荆州抄到的财物，解回了北京。

财产虽不像想象的那么多，也尽可拿来用，废辽不废辽的，就是一个借口罢了。

辽王的小妾眼巴巴地望着，却不知，就算当年张首辅侵夺了你家财产，如今也不可能返还给你了——宫内急等着要用呢！

兴师动众地抄了一回，连房子带地，全部折成银子，总共不超过二十万两，还不及严嵩的十分之一。

这事情，实在难以塞天下人之口。辽王财宝在哪里？被侵夺的辽府，又在哪里？

这座被人纠缠了许多年的辽王府，据记载，是建在荆州的北城墙根下，永乐年间开始修建，历代又不断加建，极为豪华，内有著名的藏书楼——"味秘草堂"。荆州府衙的大小官员，每逢初一、十五早上，都要到北城墙根下列队，拜谒辽王。

这块宝地，岂是二十万两银子能拿下的？

所谓侵夺辽王财产之事，最初是由李植提出。他只是说，张居正侵夺了辽王家的坟地"以窃王气"。这个谣言，还算有一点原型，因为万历赐给张居正亡父的太晖山墓地，与辽王的祖坟毗邻。至于羊可立所说的，侵占辽府田宅事，根本就是瞪着眼睛胡编。

据今人陈礼荣考证，荆州的张宅是在城东。

陈礼荣先生说，张居正当年为了向小皇帝表忠心，也为了在家乡父老面前夸耀，请万历给他盖的新宅题赐额名。万历欣然为他拟写了楼名"捧日"，堂名"纯忠"。

推测起来，张居正在老家荆州城东建的这个宅子，最引人注目的建筑，当数"捧日楼"和"纯忠堂"了。抄家事件后，捧日楼被毁，但纯忠堂一直到清初都还在。

有一套地方史志《江陵志余》，成书于明末清初，里面将张居正荆州城东家宅的沿革表述得一清二楚。今日，在荆州古城东门内，建有仿古建筑一条街"张居正街"，也可印证，张宅的位置久已被确认不谬。

当年，荆州的地方官不可能不明白这事，但谁敢说话？

抄就抄了，打击恶人怎么做都有理。这之后，"复辽"（恢复辽王封号）的舆论甚嚣尘上。不复辽，怎么能说明张居正罪大恶极？万历对这个，似乎兴趣不很大，事情拖到万历十二年（1584）八月，才算有了说法。下诏说，命各衙门堂官会商辽王案处理事宜，同时万历也提出了自己的意见："拟复辽王爵号，并重新论张居正之罪。"

辽王宪㸅是没有儿子的，要复辽，可从旁支过继一个来，这个封号就可以承袭下去了。

不过，恢复一个被废的宗室封号，对前任首辅再加重论罪，两件事都可能会有难以预料的影响。复辽，有可能会助长宗室气焰；加重张居正的罪，将使此后所有的执政大臣心寒。

万历之所以将两件事一并提出，侧重其实是在第二点，不复辽，就不足以定下张居正的重罪。

这确是有点太过了，首辅申时行一向温和，也不得不提出异议。一来是兔死狐悲，二来他怕担不起这个历史责任。于是劝阻万历皇帝说：张居正的罪状，就这么多了，于法已无可再加。至于复辽，不仅仅是政治问题，还是个经济问题，因为在民穷财尽之时，修这座废第，在"宗多禄少"之日，复一个废国，举朝无一人以为合适。

——在明代，因为朝廷养活宗室的负担太重，所以只要哪个藩王没有子嗣，人一死立即就废封除国，能省一点儿就省一点儿。不然，要不了几年，又将多出两三万人白吃饭！

万历被击中了软肋，不言语了，想了想，憋出一句来："内阁说得对。"

此事就此搁置。到头来，以一道从优待遇，按徽王府旧例给予赡食的御批，把那位不屈不挠的废王妃给打发了。徽王，是在嘉靖年间被废为庶民的，朝廷对他的原配一直还给一点儿赡养。辽王妃掀起这么大的波澜，仇是报了，但是昔日的辉煌未能重现，只弄到了一份不错的赡养而已。

历史大戏，不是所有的角色都能得到恩赏的。

真正受益的，是言官里的李植、江东之、羊可立三人，因为咬得最狠，把张居正当成逆臣贼子来咬，因而甚得万历垂青。万历给吏部下了个谕令，说三人揭发大奸有功，都可破格提他们做部院次官。

三人便是如此，以七品御史连升六级，各得正四品少卿职。

其中，李植尤为无耻，他曾经数次对人言："皇上呼我为儿。"

司礼监太监张诚，因抄家有功，赐荫弟侄一人为锦衣卫百户。后张诚接任司礼监掌印太监，威风堪比当年冯保。

前首辅张四维，于万历十一年（1583）四月丁忧，回家去了，到万历十三年（1585）十月病故。这段时间，正是查抄张居正家产的时候，他不在朝中，躲过了一场尴尬。

而继任的首辅申时行，目睹张居正身后的惨祸，刻骨铭心，此后凡一切事务，均施行"宽政"。

"废辽案"至此，尘埃落下。

万历十二年（1584）八月，对张居正的判决终于出来了。都察院按万历的旨意，参劾已故首辅张居正。这是一份朝廷诉状，万历批了一段话，为张居正做了定论，大意如下：

张居正诬蔑藩王，侵夺王坟府第；钳制言官，蔽塞朕聪；私占废辽田地；以丈量之名，几乎骚动海内；专权乱政，罔上负恩，谋国不忠。本当开棺戮尸，念其效劳有年，姑且免于尽法追论。亲属张居易、张嗣修、张顺、张书等人，都着令永戍烟瘴地面，永远充军。

同时还下令，张居正的罪状，要在各省张榜公告——此时，距张居正在病榻上瞑目，仅仅两年多。

都说"闻道长安如弈棋"，但这终局，也未免太残酷。

为国任事，结局尔尔！世事翻覆何如儿戏？

天不佑大明，又夫复何言！

后世史家在论及万历对张居正的寡恩时，都有不平之气。对他寡恩的根源做了种种分析，大略有任性说、报复说、立威说、心理情结说、性格缺陷说、阶级本质说，也有实用主义说。

我只能讲，万历的这种性格乖谬，也许来自朱家皇帝的遗传，无可理喻。无论用什么来解释，都让人觉得，他不至于非要对一个已故功臣下如此辣手。

上帝欲使人灭亡，必先使其疯狂。

我以为，唯一可以勉强解释得通的，就是万历要以这种酷烈手段，为皇权张本，裁抑权臣。后世有人曾说，明朝只有两个人可称"真宰相"，一为严嵩，一为张居正。但当今也有人指出，能操控全局、决定国策的，唯张居正一人而已。

明初李善长、胡惟庸，不过仅仅专恣自用、广树朋党，就被朱元璋诬以谋反罪族诛。而张居正则是在十年柄政中，全面代行了皇权，成了真正的"无冕皇帝"。他忠心事君，操劳十年，使老大帝国重现雄风，但无论如何，这也等于是严重触犯了皇权——皇权这一杯羹，皇上可与王振、刘瑾这样的家奴分享，却容不得

191

一个有作为的权臣染指。万历只不过学了他的老祖皇帝，以非常手段摧毁了权臣根基，让千秋万代的大臣不敢再作此念。

如此而已！

当时唯一能制止万历清算张居正的人，是李太后（慈圣太后）。但是，其间未见她有任何动作。她对张居正的人品、才干及忠诚，应是十分信任的。万历的前十年，是她与小皇帝两人处于"孤儿寡母"的权力危险期，她却毅然将一切国事委之于张居正，不能不说是独具眼光。

但张居正死后，她却容忍了万历进行这场毫无必要的清算，原因何在？有人说是因为听信了万历的话，贪图张家的一点点钱财。

但我以为，还是实用主义说，才能合理解释她的这种沉默。

张居正生前不会对皇位构成威胁，她是坚信不疑的。那么死后，世间是否还会有另一个张居正，她没有把握。因此，借张居正身后名声的败亡，儆示将来可能觊觎皇权的大臣，在她看来，亦无不可。

但是，这种鼠目寸光，这种卑鄙手段，很快就见出其负面效果来——简直是天报应！

一个王朝之兴，须百年以上的血浸与震荡；

而一个王朝之亡，只短短十几年间就可成为定数。

一位皇权之主，他尽可以尚气任性、予取予夺，甚至视臣民如无物，但是，他或他的子孙，绝逃不过洪水滔天的那一刻！

居正倒台，万历松绑——小皇帝久盼的这一天终于到来。

在砸烂昔日权威的狂欢之中，帝国刚刚修复的马车，又疯一般向悬崖驰去。

一切都反着来吧！

万历和张四维、申时行内阁，君臣相通，对张居正的思路进行了清算，尽反其政，以媚天下。

张居正裁汰冗员，以纾财政之困；那么我就恢复冗职，多多益善。至万历二十年（1592），净增一百三十九个职位，不仅将隆、万之交所削减的职位全部恢复，还有所增加。

张居正改革学政，裁抑生员；那么我就增加名额，任其干政乱政，鱼肉平民。

张居正整顿驿递，缩减供应；那么我就放宽限制，让禁令名存实亡，大家一齐来沾光。

张居正提倡任人唯才，不拘一格；那么我就重新设定资历阶梯，不问能不能胜任，只问资历够不够。

张居正力推考成法，讲究行政效率；那我就废除考成法，行宽厚之政，做与不做，随你们的便。

吏治上的松弛，固然是皆大欢喜，又有万年的太平官好做了；可是效率下降的背面，就是腐败上升。

而腐败这碗美酒，皆是民力的血汗酿造！

张居正死后，一条鞭法虽然还在执行，但清丈已全部停止。最富庶的江南一带，富户与官府重又勾结，隐瞒土地，降低户等。有的里甲有田千亩，有的里甲仅有数十亩，赋税摊派仍是以里甲为单位。这又是穷者税重、富者税轻，以致贫户重陷深渊，家破身亡者十之八九。

贫户不堪压迫，只得破产逃亡，土地兼并由此死火复燃。常有一州一县的土地，为王府所占达七成，军屯占二成，民间仅占一成！

张居正执政期间，收支平衡，且年年有盈余。万历刚一亲政，就入不敷出，亲政当年就超支五十四万余两。第二年超支一百七十六万余两，以致十余年积累，不足抵顶两年的花费。

宫内开支再无人限制，钱不够用，就搜刮国库与州县。户部的年收入，三分之二收入内库；州县则尽刮库藏，尚不足用。

万历十九年（1591）至二十八年（1600）间，先后发动"三大征"，平定内乱，援朝抗倭，武功伟业固然耀目，但总共耗去军费一千余万两，家底已经空了！

——国储荡然，肇始无穷之祸。

张居正攒下的家底光了，就另法搜求。万历二十四年（1596），万历派出大批宦官充当"矿监""税使"，分赴各地加征工商税。富商不能承受，破产者十之六七。矿税太监可随意差遣、呵斥地方官，搜刮勒索，仅在云南一地就杖毙数千人，数度激起民变。

——竭泽而渔，杀鸡取卵。只要有人还活着，钱就搜刮不完。

万历十二年（1584），那个把张敬修给逼死的丘橒，忍受不了官场的腐败，上疏痛斥不正之风，说是下级官吏多以广结交为能事，或明送或暗投；上级官员又多以不取外财为笨拙，或自肥或收贿。他万分感叹，说如今国与民俱贫，而官独富，并且以官致富者，又纷纷以富买官。

官如此，百姓将何如？

人祸不止，天灾又降。中原各省自万历十年（1582）后，年年有灾民流离、哀鸿遍野。史书上频频出现水旱相仍，大饥疫，人死无数的记录。

万历十四年（1586），南京给事中孙世祯上疏，说是承运库（户部官库）买金珠宝玉十九万两有余，若少减数万，即可活数万垂死之命。

万历听不得这个，下诏处孙世祯罚俸。

万历二十一年（1593），又有官员报告，饥民艰难，有靠着食雁粪、树皮，才得以存活的，并将灾民实物及"人相食"的图画呈上，试图打动圣心。结果是郑贵妃拿出五千两银，赈济了一下，以后怎么办，那是灾民自己的事。

万历二十五年（1597），刑部左侍郎吕坤上《忧危疏》，几乎是在哀告了："流民未复乡井，弃地尚多荒芜。存者代去者赔粮，生者为死者顶役。破屋颓墙，风雨不蔽；单衣湿地，苫藁不完。儿女啼饥号寒，父母吞声饮泣。君门万里，谁复垂怜！"

户部尚书赵世卿上疏，难以掩饰对现实的恐惧："脂膏已竭，闾井萧然，丧乱可虞，揭竿非远！"

草民也是人，总不能靠喝西北风过日子，要让人家有条活路。

到万历末年，人们终于哀叹：世间再无张居正！

还是前面那位吕坤说：父老回忆河清海晏之时，士大夫追念纲举目张之日，有穆然之思、慨然之叹者。

当年因反夺情而受杖刑的那个邹元标，在家乡讲学三十余年，终与顾宪成、赵南星成为"东林党三君子"之一。天启元年（1621），他再次被起用，当上了左都御史。次年，有感于时事，上疏称"居正功不可没"。天启帝采纳此议，为张居正恢复生前原官，并赐给祭葬之资。张府房产尚未变卖的，一并发还。

崇祯三年（1630），礼部侍郎罗喻义等，上疏再论张居正事。崇祯帝下诏，发还张居正亲属官荫及诰命。崇祯十三年（1640），又应张居正之孙张同敞之请，恢复张居正谥号与荣衔，恢复其子孙的锦衣卫袭职。

张居正冤案，至此全部平反。此时，距张居正之死已有五十八年。

但是——晚了！

此时的大明，国势崩坏已日甚一日，将士不任战，文官照样贪。有人观此象，曾说，崇祯帝"抚髀思江陵，而后知，得庸相百，不若得救时相一也"。

想重返清平之世，可得乎？可得乎！

第十三章

皇帝家也有闹心的事

这是冥冥中的一条暗线，世间再无张居正——有那么重要吗？有。

自从张居正一死，大明就开始不顺，以前那种"宫府一体"、内外齐心的局面不见了。本来，万历皇帝亲了政，甩掉了往日束缚，也想好好干一番，以证明自己治国的本领不比张太师差。可是他跟朝中大臣的关系，因为自家的一件事，老是拧着劲儿，弄得他异常郁闷。

朝政与张居正柄政时期相比，从格局上降了好几个档次。君臣之间的矛盾，犹如小户人家的婆媳较量、姑嫂斗法。"万历新政"开辟的宏大气象，一去不复返了。

当然从另一面，也可以理解：皇帝也是人，也有家庭，所以也有难心的事。

皇帝家住紫禁城，这家是个大家，财大气粗，房子也多，大到了平民百姓想象不出的地步。此外，老婆多、儿女多，也都是天下第一。但是大有大的难处，唯其大，麻烦也就多。万历后期比较大的麻烦，就是"皇帝的儿子当皇帝"的问题。

有不知内情的一定会问，那还有什么问题，皇帝的儿子当然当皇帝，就像老鼠的儿子会打洞。错！在绝大多数情况下，皇帝的儿子还真就当不上皇帝。能当上的，就一个。其他的，怎么办？

也很郁闷，因为白白生在了帝王家！

这个"皇帝的儿子当皇帝"的问题，正式的说法叫"立储"。在万历这一朝，这个事，能把人缠死。让哪个皇子当皇帝，这问题在皇权时代叫"国本"。君臣之间，大臣之间，意见要是不一致，那就要爆发"国本之争"。

万历末年爆发了一场议储风波，讨论来讨论去，反反复复，牵扯甚广，把皇帝、皇帝老妈、妃子、大臣、太监，甚至无名疯汉都牵扯进来，直至引发了明末著名的三大案——梃击案、红丸案、移宫案，怪事屡见，震动朝野。

这三大案，都发生在宫里。头两个事件，简直就是刑事案。后一个，太监和朝臣，两伙人也险些在宫中动手开打。

堂堂紫禁城，在没有了张居正之后，就乱象迭出，一个比一个惊心动魄，帝国怎么可能有好？

后世的人们，总是喜欢探讨大明是怎么亡的，总想找出个终极答案来。言人人殊，其说不一，我看这恐怕是徒劳。大明轰然倒塌的原因，你可以说是因为万历皇帝怠政，也可以说是与萨尔浒之败牵涉甚大，也可以说是崇祯不该裁撤驿卒，也可以说是不该加征"辽饷""剿饷"，最后引起动乱……这些都说得不错，但没有哪一条，可称得上是终极答案。

压垮这头骆驼的，很难说是哪一根稻草。

如果硬要找答案，大明到底亡在了哪里，我看就一条：皇帝不称职。皇帝和大臣不能合作，始终拧着劲儿。两个皇帝瞎混，一个皇帝瞎闹，连续折腾了六十多年，岂能有不亡国的道理？

世间再无张居正，其后果，于此显现得一清二楚。

晚明君臣不和的这些乱象，是地地道道的末世妖孽之象。三大案结案之后，还不算完，明末党争之际，还有人拿它说事儿，以此来打击政敌。甚至到了明亡之后的南明小朝廷，余震还没完。

真是，读史览兴废，掩卷三叹息！

这惊心动魄的三大案，源自万历皇帝的"儿子问题"。而这儿子问题，根源还在"老婆问题"。世事皆庸常，连皇帝家也难逃家庭纠葛的陷阱。

且说万历的正宫娘娘——王皇后，名叫王喜姐，人还不错，素有慈孝之称。她身居中宫正位四十二年，为中国历史上在位时间最长的一位皇后、皇太后。

王皇后出身平民，祖籍浙江余姚，本人生于京师。她为人谨慎，伺候万历的母亲李太后非常尽心，甚得李太后赏识。她只生了一个女儿，即皇长女荣昌公主。后来有几次流产，导致不孕。

王皇后人很聪明，知书达理，万历有病调养时，她负责整理奏章。万历一提到什么事情，她马上就能找出对应的奏章来递上，没有一回出错的。

这么一个好皇后，却得不到万历的宠爱，原因不详，大概是嫌她没能生个儿子吧。

万历一开始无子，这可急坏了他的母亲李太后。万历九年，张居正看出了李太后的焦虑，就上奏说，皇上尚无储嗣，这是关乎宗庙社稷的大事，做臣子的我们也日夜悬念着呢。建议马上到民间去"选九嫔"——九个！这下子，得子的概率就能大得多吧。

嫔妃，是皇帝小妾的统称，其中有不同的品级。现在要选的九嫔，是正二品，仅次于一品的妃和贵妃。

选九嫔，李太后当然乐意。万历征得母亲同意，就下了选嫔妃的诏旨，命礼部官员会同巡城御史，主要在京城范围内找，顺带也在河南、山东、北直隶搜一搜。要求是，容貌端庄，有教养，家庭清白。年龄条件尤其苛刻，要在十四岁以上、十六岁以下。古时候讲虚岁，那就是十三岁到十五岁的孩子，若以现代眼光来看，不可思议。

这件事情，是在万历十年三月最终办成的。偏巧就在这时候，万历得了第一位"龙子"。

这原本是件喜事，但这位龙子，却来得不够光明正大，是万历的一次偶尔偷情，种下的一个种儿。

这龙种的母亲，也叫王氏，是太后慈宁宫里的一个普通宫女。万历认识她也不止一年两年了，可是一直没怎么注意。这一天，万历去慈宁宫给太后请安，想要点儿水洗手。端着脸盆来伺候的，就是这位宫女王氏。估计是两人靠得太近了，气息拂面，香味冲鼻，万历爷有点儿把持不住，当场就勾搭上了。

按照大明祖制，皇上临幸，那都是有一定规程的。那么，这次临时性质的解决，是怎么办的，书上没讲。这叫作皇上"私幸"，事毕之后，万历一高兴，还赏了王宫女一副头面（首饰）。

这位王宫女，据说岁数已经不小，只这一次私幸，就怀了孕——天上掉下来一张大馅饼。

万历却没当回事儿，时间一久，就给忘了。左右太监哪里敢多嘴，于是这事就搁下了。

但是太后注意到了——宫女的肚子大了，不可能是别人干的事。她立即着手调查，查明了事情的来龙去脉后，高兴极了。

其实李太后也不是什么尊贵出身。嘉靖年间，她在万历他父亲的裕王府当宫女。也是裕王一时兴起，私幸了那么几回，让她怀上了万历，因此封了王妃。老皇帝嘉靖驾崩了以后，裕王继位，是为隆庆皇帝，王妃跟着也就升了贵妃。

此时，李太后见万历酷肖乃父，不声不响就把事办了，怎能不高兴？

一次饮宴，万历坐在李太后身旁，太后故意提起了这事儿："我身边那个王宫女的肚子，可是一天天见大了，你打算如何？"

万历沉默不语——这事儿怎么让老太太知道了？他不想承认。

李太后有气：宫里能接近宫女的男人，都是去势的，能是他们吗？她也不多说，只命人去敬事房拿《内起居注》来。

按照大明祖制，凡是"皇帝御女"，无论何人，都要由随侍的敬事房太监逐一记录在册。时间、地点、赏赐若干，都写得明明白白。这个制度，在这种时候，它的高度合理性就看出来了。

李太后把《内起居注》放到万历面前。

万历一看，某月某日，跟某老宫女有一腿。我的天，丢人哪！顿时面红耳赤，不说话了。

他抬起头来，看看母后，面有难色。

李太后是个阅事甚多的人，知道万历在想什么，就开导他说："娘老了，到现在还没等到'弄孙之喜'呢。这王氏要是生了个男孩，那就是祖宗社稷之福，你又何必忌讳呢？母以子贵，还能有什么等级差别？"

万历自小对母亲就又敬又怕，长大了也改不了，当下只好承认了，答应先封王宫女为"才人"（正五品）。在诞下皇子的两个月前，又把王氏封为"恭妃"。只几个月间，大龄宫女王氏，就从一名使唤丫头，骤升为一品夫人，端的是一个"嫁得好"！

万历十年（1582）八月，这位恭妃，给万历生了个结结实实的皇长子，名为朱常洛。

龙子千呼万唤才出来，这是值得普天同庆的大事，不仅要祭告祖先，还要由皇帝诏告天下，大赦罪犯。皇帝一高兴，连犯人也沾光，只要不是犯了谋反罪这类不好赦免的罪，统统放人。

不过，对万历来说，这都是虚应故事，他不看好这个皇子。主要是不喜欢孩子的妈——这位配偶，有点儿强加于人的感觉。

朱常洛出生前五十天，首辅张居正去世，万历开始亲政，从此宫中和外廷的事，他可以由着性子来了。

恭妃顶着个一品夫人的衔，日子却没跟着好起来，生下皇子之后，立即就被打入冷宫。待常洛长大以后，母子又不能相见，到后来抑郁成疾，竟致双目失明。

这位王氏的结局，相当凄惨。万历三十九年（1611），她年已五十多岁，不幸病重，朱常洛获准前去看望，见到宫门紧闭，忙要来钥匙，开锁而入。但见恭妃双目生翳，看不清东西。王氏手拉着常洛的衣襟，悲泣道："吾儿长大如此，我死何恨！"见了儿子一面后，不久就死了。

什么"母以子贵"？万历根本没听母后的话。就算是那位皇长子，万历也没正眼看过。

可是李太后和众臣却另有看法。在他们看来，这位皇长子，就是天经地义的皇位继承人。按照祖制，皇位继承人的第一候选人是嫡子，也就是皇后生的男孩，不论他在异母兄弟中排行第几，皇位都是他的。嫡子要是有几个，就传给老大。如果皇后无子，或者嫡子统统都夭折了，就轮到第二候选人——皇长子替补。如果皇帝根本就没儿子，那就另当别论，可以传位给弟弟或侄儿。

这个"有嫡立嫡，无嫡立长"的原则，既讲亲疏，又讲齿序，实行起来大家无话可说，免得为争抢皇位而打破头。

现在的情况是，正宫娘娘王皇后无子，那么选皇储肯定就是"无嫡立长"。没娘的孩子朱常洛，只要不夭折，他的皇嗣地位将无人可以动摇。

但是，原则的威慑力有多大，在很多时候，是很成问题的。天下的事，并不是事事都一定讲原则的。

按照原则，朱常洛的继承人地位当然是固若金汤，一开始也确实是这样。虽然万历十二年（1584），又有了一个皇次子常溆（xù），但不幸早夭，到第二年正月就死了。而且连亲生母亲是谁，后来都查不到。《明史》里仅说是"母氏无考"，估计也是私幸而生的。

到万历十四年（1586）正月初五，又生了个皇三子朱常洵，想不到的大麻烦来了！

因为常洵的母亲——郑贵妃，是万历皇帝最宠爱的一个妃子。

这郑贵妃是个什么来历？她就是根据张居正的提议，册选"九嫔"当中的一个，当时封的是"淑嫔"。据一些史料记载，她被选入宫，十分偶然。

原来，郑氏生于京郊大兴县一个贫寒之家。当年，万历皇上要选妃的公告传到大兴时，全县官民一片哗然——好人家谁愿把女儿送到深宫里去？骨肉从此分离不说，若得不到皇帝青睐，那就得守一辈子活寡。于是县城里众多的适龄女子，为逃避册选，竟连夜出嫁。郑氏女的父亲郑承宪，也匆匆把她许配给某位"孝廉"为妾，并与夫家商量好，要火速成婚，肥水不能流进皇宫里去！

所谓孝廉，是个什么身份呢？就是民间对举人的俗称。按说是正牌知识分子，很有身份的人。但是黄花闺女给老头子做妾，要受正妻一辈子的气，这命实在是不好，郑氏女当然万分不情愿。

就在即将迎娶之时，父女俩相对，悲恸不已。哭声动静大了点儿，被过路的选妃太监听到，立即闯门而入。见郑氏生得十分俊俏，太监们便立即禀报主事官，不由分说，将郑氏带回了宫内。

——宁嫁给孝廉做妾，也不愿意给皇上做妾，古代民间的价值观，真是大可玩味！

但是，郑氏这一次，却是因祸得福了。一进宫门，就脱颖而出，赢得了万历皇帝的青睐，且终身痴情不渝。

入宫当年的三月，郑氏被册封为淑嫔，万历十一年（1583）八月就晋封为德妃。同年十一月生了个皇女，万历高兴得很，赏赐了内阁申时行等各位辅臣（与内阁有何干？）。万历十二年（1584）八月又晋封为贵妃，地位已经在皇长子的生母恭妃之上了，仅次于皇后。

她凭的什么，是漂亮吗？这一点，当然无疑。看她由淑嫔升为德妃的册文，能看出苗头，那上面说她"柔嘉玉质"。

但光有好面孔是不够的。万历是张居正手把手教育出来的，并非浅薄之徒，他看女人，恐怕也要看内质。

所以郑氏肯定有第二优势：知书达理。据说，一天夜里，万历住在郑贵妃宫中，无意间哼了一段《西厢记》曲词："青山隔送行，疏林不做美，淡烟暮霭相遮蔽。夕阳古道无人语，禾黍秋风听马嘶。我为甚么懒上车儿内？来时甚急，去后何迟！"

万历刚一唱完，郑贵妃立刻就接上了后面一段："四围山色中，一鞭残照里。遍人间烦恼填胸臆，量这些大小车儿如何载得起？"

厉害，果然是厉害！知音少，弦断有谁听？

如果仅有这两点，郑贵妃还闹不出后来那么大的动静来。因此，她的第三个优势最为重要，就是极擅权术。史书上说她善媚，有权术，处处迎合帝意，因而得以专宠。

这才是根本。这个"媚"字，意思就是会讨好。古代史上，有一个很奇怪的命运筛子，百种人等，经这个筛子一筛，不同的结果就出来了——媚者扶摇直上，刚者蹉跎一世。即便是天才，也难逃这一筛。

郑贵妃靠着这媚的功夫，接近了最高权力，她的一些欲望，在客观上多少也影响了晚明的国运，是个很典型的"小人物影响大历史"的例子。

见郑贵妃生了皇三子，万历比得了头胎还高兴，张罗着要大办喜事。内库的钱不够用，他就写条子让户部拿钱，喜悦之情跃然纸上：着户部取太仓银十五万两进来！

本来把郑氏封为贵妃，就已经很不合乎规矩了，万历还想特事特办，要晋封郑贵妃为"皇贵妃"——离皇后只有一步之遥了。"皇贵妃"这个尊号，自明朝国初以来，还从没有一个活人得到过。

明朝成化年间，宪宗皇帝宠爱一位老宫女出身的万贵妃，万氏死后，追封为皇贵妃（这也是个厉害角色）。这是个不伦不类的名号——究竟是妃还是后？也只有宪宗那样的情痴皇帝才想得出来。后来到了清朝，才正式沿用此称，在皇后之下设置皇贵妃一人，成为定制。

此议一出，舆论大哗。朝臣们早就看出万历不大对劲儿，迟迟不册封太子不说，如今又要把郑贵妃抬到这么高的位置上，其用心，岂不是路人皆知吗？

问题到此，骤然间升级！到底想立谁为太子？这就是"国本"问题了。这个问题，是明朝的臣子们最愿意做的文章之一，因此，他们群起而议，坚决抵制皇帝胡来。

你迟迟不立太子，那我们就把皇长子叫作"元子"，所有的奏疏上，全都这么讲。元，即是本也。我们一口一个"元子"地叫着，你皇帝还好意思立宠不立长吗？

万历十四年（1586）二月初，内阁首辅申时行等人，先上了一疏，敦促万历早立太子，正名定分。申时行等人的想法是，早先皇长子常洛没有兄弟，问题还不大，这个常洵一出生，问题就大了，要赶快把可能的麻烦解决在萌芽之中。

万历根本就不怕申时行——世间早没了张居正。他也没别的话，就是一个拖延战术："元子还小，等二三年再举行。"

就在群臣大为愤怒的时候，又传来了一个确凿的消息——郑贵妃确有谋立儿子的意图！

这个消息说，在紫禁城的西北角，有一座大高元殿，是专为供奉"真武帝君"（道教尊神）香火的，据说相当灵验。某日，万历与郑贵妃一起来此烧香，郑贵妃提出，要立皇三子常洵为太子，万历痛快地应允了。但口说无凭，郑贵妃要他立誓。于是万历手写誓书一纸，放在一个玉盒里，交给郑贵妃收藏。另外还有一说，说是万历为此事赐给了郑贵妃一个金合（音 gě，古代较小的计量器具），因此这个誓约就叫"金合密约"。

有人还说，皇上之所以晋封郑贵妃为皇贵妃，就是因为有这个金合密约。

这还了得，下一步是什么，傻子都能知道了！

事关千秋名分，群臣立刻炸开了锅，开始有所反弹。第一个向万历皇帝发起挑战的，是户科给事中姜应麟。

姜应麟只是个小小的科道官员，一个正七品的言官，上疏谈"储位"的事，是否太狂妄了？不然。这就是朱元璋亲自制定的"下克上"规则。向皇帝提出意见本身，并不属冒犯，只有皇帝认为你说错了，那才构成冒犯。

姜应麟是个极聪明的人，他明明要谈立储的事，却从郑贵妃的名号上谈起，给皇上设了一个套。

他说，郑贵妃的晋封，恐怕是有点儿问题。王恭妃所生的元子，理应继承帝位，那么母以子贵，恭妃的地位就应该仅次于皇后。要封皇贵妃的话，也应该先封恭妃。

郑贵妃虽然贤惠（先虚拍你一下），但生的不过是皇三子，本来不足为奇，忽然又要封为皇贵妃，这个臣下实在理解不了。这么做，诉之理则不顺，责之人心则不安，传之万世则不正，总之不是个事儿，希望陛下收回成命。

如果觉得势难挽回，那么，不妨先册封恭妃为皇贵妃，再封郑贵妃为皇贵妃，这样就比较顺一些了。

话说到此，还没完，这个奏疏的关键，在于后半部分。姜给事中在后面把话锋一转，说这些都还是小事，立储才是天下之本，储位定了，一切礼仪上的事就都能顺了。所以建议皇上采纳申时行的建议，早早把皇长子立为太子。

万历皇帝果然中计，因为他看起来最扎眼的，恰恰是前半部分。

郑贵妃是俺的心肝宝贝，一个小小的姜应麟，竟敢如此蔑视！

万历气得发昏，把奏疏狠狠摔到地上。这还不解气，又把怒火撒到身边的太监身上，他训斥道："都好好给我听着：我册封贵妃，根本就和立东宫太子无关。一个科臣，怎么敢诽谤朕！"

他越说越气，一个劲儿地拍桌子，吓得太监们叩头如捣蒜。

万历在盛怒中，根本就没有想，姜应麟为什么要从郑贵妃的册封上谈起。于是抓起笔来，批了几句话："这册封的事，并非为了立储，是因为贵妃敬业勤劳，所以特加晋封。立储自有长幼，姜应麟这厮，窥探上意，疑君卖直，好生无礼，可降为极边杂职。"

这一诏旨发下去，姜应麟就被贬到大同府广昌县做了典史，成了一个县衙小吏。这是个不入流的杂职，连最低的从九品都算不上。

这个跟斗，跌得不轻，但姜应麟和众臣都很高兴。为什么呢？

因为万历皇帝一气，说了一句明明白白的大实话——立储自有长幼。

你既然说了，可就收不回去了！

姜应麟达到了目的，激皇帝说出了一句"无嫡立长"的承诺，他就高高兴兴地赴贬所上任了，心里充满了成就感——此举必将留名青史。

的确，到今天我们还在谈他。

"拥长"一派的众臣，就此抓住万历的这句话，一提起这事，必举出"立储自有长幼"一语，要求皇帝说话算数。万历起初尚未醒悟，后来看到群臣的奏疏，动辄引用这一句，方知自己犯了大错。想收回这话当然是不可能了，于是就拖。

万历恼恨言官，干预我们皇家的事，到了如此地步，那就别怪我下狠心，往死里拖！

这样一来，万历与群臣，就为这"国本"之事，竟然别了整整十五年的劲儿。

我们不大能理解明代的臣子：为何要那么固执地坚守纲常名教？就为了和皇帝争个是非，不惜被贬，不顾丢官，不怕吃板子——即使被打得血肉横飞，也心甘情愿。

这是因为，纲常伦理在中国古代，是维系民心的一根绳，万万不可断。朝廷想要不衰落，人心先就不可堕落。要防止人心堕落，单有律法不够用。古代的律法，已经相当完善，但是管不了暗中搞鬼的事。如果不讲纲常伦理，那么人与禽兽也就相差无几了。这方面的苦果，无须多说。

万历一朝的"国本"之争，就这样围绕着纲常礼教问题，把朝臣分成了两大派。说是两大派，实际只有一派可称为"大"。主张立皇长子为储君的，人多势众，且不忌讳亮出观点，生怕人家不知道。相反拥郑的一派，除了郑贵妃的家人，就是几个希图邀宠的小人，上不了台面，只能暗中行事。

但是这一派中，有个大人物，那就是万历皇帝本人，乃是举足轻重！所以这两派，也可以说势均力敌。

第一回合，君臣斗了个平手。万历固然失了一着，但也在另一方面如了愿：晋封郑贵妃为皇贵妃。

万历喜欢郑贵妃，看来也是有道理的。在册文里他说，朕励精图治，每天天不亮就要起来找衣服，准备办公。贵妃以朕的公事为重，不辞辛劳，屡次起来看夜色。她对于我，简直是有"鸡鸣"之助，所以应晋封皇贵妃。

正如黄仁宇先生在《万历十五年》里所说，这个年轻女人，是抓住了万历的心。"她看透了他虽然贵为天子，富有四海，但在实质上却既柔且弱，也没有人给他同情和保障。"郑贵妃充当的，就是一个知音的角色。

这一对人儿，其实也可以说是唐玄宗、杨贵妃《长恨歌》的翻版。郑贵妃刚选入宫的时候才十四岁，万历那一年也才十九岁，两人情投意合，说是青梅竹马也无不可，但他们留下的，却不是一段佳话。

皇帝一赌气也会罢工

为了立太子的事，几乎所有的朝臣都和皇帝拧着劲儿，后世史家大多认为，万历就为这事气不过，从此开始怠工。

从万历十三年（1585）起，他刚刚亲政了三年，就这么甩手不干了。正如明清史名家孟森先生所归纳的那样——不视朝，不御讲筵，不亲郊庙，不批答奏章，中外缺官亦不补。从此君王不早朝，主动放弃了皇帝的职责，朝政也随之进入"醉梦之期"。

皇帝每天就是和宦官、宫女泡在一起，逢酒必喝，每喝必醉，日饮不足，继之长夜。如此怠工近三十年，再未跨出过紫禁城一步。人家法国有"我死后哪管它洪水滔天"的国王，万历这里，还没等死，就不管它洪水滔不滔天了。

由于他的怠工，奏章如山，根本得不到答复，有阁臣哀叹"一事之请，难于拔山"。到了万历三十年（1602），南北两京部院和各省的主官，竟然空缺三分之一。知县也缺员，有时一县之长还要兼任邻县的长官。

有这样的特殊皇帝，就有充满特殊情况的国家。整个大明的国家机器在运转，但是没有了操盘手，不知它是怎样在转的。

张居正要是能起于地下，见到如此情景，一定会惊讶得合不拢嘴，这哪里还是他辛辛苦苦教育出来的学生！

当然，万历怠工，也是有他充分理由的，他宣称自己有病——头晕眼黑，力乏不兴，还经常"动火"，因此不能视朝、听课、祭太庙，理所当然。

万历究竟有什么病，那时候就搞不太清楚，现在的人也不好判断。那时，群臣当中对此流言甚多，都认定了他是纵欲过度。一国之君，作风不检点总是不好，于是大家就委婉地劝谏，劝皇帝要清心寡欲、慎节起居，不要贪恋衽席之娱，要讲究一点保身之术，注意养气宁神。

这都是旁敲侧击，因为话不好明说。

万历哪能不明白这指的是什么，气得半死。因为朝臣的这些奏疏，大多都是要通过邸报公告全天下官员的，这不等于骂人吗？

万历十七年（1589）底，更有大理寺左评事雒于仁上疏，不再绕弯子了，直接请皇上戒酒、色、财、气。万历看了，气得肝火复发，躺在床上起不来了。

转年正月初一，万历破例把首辅申时行召到毓德宫暖阁，跟他推心置腹地解释：我确实有病，但哪里是什么酒色财气！据万历自己的讲述，他除了头晕目眩外，还有胸腹胀满、足疾、掌灯之后眼睛看不清字等等。

话说得挺琐碎，最后万历恨恨地说："我气他不过，要重重地办！"申时行耐心听完，建议将老雒的奏本留中不发，省得扩散出去影响不好。对老雒的处理，申时行也从中做了斡旋，最后革职了事，免去了挨板子、充军。

今天有一些人认为，万历有病只是借口，他主要还是太宠爱郑贵妃，与群臣闹别扭，才不理朝政的，因而他的怠工不可宽恕。但是，据今人杨仕、岳南所著的《风雪定陵》披露，1958年，在考古大师夏鼐的指挥下，万历的陵墓定陵被挖开，对万历尸骨进行了检验，发现他上半身为驼背，右腿明显比左腿短，看来确实是有病，当时臣子们对他的道德批判是太过主观了。

群臣不能体谅他的病痛，万历当然更觉得郑贵妃亲，他跟申时行交心时说："朕只因郑氏勤劳，朕每至一宫，她必相随。日夕间独她小心侍奉。"

——这些家事，我还要跟你们解释多少遍才算完？

君臣长期尖锐对立，申时行作为内阁首辅，只能从中调解，但他两头不讨好，万历认为他压不住阵，群臣认为他贪恋高位不敢讲话——内阁的力量，比张居正时代是差得远了。一个重要原因是，万历当初清算张居正，搞得太过火，让后来的阁臣寒了心，谁还愿意为国事拼老命？隆、万之际的强势内阁，从此以后变成了弱势内阁。

按明初以来自然形成的中枢体制，内阁的"上克下"权力，与言官的"下克上"权力，原是互相作用、互为制衡的。

弱势内阁的一大弊病，就是原有的"上克下"文官体系，逐渐失灵，以首辅为龙头的文官群，失去与皇帝权力之间的平衡，压不住言官力量。使得言官与皇帝的冲突、言官与内阁的冲突，日益呈现激烈化，屡次形成政潮震荡。

一面是越来越大的舆论压力，另一面是装聋作哑的顽固态度，两面受压的内阁，到最后，终于被压垮了。

明代的皇帝对廷臣，可以说是历代君主中最不客气的，以廷杖作为一种常规刑罚，来折辱臣子的尊严，这在前朝后代简直不可想象。但是明代的文官集团对皇帝的牵制，又是最有力的，这也为历代所罕见。

除了像武宗那样的无赖皇帝，其他的皇帝，大凡想维持做君主的尊严，总不能对舆论完全置之不理。所以在上奏和批答过程中，经常会出现皇帝与臣子互相驳难的情形，有如顽童斗嘴。

在立储问题上，群臣早已识破万历的拖延战术，他们也有对策，就是不让你有一刻的安宁。你说皇子还小，我就举例说明他已经不小。有的奏疏，甚至举例举到了万历本人的头上，说皇上您就是在六岁被立为皇太子的，而今皇长子早已超过六岁，何谓太早?

两三年间，就这么不断有立储的奏本飞入阙内，搞得万历坐卧不宁。还有人干脆指名道姓地说，郑贵妃就是立储的最大障碍，并痛斥郑贵妃的父亲郑承宪和哥哥郑国泰，是"怀祸藏奸，窥觎储贰（太子位）"。

万历见这么闹下去影响太恶劣，只好使用缓兵之计。万历十八年（1590）十月，他要太监去向内阁传谕："若明年廷臣不再骚扰，后年春天一定册立。否则，就要等皇长子十五岁时举行。"

——这完全是小孩子的任性：你们要是再啰唆，我就再拖上六年。

当时内阁里的申时行、许国、王锡爵三人，都在休病假，只有王家屏一人操持公务。

214

他得了这谕旨，真是哭笑不得。想来想去，在向礼部转达时，还是略掉了如再骚扰，十五岁时再册立一句——这实在太不像话了。

廷臣们半信半疑，暂时不作声了。到第二年的年中，大家因为信不过皇上——失信的次数太多了，怕他忘了或假装忘了，就接二连三地旁敲侧击：日子可是快到了啊！

万历十九年（1591）八月，工部主事张有德上疏，请求先把册立太子要准备的东西订好，以免到时手忙脚乱。这个提议，当然也是迂回战术。

万历一看，好！这不是送上门来的口实嘛，立刻批道："立储是我们父子的事，岂要你辈来邀功！你这是琐言窥探，挑拨离间。本来已定好日期，此辈又屡屡催激，那就再延期一年。如复渎扰，还要再延。"

皇帝也耍无赖啊！

廷臣一片大哗。有人上奏说，还是明年春上按期册立太子为好。

次辅许国也写了个奏疏，附和廷臣们的意见。这道疏本，是以申时行、许国、王锡爵三阁臣的名义，联名上奏的。

万历看了，很不高兴，派太监去责问申时行："先生怎么和小臣们一起胡闹？"

申时行只好回答："这是同僚列上了我的名字，我其实并未参与。"

他怕这样还解释不清，就写了一道密揭给万历，说："臣这一向告病在家，关于册立的事情不大清楚。既然圣意已定，就按您的意思办，不要因为小臣而有所妨碍。"

万历看了，很满意，用御笔批了几句"好好养病"之类的安慰话。

——就是这份密揭，给申时行惹来了大麻烦。

密揭与公开的奏本不一样，它是君臣之间商议事情用的秘密文件，其他人无权拆开。可是万历一时糊涂，把它给放到其他奏本里，一起转到内阁去了。内阁负责收发的文书官，根据内容又转给了礼部。

后来申时行发现有误，赶紧派人去礼部，把这份密揭要了回来。

但是，里面的秘密，等于已经公开。

没出一个月，看过这密揭的礼科给事中罗大纮（hóng）上疏，不管三七二十一，将内幕拆穿。他痛骂申时行是"内外二心，藏奸蓄祸，误国卖友"。他说，你虽然告病在家，但内阁上疏都是俨然列名在首位（就怕漏掉功劳），但为何独独对建储的事避之不及？就算是皇上赫然震怒，要给许国等人加罪，你首辅申时行也应该敢于分担。况且皇上还没发火，你就苟且自献乞怜之术——我最恨的就是这个！

这份奏疏，写得酣畅淋漓，把申时行的两面派做法骂了个狗血喷头。罗大纮认为，这样阳一套、阴一套，不过是想获得皇上的垂青。要是三阁臣的请求成了，那么申时行就是首功之人；如果不成，申的密揭已经把自己给撇清了。罗大纮挖苦道：申某这人，操此术，愚弄一世的人已经很久了，没想到今日露了底。

此疏一出，群情激愤，申时行顿时成了众矢之的——这种下三烂手段，怎么能用在朝堂之上？

据说，"两面派"和"露马脚"，这两个当今使用频率很高的词汇，典故都是出自明初。申时行的这个小动作，把两个典故都占全了。

申时行自从任首辅以来，吸取了张居正过于操切的教训，一切都宽缓行事，在皇上和廷臣之间充当和事佬。只是没想到，老马也有失蹄的时候，而且穿帮穿得太没面子。

密揭内容被人揭发，万历当然十分震怒，下诏让这个愣头青罗大纮，滚到极边之地去任杂职。

不过申时行的勾当，已大白于天下，这也使万历自己陷入了尴尬。

几天之内，因为顶不住上下两面的压力，内阁王锡爵、许国、申时行三人，都先后告病乞休。

明代的阁臣，自从嘉靖以来，地位就极高，其权势尊荣在六部的主官之上。文臣升到了顶，才能升到这个位置。这几个人，放着显赫位置不坐，宁肯回家去做林下野老，可见这份差事，到现在已犹如在火上烤了。

申时行的形象崩塌，再干也确实不好干了。万历有心挽留，但面对舆论汹汹，也没办法说出口，只得允准放行。

聪明绝顶的君臣俩，就这样，活活演砸了一场戏。

内阁现在只剩下王家屏一个人，他其实也在这之前递交了辞呈。万历此刻有点儿慌，内阁走空了毕竟不好。于是他这出了名的"懒皇帝"，对王家屏承诺说："如今内外章奏，每日朕要亲览。"——你在内阁给我看好家，就行了。

而后，他不经一般内阁用人的会推程序，直接将赵志皋和张位两人，升为大学士，调入内阁。无独有偶，这两个人，以前都是翰林院的编修，因为反对张居正而被外放州县，没想到十年后，双双成了阁臣。

内阁因为立储的事换了血，万历和廷臣们仍在继续较劲，双方都是机巧百出。

廷臣们这边，礼科都给事中李献可，忽然想到一招，说皇长子已经过了十岁，应该上学了。皇长子上学，正式叫法是"预教"，就是学习为君之道。此议一出，大家纷纷附和。

这里面的猫腻，是什么呢？

原来，大家是想把皇长子预教的典礼，办得隆重一些，有如太子"出阁"。过去太子的名分一定，就要别居一处，这个新居，就是所谓东宫。而且还要给他配备一套官员，有独立的建制，这一系列手续，就叫作太子出阁。

廷臣的想法，就是想借此一举，形成太子非皇长子莫属的声势，一步步接近目标。

万历见臣下的鬼名堂层出不穷，相当恼怒，他不仅不同意预教，还抓住了李献可奏疏上写错一个字的疏漏，训斥李献可，怎么敢把"弘治"年号给写错！

言官们哪里就肯退让？前仆后继地敦请预教，并全力为李献可辩护。其中，户科左给事中孟养浩，说得最为激烈，他说：一字之误，本就无心。我的这位同僚，挨皇上如此严厉的批评，简直如窦娥之冤！预教之请，明明是有利于"元子"，天下人谁都知道，皇上您却怪罪之，我怎么就看不出您的慈爱体现在哪里呢？

万历看了这道挖苦的奏疏，气得七窍生烟，批道："你这是狂吠！"命锦衣卫把孟养浩拖到午门去，打了一百棍，然后革职为民。

言官正常的上疏，竟然要挨棍子，朝野不禁为之震动！

各科先后有十几位言官纷纷上疏，要讨个说法。首辅王家屏公开站在言官一边，将万历对李献可奏疏所做的御批封还，也就是退给了皇上，表示不赞同。

万历当然生气，但又不好跟首辅公开起冲突，于是就故意不理睬。

王家屏知道，皇上根本没把他这首辅放在眼里，当即就告病休息。

万历更加生气，派文书官到王家屏家中宣谕："你告病，是以此来要挟君主，沽名钓誉。如今国事多艰，你忽然高卧，其心可安乎？"

万历皇帝自从张居正死后到如今，已亲政十年，以前虽也有乖戾之举，但像现在这样动不动就跟群臣吵架，还是头一次。而且，他在宫内也是喜怒无常，言官们说他每夕必饮，每饮必醉，每醉必然怪罪左右，宫女太监一言稍违，立毙杖下。看来，他确实是被"国本"问题给折磨苦了。

王家屏这一次，看见万历顽固不化，君臣矛盾又无法调停，上疏坚决求去是明智的。这一走，反而留下了一个好名声。

申时行内阁，至此烟消云散。不过，申时行在此时退下去，也属幸运。他走时五十七岁，回乡后，优游林下二十三年，死后追赠太子太师，可谓功德圆满。而他的前辈，从张璁起，历经夏言、严嵩、徐阶、高拱、张居正，一连几个任期较长的首辅，结局都不好，或是不得善终，或是晚年困顿。张居正虽然寿终正寝，但死后祸及子孙，令人心寒。

申时行是嘉靖四十一年（1562）的状元，张居正是他的座师（殿试考官）。他因受张居正的器重，最终进入内阁。他的为人，说到底就是一个圆滑，言官们批评他首鼠两端，是没错的。但圆滑的人，仅仅能做到一时一事受益，时间一长，必为众人所轻贱——什么都想得周到的人，公众往往并不买账。

申时行执政时，想方设法投万历之所好，停讲经筵（皇帝不用听课了）和将奏疏留中不发，这两个歪招，都是他出的主意，越发助长了万历的懒惰。

与张居正相比，申时行所受的恩宠始终不衰，关键就在于他不坚持己见，皇上愿意怎么办就怎么办。国事坏了，与我无关。由这样的人主政，想开万世太平，无异于做梦。

万历对他，倒是看得很顺眼，始终挂念于心。到万历四十一年（1613），申时行年满八十，万历还派人去他的家乡长洲（在今苏州）慰问，也巧，诏书一入申府的门，他就咽气了。

万历一朝，皇帝从头至尾信任的首辅，唯申时行一人而已。申老走了以后，后面还有十五人相继入阁，那就连见皇帝一面都不容易了。

申时行走后，预教风波还未完，郑贵妃一派的人感觉压力太大，就给万历出主意，说可以拿"待嫡"之说，来堵群臣的嘴，以减轻压力。也就是说，要等王皇后生下儿子来，而后再立太子——那就可以拖到无限遥远去了。

廷臣们风闻此事，立刻就有反驳的，说立太子是当下的事，当下无嫡，就应该立长，这是天经地义。没有哪一条祖制规定，非要等到生了嫡子才立太子的。况且万历皇帝本人，就不是嫡子。

这个待嫡的说法，确实上不得台面，于是他们又拿出一招，就是"三王并封"。他们提议，立太子的事，先缓一缓，先把皇长子常洛、皇三子常洵和另一个皇子常浩，一并封王。

三子同日封王，无有高下，这就把常洵的地位，抬到和常洛一样高了，离"弃长立幼"也就更近了一步。

要做成这样一件事情，万历当时考虑，继任首辅赵志皋干不了。那人，年老而又畏难，事情必须交给一位干练的阁臣去办。于是想起告假在家的王锡爵，立刻将王召回，让他担任首辅。

万历知道，这"三王并封"的提议，也许会引起廷臣反对，于是打算让王锡爵去顶头阵，君臣俩互相呼应，话总要好说一些。

王锡爵一回来，万历就交代他，赶快拟旨。君臣俩商议此事的时候，仍是通过密揭来往，免得生出是非来。

但他们哪里知道，两人手札往来的事，外界很快就传开了！

这位王锡爵大人，是申时行的同年进士，申时行是状元，他是榜眼。人还算是有才干，平时也敢于任事。按他的思想境界，本不该来蹚这道浑水，可是不知为何，王大人竟一反从前的耿直，低三下四地接了这烫手的山芋。虽然他刚开始时，也劝万历尽早册立东宫，但最终还是屈从了万历的旨意。

万历二十一年（1593）正月，万历趁诸臣不备，将"三王并封"的谕旨，突然发给礼部。众廷臣正翘首以待，盼皇上能早些发下立太子的谕旨，却不料，来的是这个馊招儿，立刻炸了锅。

两天内，立刻有官员纷纷上疏反对，语气都很激烈，说皇上这是欲愚天下而以天下为戏也——您是英明之主不假，但也不能把我们都当傻瓜。

更有质问万历为何要如此出尔反尔的，如果皇上都这么干，那么群臣将何所取信？这样的主意，恐怕是左右之人在衽席间吹的风吧？——这是赤裸裸把锋芒对准了郑贵妃。

礼部接旨后，也觉得万难遵行，就提出：还不如将册立太子与封王并行。

万历也没有别的法子，还是严厉处理——革职、发配极边充军，但他作为皇帝的信誉，已空前动摇。

王锡爵更是身陷舆论旋涡，大家指责他说，既然皇上用手札向你咨询，就是还拿不定主意，你一个元辅，却不带个好头，既不敢抗命，又不能劝说，结果促成了皇帝下决心。你这个样子，实在难以服天下之心，根本没有大臣风范。

万历虽然在四面楚歌之中，却也想为王锡爵开脱一下，只不过越洗越黑，最后也没法掌控了。

众臣不顾前面已经有倒霉充军的，反而更加踊跃。礼部主事张纳陛、顾宪成等十数人坚称：皇长子当立，封三王可以休矣。

工部主事岳元声等五六个人，还专门到内阁去见了王锡爵，当场辩论。争执了一番之后，众人见无结果，便要走，岳元声高声道："大事未定，走什么走！"王锡爵这时也来了气："那么你要如何？"岳元声说："既然诏已下，除了'收回'二字，别无商量！你就上疏说是廷臣相迫好了。"王锡爵转而刁难道："那么，把您岳公的名字写上怎么样？"岳元声慨然答道："你就将元声的名字打头，是杖是戍，我听天由命！"

王锡爵见威胁不住，就缓和下来，解释道："本来我的意思，是皇长子出阁（就学），典礼级别比其他两皇子要高得多。"

岳元声厉声道："那是礼部曹官的事，不是阁臣的事！"

王锡爵一怔，顿觉无言以对。

就连王锡爵的两位门生钱允元、王就学，也为此事忧心如焚，跑去劝老师千万要为自己留条后路。他们说：如果将来皇长子立为太子，那么老师您难免灭族之祸，污名也将留于青史。

两人说着，竟流下泪来。

王锡爵觉得事情不会有那么严重，就笑道："你们啊，痴子，痴子！这都是外人浮论，不足为凭。我的意思明明白白，还是劝皇上早立太子，密揭上都写的有。这个意思，不仅皇上，就是皇长子也清楚。"

王就学反驳道："不然，别人哪里能谅解老师的心思，一旦祸发，势必逃无可逃！"

这句话，说得王锡爵一惊。他反复思忖，觉得确有道理，不禁黯然良久，才说了一句："我自有办法。"

在巨大的压力之下，王锡爵终于掉转头。上疏表示，前几天为皇上拟的旨，因事起仓促，不合内阁旧制，要求改正，并表示要向群臣认错。

王锡爵一撤，万历自己也顶不住了，明知这一次又为臣下所挟制，也无办法，只好收回成命。

所谓"三王并封"的谋划，出笼仅十天就告破产，预教的事也没有借口再拖了。王锡爵转向之后，态度也还端正，向万历力

223

争道："今皇长子已经十三岁。岂有民家子弟十三岁不读书之理？何况皇子。"

万历只好松口，皇长子终于得以出阁开课，廷臣赢了这一回合。万历心里不舒服，下令说，皇长子毕竟不是太子，出阁的仪式一切从简。过去给皇子讲课，讲官们讲完后，宫中都有赐宴，菜肴相当精美，现在则要老师们自带盒饭。在民间当馆师，一年可拿到五六十两银；而皇家的讲官们，一年下来的报酬，仅为三十两银。

但不管怎样，事情总算前进了一步。

王锡爵虽然将功补过，到头来，还是引起了人事纠纷，受到了激烈弹劾，不得不辞职而去。

一连搞垮了两任首辅，万历仍固执如常，非要继续拖下去。转眼皇长子到了该成婚的年龄，两方又聚集力量，准备开战。一般来说，皇子到十五岁就到了"冠婚"的年龄，冠是指"冠带成人"之意。拥郑一派就此提出，皇长子可以不等册立，先行结婚。他们的小算盘是：这样一来，皇长子的婚姻仪式，也就只能与普通皇子一样了。拥皇长子一派则坚持：皇长子必须册立在前，然后以太子身份举行冠婚仪式。这一来，双方又僵住了，事情就只能继续拖下去。

按照惯例，皇长子不结婚，他的弟弟们也绝无结婚之理，结果，反而压得朱常洵也没法结婚。到万历二十九年（1601），皇长子常洛已经二十岁，皇三子常洵也已十六岁，居然都不能成婚。朝野都认为，这是一件骇人听闻的事。

这年八月，次辅沈一贯忍无可忍，再提此事，以万历早婚早

224

得子为例，上疏陈说利害。万历这才有所松动。

到九月中的一天半夜，万历突然传谕内阁，说是刚请示过李太后，要礼部马上选日子，给皇长子举行册立太子与冠婚仪式。据说，这是由于万历跟郑贵妃闹了小矛盾，一气之下，才有如此爽快的决定。

君臣苦斗了十五年，拥护礼法的一方，才获得险胜。

一般史家都认为，皇长子常洛所以最终能当上太子，李太后的态度也是重要的因素之一。

常洛的母亲王恭妃，原本就是伺候李太后的宫女，所以太后是很疼爱这个孙子的。据说太后曾问过万历："外廷诸臣，多说该早定长哥（宫中对太子的称呼），你如何打发他？"万历照直说："他是宫人的儿子。"李太后不禁大怒："你也是宫人的儿子！"万历吓得赶紧伏地请罪，长久不敢起身。

自此，万历明白了：母后这道坎儿，他恐怕是跨不过去。

常洛这位皇长子，也够倒霉的，从小不受父亲待见，在战战兢兢中长大。恭妃对常洛一贯管束甚严。从出生到十三岁，常洛都是和母亲同住。后来，郑贵妃无端诬蔑皇长子与宫女有了苟且事，已经不是处男了。王恭妃闻听，止不住大哭，说："十三年与我儿同起居，正为此事，果然就有今日！"

这一对母子，也真够苦命的。

据说，当万历彻底断了立常洵为太子的念头后，曾向郑贵妃索回当年交给她的玉盒，要拿出誓约来毁掉。结果盒子外面的封识虽然如新，但里面纸条上的文字却剥蚀殆尽，只剩下一张白纸了，万历认为这是天意，心中大为恐惧。

第十五章

一本"妖书"搅动京城

皇长子历尽万难，终于被册立为太子，拥立一派喜极而泣——苍天总还是有眼啊！但欢喜之余，总还是有些放心不下来。他们担心的是，太子刚立，根基未稳，就怕再有风吹草动。

事后证明：这种担心并不多余。

另一派的日子就比较难过了。在过去，万历是否真的想立常洵为太子，很难推测——因为他从来没这么说过，人们只是从他的古怪态度上，看出他有这层意思。如今册立已成事实，他也就心灰意懒，不再有什么动作了。

余下的诸人，也就是郑贵妃和她的父兄等，指望不上皇帝了，就只能做困兽之斗。因为他们此前的种种作为，无疑已大大伤害了太子，将来一旦太子继位，郑氏一门，就可能会死无葬身之地！

皇权专制下的恶斗，往往就是如此，是要押上身家性命的。郑贵妃保得了自家在万历活着时的尊荣，却保不了万历死后她自己的命运，所以她现在要更加主动。

郑贵妃与她的家族，现在已无路可走，只有废掉太子，方可保来日安宁。尽管这样做的难度，要远远大于立自己的儿子为太子，但也得硬着头皮上。

这个郑氏家族，虽然攀上了皇亲，可毕竟出身微贱，所用的政治斗争手法，不大合乎常规，一出手就很毒辣。

思想简单的人，思路常常也很直接：只有以严酷的手段威慑住对方，才有自己的生存之地。

这次他们掀起的风潮，就是所谓的"妖书案"。

这个十分诡异的案件，是在明末三大案之前的一个序曲，影响也不小。案件早在太子册立之前就已发生，此时郑贵妃是要拿它来做大文章，企图兴大狱，扳倒一批廷臣——总要让你们死几个！

案件起于一本名为《闺范》的小册子，是前刑部左侍郎吕坤，早年在山西做按察使时所撰。内容是记载历代贤德女子的事迹，图文并茂，不过就是一本普通的劝善书。

吕坤有一位朋友焦竑（hóng），是翰林院的编修，见此书不错，欣然为之作序。焦老夫子是当时有名的国学大师，有他作序，此书的身价立刻不凡，民间到处都有刊刻流传。

结果，一个偶然的机缘，这本小书走进了紫禁城，由此掀起了一场轩然大波。

此时的万历皇帝，固然生活态度消极，但还不完全是酒囊饭袋，他也需要精神生活。看书，就是其中的一项。古代书籍，一般都是在民间刊行，宫里要看书，就要派人到民间去收集。万历特为下诏，让太监去给他找可看的书。

司礼监秉笔太监陈矩，奉命到外省各地去收书，把这本不大起眼的《闺范》也收进了宫里。万历翻了翻，见是宣传妇德的新《列女传》，就随手赐给了郑贵妃。

郑贵妃看了，蛮感兴趣，叫人又加了十二个范例，添写了个新的序，易名为《闺范图说》。让她的哥哥郑国泰和伯父郑承恩重新刊刻，在万历二十三年（1595）印了一批，散发了出去。

这本由郑贵妃赞助的新版《闺范图说》，以东汉明德马皇后为首，以郑贵妃自己为终篇，无非是想给自己抹一点脂粉。古代的知识产权观念不强，这样在原著里掺私货，倒也无人非议。

这原是微不足道的小事一桩，但在"国本"之争的敏感时期，却如一星火花坠入了油锅！

事情在刊刻两年后爆发。万历二十六年（1598），有人托名"燕山朱东吉"，给这本《闺范图说》作了一个跋。跋文的题目，叫作《忧危竑议》。文章以问答体写成，语调阴阳怪气，讽刺吕坤是鼓吹弃长立爱，为取媚于郑贵妃，才写出此书的。

跋文说，古今贤后多矣，为何独选明德皇后一例？因为这个明德皇后，恰恰就是由宫女渐次晋封为皇后的。跋文又说，郑贵妃对此当然会意，不然自古哪有后妃给现任大臣刻书的？这就叫作破格之厚恩。

文章还用一问一答的形式，挖苦讽刺。其中一段大意如下：

问：吕先生作此书，不幸露出了想"易储"的马脚。先生素称正学，怎么忍心参与这逆谋？

答：君知其一，未知其二。

问：吕先生如果意欲推广风化，何不将此书公开进献给朝廷，颁发全国？却走贵妃的门路，岂不是太失体统。

答：否。孔子还要去见南子呢，那是志在行道，哪里能叫屈从！

文章里还提到，本篇跋文之所以取名《忧危竑议》，是因去年吕坤曾给皇帝上过一篇《忧危疏》。刁钻的匿名作者说，"国本"安危，莫过于太子，吕坤在《忧危疏》里把天下的事都说到了，为何独独缺少立储之事？那是因为意有所得，必语有所忌，要是公开讲册立应该属谁，那不是前功尽弃了？所以不言为最高啊！

匿名作者还挖苦道：人都说，吕坤是因巴结贵妃的丑行败露了，所以才上这个《忧危疏》，在朝门为国事一哭，企图转移视线，这不成了欲盖弥彰吗？当然，吕先生写这个《闺范》，可能是一念之差，情有可原，我们不该太非难他了。

吕坤也是该着倒霉，一本劝世的小册子，眨眼之间，就和当时最敏感的政治问题扯上了关系。最倒霉的是，自己的形象，也一下成了可耻的献媚小人。

他写《忧危疏》，还是在前一年的五月。那时他已在刑部左侍郎的任上了，见国势衰落，心里焦虑，于是上疏言天下安危。

平心而论，这篇疏文是写得相当有血性的，若非忠义之士，绝写不出这样椎心泣血的文字来。

吕坤说：现今天下之势，乱象已成形，只是乱势未动罢了。天下之人，乱心已萌，就缺个倡乱的人而已。而眼下当局的施政，恰恰都是拨动乱局机栝，助长倡乱气焰的——这是纯粹找死啊！

他还直接批评万历皇帝说，陛下您当今春秋正盛（大好年华），却一点儿没有励精图治之心，光知道搜刮财富，就怕自己太穷了。可是，天下之财只有此数，君欲富，则天下必贫，天下贫则君岂能独富？

吕坤的直言，可谓切中要害，也见出他是个有胆识的人，若在嘉靖朝说这样的话，保不准就要被弄死，可万历是个懒皇帝，看了以后，根本就无动于衷。吕坤见朽木难扶，一气之下，便称病乞休，回家歇着去了。昏君，看你还能昏几天吧。

这一篇《忧危疏》，原本已石沉大海，等到匿名人的《忧危竑议》一出，大家才想起来，原来如此呀！

明代的言官，敢于说话是不假，但也有望风捕影的毛病。事关立储，大家也就不动脑子了，纷纷谴责吕坤道德有亏。

吏科给事中戴士衡，首先发难，他本来与吕坤就有隙，这次自然不能放过。他说，吕坤潜进《闺范图说》，显然是想结纳宫闱，包藏祸心。

万历看了奏疏，觉得吕坤已是退休官员，事情又牵涉到郑贵妃，自己不好说话，于是未予理睬。

在此之前，全椒县知县樊玉衡，也曾以历代废立故事为例，劝诫皇上，不要因皇贵妃之故，以宗庙社稷为儿戏。

这两人，名字中都有一个"衡"字，两人的奏疏又都直指郑贵妃，于是众臣将他们并称"二衡"，一时轰动天下。

郑贵妃这下坐不住了，向万历哭诉，硬说戴士衡就是搞怪的《忧危竑议》执笔人。郑贵妃伯父郑承恩，也紧跟着上疏攻击"二衡"，且欲牵连大臣。

万历一开始也想痛下杀手，据说因为有宫嫔从旁劝解，才消了气，只把"二衡"革职，发配烟瘴之地充军了事，并未牵扯其他人。

事情到了万历三十一年（1603），太子已册立了两年之后，忽然节外生枝，一篇所谓的《续忧危竑议》又冒了出来，仍是用皮里阳秋的笔调，再提废立之事。

这篇《续忧危竑议》，才是本案中所称的"妖书"。该文不过数百字，称为"书"其实很勉强，但杀伤力极大，朝中大臣被其点名者十几人，且在一夜之间传遍京师，朝野为之震动。

这篇短文，讲的是新形势下的废立问题。文章说，太子已立，还不能说是天下太平，因为东宫的属官，一个也没配备，这太子的位置，怎么能称为安稳？其实，立太子是皇上迫于沈一贯相公之请，不得已而立之。现在不配备东宫的属官，就是为了他日改立。而可能改立谁呢？就是郑贵妃之子，现在已封为福王的那个常洵。

文章是以一位名叫"郑福成"的人，与来客一问一答的形式写成。时人一眼便可看出，这位"郑福成"，分明是在影射"郑贵妃改立福王必成"之意。

最绝的是，文章还牵扯到当时的一位阁臣——朱赓。

文章中的关键点，大意如下：

郑福成说：一般在皇家，都是母亲受宠者，子因其贵。以郑贵妃的专宠，让皇上改立有何难哉！

客人问：何以知之？

郑福成答：皇上用朱相公，就可知之。在朝在野，人才不乏其人，而一定要以朱公为相，就因为他姓朱名赓。赓，更也，寓意就是，他日必更换太子。

客人问：就算如此，那么朱公一个人，岂能尽得众心，就不怕激出变乱吗？

郑福成答：这你就见识浅陋了！官场上现在都是如蝇逐臭，有相公在上头倡导，还怕众人不依附吗？

客人问：依附者的姓名，可以见告吗？

郑福成答：……（从略。在此处，这位神通广大的郑福成先生，一共点了九位当朝大臣的名字，再加上郑贵妃，统称"十乱"。）

客人又问：那么，沈一贯公就没有什么说法吗？

郑福成答：沈相公这人，为人阴贼，只驱使人而不为人所驱使，故有福自己承受，有祸则远远避开。

这篇奇文的署名者，是两位言官，一位是吏科给事中项应祥，为撰写者；一位是四川道监察御史乔应甲，为手书者。

文章以木板刻印，做成薄薄的一小册书，不知由何人在北京城内，趁夜广为散发。第二天一早，上至宫门，下至街巷，到处都是。

人们捡到这东西，都吃惊不小。郑贵妃想立自己儿子福王为太子的谣传，在市井已流行多时，但那只是人们私底下说说，如今白纸黑字，印成书来散发，可真是吃了豹子胆了！

大臣们收到了这奇书，更是不知风从何处起，都讳莫如深，不敢在人前露出一句来。还是那个负责收书的秉笔太监陈矩，职责所系，首先向皇帝禀报了此事。

万历极为震怒——造谣惑众的手段，竟一至于此！他后悔上次匿名文章出来时，没有深究，以至养虎遗患，于是严命锦衣卫在京城缉拿，务求抓到作案人。

在这篇妖书内，被恣意恶搞的内阁大学士朱赓，一时成了焦点人物。他是一位资历很老的大臣，隆庆二年（1568）的进士，后为翰林院编修。万历六年（1578），曾为皇帝的日讲官，那时万历正热衷于大兴土木，在宫内广建苑囿。朱赓在讲宋史的时候，就极言宋代"花石纲"之害，万历听后，有所触动。万历二十九年（1601），他以礼部尚书兼东阁大学士入阁，官声还是不错的，史家都说他"醇谨无大过"。

匿名作者选中朱赓进行恶搞，是倒霉在他那名字上。这等于是个政治笑话，会心人看了一笑而已。

但是在那个草木皆兵的时期，当事人就没那么轻松了。当天早上，朱赓也在自家门口捡到一份妖书，封面标题为《国本攸关》，内页标题为《续忧危竑议》。翻开看了一下内容，不禁脸色发白，此书竟然指责他参与更立太子的密谋，说得有板有眼。

惊惶之下，他连忙将此书进呈皇上，并上了一道申辩奏疏，说自己已是七十老翁，死在眼前，于名位更有何求？怎么能有此乱臣贼子之心，以惹这灭族之祸？

他还说，妖书里面提到的"十乱"，有九位是当朝大臣，可是他与其中的七位，平素并无来往，谈何勾结？一番辩白之后，他又援引以往大臣被弹劾之例，请求皇上，允他辞职还乡。

万历算是朱赓的弟子了，对老师知根知底，当然知道什么"朱赓，更也"纯粹是胡扯。于是下诏抚慰：奸人造谣，干卿何事？您老慌什么！

同时万历也感觉到，作案之人，必有道行，还是要仔细找出线索来才行。

于是他再次下令东厂、锦衣卫、五城巡捕衙门一起出动，把这事当成大案来抓。还不忘吩咐：妖书托名的两位作者项应祥、乔应甲，当然也是胡扯，显系仇家诬陷，但也须两人如实回话，提供一下情况。

弥天大网虽然撒下，但朝中人心惶惶，一时不能止住。一篇千字不到的匿名文章，顷刻间引起朝政混乱，这在古代史上可能仅此一例。

被妖书点了名的首辅沈一贯，本是力请立皇长子为太子的功臣，在这里，竟也成了默许郑贵妃密谋的帮凶，真是冤哉甚矣。他也上疏申辩说：将匿名作者捕获后，愿与主使者当面对质，并望皇上立即予以革职处分，以明心迹。

在所谓"十乱"之中，除了郑贵妃外，其他人都是赫赫有名的大臣。计有兵部尚书王世扬、保定巡抚孙玮、陕西总督李汶、光禄寺少卿张养志、锦衣卫左督王之祯、京营巡捕都督佥事陈汝忠、锦衣卫千户王名世与王承恩、锦衣卫指挥佥事郑国贤等九人。

这九个人，立马都乱了营，纷纷上疏，不是请求罢斥，就是为自己辩白。

万历知道这些人都是无辜的，统统不许他们辞官。

两位所谓"署名作者"，也都有了回话，当然是与妖书毫无干系。万历也早知道会是如此，回复说："奸人诽谤书，岂有此自署姓名之理?"

妖书的重点，是太子的废立问题，太子常洛也不免受到冲击。万历怕他因此而惊惶，还专门召见，好言予以安慰。

234

见到太子以后，万历想到，自家的事竟闹得如此不可开交，不禁有些伤感："哥儿，你莫怕，不干你事。还是去读书写字吧。每日……早些关门，迟些开门。"

稍歇一会儿，万历又说："你是纯孝之人，我心知道。这妖书是要离间我父子、兄弟之亲，已有严旨捉拿。"他叹口气又道，"还有许多话，我因为生气动了肝火，不能多说了。我亲笔写的面谕一本，你拿回去看，看了就知道我心了。回去后用心读书，不要受小人引诱……"

说到这里，万历动了情，止不住潸然泪下。

太子常洛很惶悚，连忙叩头谢恩，也陪着父亲一起流泪。

此时的内阁，也被闹得半瘫痪。首辅沈一贯、次辅朱赓，都为避嫌暂居在家，不上班了，等候皇上裁决。只剩下一个沈鲤，也是七十一岁一个老翁，独自打理诸事。以往沈一贯对沈鲤有所猜忌，怕沈鲤威望过高，夺了自己首辅的位置。现在沈鲤一人管理阁务，外界就不免有些谣传。沈鲤不愿担一个鸠占鹊巢的恶名，又不能在这个关键时刻撂挑子不干，进退都难！只得在内阁供了一块牌位，上写"天启圣聪，拨乱反治"，早晚拜上一拜，以示心中坦然。

尽管如此，人家还是打他的小报告，说他牌子上写的是咒语。

沈鲤素有刚介之名，深受士人敬重，但好人仅仅就是活得太平，在恶人看来，也是罪过，因此也免不了被人诋毁。

沈老是嘉靖四十四年（1565）的进士。万历还是太子的时候，沈鲤就当过东宫的讲官，为人正直，书又讲得清楚，最受万历的敬重。

万历十二年（1584），沈鲤任礼部尚书。后来万历曾多次示意要让他入阁，终于在妖书案爆发的当年，也就是万历三十一年（1603）入了阁。他的耿直，有口皆碑，早年首辅张居正有病时，满朝的官员为讨好张居正，争相为之设坛祈祷，唯独沈鲤不去参加祈祷，气节可见一斑。万历喜爱珍宝，曾为买一颗宝珠花了二百万两银子。内库的钱不够，朝臣就纷纷为万历捐俸，并引以为荣。沈鲤却说："我只知养廉，不知逢君之欲。"闻者无不为之惭愧。

这样一个德高望重的老臣，怎么能做诅咒人的阴损事，万历不大相信，叫人把牌位拿来看，看了以后说："这算什么咒语！"

无赖小人的暗算，都来自非正常的逻辑，令正常人防不胜防。

沈一贯对沈鲤，早欲除之而后快，这时也打起了歪主意，要借妖书案，彻底搞垮沈鲤。

沈鲤本是无懈可击的人，不好动硬的。于是，沈一贯就选中了沈鲤的门生、礼部右侍郎郭正域做突破口。

这个郭正域，也是沈一贯深恨之人，郭系万历十一年（1583）的进士，中进士的当年，被选为庶吉士。沈一贯那年恰是庶吉士教习，两人因而也是师生关系，本应亲密无间，但郭正域瞧不起沈一贯的为人，对这位沈老师始终敬而远之。

而他对另一位沈老师——考进士时的主考官沈鲤，却格外敬重，两人过从甚密。

厚此薄彼，这就得罪了沈一贯。

郭正域是个有雄才大略的人，但得罪了小肚鸡肠的首辅，那么你越是有才华，人家就越恨不得你早死。有为之人，在仕途上若遇到这种障碍，读的一肚子四书五经也就算白费了。此前不久，在处理一桩楚王府宗人内讧案时，沈一贯就与郭正域起过冲突，将郭逼得辞了官，并已在回乡的途中了。

恰好在此时，巡城御史在京城街头，偶尔抓到一个游医沈令誉，身上有一批乱七八糟的文稿，有重大嫌疑。

沈一贯在审察案卷时，发现这个沈令誉，居然曾是郭正域的门客。于是计上心来，决心要将郭正域牵进来，这样的话，攻倒沈鲤就会水到渠成。

沈一贯的这次下手，相当狠毒，完全是无中生有。

他授意礼科给事中钱梦皋，上疏诬告沈鲤说：游医沈令誉被抓后，沈鲤曾来说情，于是该犯未予处置，显然是与郭正域大有关系。据说郭正域在离京后，曾三次乘坐小轿潜回京城，私至沈鲤寓所云云。

此疏一上，沈一贯马上又采取了一系列行动，要将郭正域、沈鲤牢牢套住。

首先是授意京营巡捕陈汝忠，派兵去追已在回乡途中的郭正域，生要见人，死要见尸。

再令陈汝忠，把郭正域的旧交达观和尚，与沈令誉一起逮捕，严刑逼供，要他们二人诬攀郭正域。

又命锦衣卫，把最近逮到的嫌疑犯毛尚文交来。因为毛尚文以前曾是郭正域的书办（师爷），且与沈令誉也相识。沈一贯让陈汝忠以锦衣卫官职为诱饵，叫毛尚文咬住沈令誉，同时再咬出一批人来。

一时之间，锦衣卫缇骑四出，京城人心惶惶。更有甚者，锦衣卫和巡城御史派来的数百兵丁，把沈鲤的大宅门也给围了三天三夜。

万历一朝，很少兴起过这样的大狱，所以京师官民不知事态会成什么样，都惊恐莫名。

直至万历得知此事后，急忙下令进行干预，这才让兵丁解了围。

沈一贯此次出手，虽然事前设计得严密、毒辣，但在选择对象上似乎欠考虑。他忘记了沈鲤和郭正域的人事背景。这两人，都曾做过不同时期的东宫讲读，一个是万历当年的"太子师"，一个曾是当今太子常洛的老师。在明代，东宫讲读这一职务，不仅尊隆，而且带有极强的皇室色彩——打狗总要看主人嘛！

他直接构陷沈鲤的图谋，遭到万历的坚决阻止。另一方面，对郭正域撒下的大网，也遭遇了很强的阻力。

本来，沈一贯设计得很好，攻倒郭正域，并不是从文官系统下手，而是从郭正域的门客、朋友、奴仆等外围人员下手。这些人，无非是三教九流，严刑拷打之下，不愁没有合适的口供。

但是，他低估了道义在普通人信念中的力量，他手下的爪牙，对这些人滥施的酷刑，绝大部分居然没起作用！

达观和尚被活活拷掠至死，坚不吐口，就是没攀扯郭正域。

游医沈令誉曾为郭正域的门客，也被拷打得奄奄一息，但就是不肯诬陷过去的老东家。

情况类似的还有琴士锺澄、百户刘相等，也一同被捕，严刑拷打之下，也问不出什么有价值的口供。

三法司受命，将郭正域的同乡胡化捕来，逼迫他诬陷郭正域和沈鲤，但胡化不肯，大叫道："正域中进士已经二十年，我和他互不通消息，如何能与他一起作妖书？我亦不知哪个叫沈鲤！"

陈汝忠派兵追赶郭正域，到杨村地方追上，将郭乘坐的船只团团围住，就地监视。昼夜安排兵卒巡逻，铃柝达旦，不准一人走脱。官兵们把船上的婢女、仆人等十五人，逮到京城逐一审问，但却没有一个肯诬告东家的。

此时又有各色京官人等，不断从京城跑来看望，声言郭正域不日就将被逮，劝郭不如自杀，说是君子义不受辱，死了反倒痛快。这些人，都是沈一贯派来的，意在将郭正域逼死，则可将妖书案栽到郭的身上——反正死无对证。进而扳倒沈鲤，也就易如反掌了。

但郭正域是个不怕死的硬汉，不为所动，慨然道："大臣有罪，当伏尸法场，安能自尽于野外？"

史载，在查案的这几天，郭正域只是在舟中观书，从容自若，置生死于度外。

他这一挺，倒是挺过了难关，保住了一世的清白，同时也保住了老师沈鲤。

在这场空前的大冤狱中，也有人趁机陷害私敌。锦衣卫都督王之祯等四人，"揭发"了同僚周嘉庆，将周嘉庆的妻妾和家仆袁鲲逮捕，逼迫他们供认周嘉庆是妖书主谋，但三人抵死不肯承认。

唯一被撬开嘴的，是郭府过去的师爷毛尚文。陈汝忠拿出一张锦衣卫的"告身"（古代授官的凭信）给毛尚文看，引诱他说："看见了吗？能供出主犯，这个就给你。"毛尚文在威逼利诱下，违心地攀扯了沈令誉，还把沈令誉家旧时乳母的一个小女儿也扯了进来。

那女孩当年才十岁，小丫头一个，也糊里糊涂被扔进深牢大狱。

突破了这个环节后，这个所谓的妖书案，才有了一点点"案件"的样子。

按例，这种大案，要经过厂卫和三法司会审。当天主持会审的，是太监陈矩。陈矩是一位比较少见的"贤宦"（好太监），嘉靖年间进宫，万历二十六年（1598）任司礼监秉笔太监并提督东厂，是内廷的第二把手。他权势虽大，但能秉公办事，对此案也是心中有数的，有心对蒙冤者予以保全。会审由他来主持，自然是出现了戏剧性的转折。

会审当天，毛尚文、沈令誉与那个十岁小女孩，都作为重要人证出庭。

陈矩先问那乳母的女儿："你见那印妖书的书版，一共有几块？"

小女孩虽然被迫承认参与了妖书案，但沈一贯的人并未教她具体该怎么说，她只能凭想象答道："有满满一屋子。"

陈矩忍不住大笑："妖书仅两三张纸，书版怎么能装满一屋？"

陈矩又问毛尚文："沈令誉对你说印妖书是哪一天？"

毛尚文也只能瞎编："十一月十六日。"

参加会审的兵部尚书王世扬，立刻驳斥道："妖书是十一月初十日查获的，而十六日又印，难道有两部妖书吗？"

这样的口供，简直是儿戏，一望而知是刑讯逼供的结果。案情如果报上去，如何能在皇帝那儿通得过？会审无法再继续下去，主审官便把这些人都放了。

那个有意兴冤狱的沈一贯，在过去官声就不好。他是隆庆三年（1569）的进士，在万历年间，升少傅兼太子太傅，任户部尚书、武英殿大学士。他是在张居正去世后入阁的，在阁时间较长，共十三年，最后四年担任首辅。他表面附和清流，暗地里却结党营私、排斥异己，致使朝中风气败坏。万历皇帝在执政后期，因病不理朝政，朝中事务都由他一手操纵。

沈一贯是书香门第出身，诗文造诣很深，但政治品质如此之恶劣，实在不可想象。

本案初起时，万历尚未发话，沈就迫不及待地调兵遣将，将罗织大网撒了下去。有明一代，由内阁首辅发兵围困另一位辅臣家宅的事，绝无仅有。那几天，沈鲤家的院墙外，兵卒林立，梆子声彻夜不断。《明史》上说，当时大狱突发，侦缉校尉交错奔走于城内外，望风捕影，株连甚众，闹得京师人人自危。

沈一贯对郭正域更是逼迫甚急。郭在被困杨村时，由于兵丁看守甚严，以至船上断炊。郭妻将自己的头饰取下，方换得几餐饭来充饥。后来，漕运总督李三才出面干预，才解决了伙食的问题。

也是郭正域吉人自有天助，在此危急时刻，得到了皇太子常洛的及时救援。太子深知郭的为人，哪里肯信老师会炮制什么妖书，曾几次对身边的太监说："何为欲杀我好讲官？"又派近侍太监向内阁传话："先生辈容我乞求保全郭侍郎。"同时还传话给陈矩说："饶得我，即饶了郭先生吧！"

陈矩本来就有心制止大狱，得了太子的话，便在万历面前极力为沈鲤、郭正域辩诬，使得一场大狱遂告消弭。

太子的另一位讲官唐文献，也找到沈一贯，力辩郭正域无罪，并向沈一贯转达了太子的态度。

东宫太子，即是未来的皇帝，迟早会君临天下。这一斩钉截铁的表态，给沈一贯等人带来了巨大的心理威慑。正忙于罗织罪名的诸人，无不惶恐。沈一贯知道硬来是不行了，只好示意罢手。

只有刑部尚书萧大亨不听那一套，写好了"爰书"（案情报告），仍然想牵连郭正域。刑部郎中王述古，愤而将他写的稿子扔在地上，以示抗议。萧大亨受到触动，才断了诬陷的念头。

郭正域这下总算逃出生天，平安回家去了。

此次脱难，虽属万幸，但可惜他从此一生不得施展。史称他博览典籍，勇于任事，有经邦大略，廉洁自守，故而众望所归，实是有宰相之才的。

此前，他曾出任南京国子监祭酒。那时，辽东总兵李成梁的孙子已任都督，挂职在校学习。一次，李都督因与魏国公的女儿成婚，骑马路过文庙，没有按规矩下马步行。国子监的学录（训导官、从九品）李维抓住李公子后，用竹板打屁股。李氏的家仆数十人，随后冲进门来闹事，魏国公本人也赶到现场。面对压力，郭正域凛然道："即使当今天子，着戎装过太庙，也要下马拜先圣！何况你一个臣子，怎敢走马太庙门外？再说，公侯子弟一入学，也就是个普通的国子生，所以李学录打的是学生，而非都督。"对方不敢对抗，只好认错了事。

郭正域在和唐文献担任太子讲读时，每次讲完课，太子身边的太监都要出来作揖相送，但两人绝不和他们说一句话。

郭正域的这种胆识与才干，自有人赏识。吏部尚书孙丕扬，就曾以"天下三大贤"之名，将他与吕坤、沈鲤一起向万历推荐。

这次罢职后，他没能复起，家居十年而卒。死后四年，已当上了泰昌皇帝的太子常洛不忘恩师，追赠他为礼部尚书，后又在遗诏中追赠他为太子少保，算是死后荣光了。

沈一贯这次的阴谋，除了受到皇帝及太子的干预外，也因遭到了蒙冤者的顽强抵制而失败。诬陷他人，以求脱身，这是沈一贯事前为那些无辜者设计好的求生通道，但他没有想到，强权与良心，谁为卵，谁为石，在这个案子里，竟然完全颠倒了过来。

匹夫虽贱，志却不可辱！

那些被酷刑百般折磨的人，大多是闲杂人等、仆佣村妇，甚至还有案犯未成年的家属，多为目不识丁之人，但他们坚持不肯诬指无辜官员。

那个枉死的达观和尚，本是个喜好游走权贵之门的名利之徒，有几次还被郭正域严词斥责过，但他宁愿被拷打至死，也不肯冤枉郭侍郎。

锦衣卫指挥周嘉庆蒙冤时，他的父亲、妻子、子女，全部被逮入狱，所有刑罚，无不尝遍，但就是不肯诬陷自己的亲人。

明代锦衣卫的监狱，名为诏狱，属镇抚司管，比刑部的监狱严酷不知多少倍。里面有刑具十八种，每入一犯，必用全套刑具伺候。其行刑室建在地下，墙壁厚数尺，即使受刑人高声惨叫，外面也听不到声息。

若干年后，周嘉庆的儿子也当上了锦衣卫都督，追思往事，不胜感慨。他曾多次对《万历野获编》的作者沈德符提到，当年与弟、妹们一起受的刑罚，残酷之极，至今抚胸，还有痛意。

事已至此，郭正域是扳不倒了，但妖书案却是有"务获元凶"的严旨在上，是一定要破的。锦衣卫与东厂，被这案子压得苦恼不堪。一天，忽然有人向锦衣卫的值班室，投了一份匿名帖，里面写了几句没头没脑的话，其中一句是"妖书已有人（承认是自己写的）"，还提到了"郑福成"。校尉们见了，知道有人恶作剧，既恼火又无奈，只好不管三七二十一，到处抓嫌疑分子。

十一月二十一日晚，根据线索，终于抓到一个可疑人物。这人招供，他的哥哥皦（jiǎo）生光，有重大作案嫌疑。这个皦生光，早先是顺天府的秀才，史称他素行狡诈，往往敲诈人财，不齿于士林，是个无赖文人。

京城曾有一位缙绅，想讨好权贵，欲求得一副玉杯作为寿礼，偶然向皦生光咨询了一下。不出三日，这位皦秀才就拿了一双玉杯来，要卖给缙绅，说："杯子是出自中官（太监）家，可值百两银，但只要你五十两。"缙绅见这买卖占便宜，便欣然买下。

又过了数日，忽有东厂校尉绑了两个人，鼓噪而来，敲门甚急。缙绅视之，见被绑的人居然是皦生光与一个太监。皦生光愁眉苦脸道："那副杯子，本是大内物品，是这位公公窃出来的，现在事发瞒不住了，唯有速还原物，大家才可保无事。"缙绅大窘，因为杯子已经送人，哪里还拿得回来？没办法，只好求计于皦生光。

皦生光故作面有难色，沉吟良久才说："那只有使钱了！要送给某中官若干、某衙门若干，这样，也许可以弥缝。"缙绅不得已，只好按这主意办，共费去差不多一千两银。到后来，才知道是姓皦的这个混账使的计，但也无可奈何。

万历二十七年（1599），曾有一位刻书富商包继志，仰慕皦生光的才学，请他代编一部名人诗集，然后由自己充当主编，也想过一把文人瘾。

这位包老板，胸无点墨，不知转了哪根筋，要出这无用的骚名。结果皦生光看好他是个草包，先就起了敲诈之意。他在编辑好的诗集中，羼入自己作的诗一首，内有"郑主乘黄屋"一句。

那包老板晓得什么，总道是字字珠玑，当即付印。待到诗集出版，皦生光把自己的原稿索回烧掉，然后叫自己的好友，去向包老板敲诈，说这诗集中有悖逆语——你看，这"黄屋"二字，不是天子居所吗？这"郑主"二字，不是说郑贵妃和皇三子常洵吗？你这是要拥立常洵做皇帝，狗胆包天了，若向官府告发，管教你家破人亡！

包老板到此时，才明白被这个混账愚弄了。想硬扛吧，诗集上有自己的大名，真的见了官，哪里能说得清？只好自认晦气，出钱了结。

皦生光随后，又写了封信，给郑贵妃的兄弟郑国泰，与诗集一并附上，信里说了些恫吓的话。郑国泰已是风口浪尖上人物，此刻万万不敢惹这个麻烦，只得自认倒霉，愿输财了事。这样，无赖混混儿皦秀才，就靠一个想法，赚得两大笔银子。

妖书案一出，郑国泰立刻想起了这件窝囊事，怀疑是皦生光又在搞鬼，立刻向东厂提供了线索。

这皦生光，也是贪心不足，才惹上了塌天大祸。就在妖书案第二次爆发的这年（万历三十一年），他故伎重演，又诈得举人苗自成三百两银。那苗自成是个在省级三年一次的乡试上中了举的，腹中有些墨水，不似包老板那样窝囊，他将事情告诉了自己的老师。他的老师田大有，学历不如他，是个生员（考入府、州、县学的秀才），但很有主意，立即就向提学御史举报。最终，皦生光这个骗子的秀才功名被革去，罚往大同当差。

皦生光如果就此认栽，洗心革面，事也就到此为止了。但他舍不得灯红酒绿，悄悄潜回京师，住在双塔寺，不时出来逍遥。也是活该他倒霉，恰好遇见妖书案起，一头就栽到了锦衣卫的罗网里。

一开始，锦衣卫的手头上，并无皦生光涉及妖书案的实证，只知道皦生光喜好舞文弄墨，品行又不端，外界传为"妖人"，便如获至宝，管不得那许多了，抓来就是。

锦衣卫开出驾帖（逮捕证），到刑科批了，立时就把皦生光和儿子，连带一妻一妾，逮入了诏狱。在他家，还搜出来一批诗文手稿，正好可作物证。

人犯入狱，自是一番拷掠，名为"杀威棒"。皦生光受刑之下，虽坚不承认与妖书案有涉，但对自己的敲诈行为，还是有供认。

锦衣卫掌卫都督王之桢，推敲了一下案情，认为差不太多，估计可以交差了，便上奏说：看皦犯的亲笔供词，有"侯之门，仁义存"几个字，与妖书笔迹酷似，文风也相类，可请三法司与厂、卫会审。

万历急于破案，不然眼看京城要乱套了，于是很快就批下，让厂卫与九卿、科道同审，以示郑重。

与此同时，曾为皦生光刻过书的刻字匠徐承惠，也被锦衣卫逮到，作为重要的人证。

会审一开始，先提堂的是刻字匠徐承惠。徐在堂上招供说，在近三年间，先后为皦生光刻过敲诈包继志的揭帖木版一块、《岸游稿》十二张，以及"妖诗"小木版一块。在今年十月中，与皦生光在刑部街偶遇，皦又嘱他速刻书稿三张半，三天后交了货，是皦生光的儿子来取的。

问官马上将查出的"妖诗"印刷品，出示给徐承惠看。诗的内容如下：

> 五色龙文照碧天，
> 谶书特地涌祥烟。
> 定知郑主乘黄屋，
> 愿献金钱寿御前。

此诗的署名为"松风狂客"，诗后还有一则注，明白地说：所谓松风狂客为谁？则豪商包继志也。此外还有皇长子危乎哉，凡吾臣子，谁不疾首痛心等语。

徐承惠看过，确认这是他亲手所刻。

而后，又将皦生光的儿子提堂对质，一番问答后，没有异议。再提皦生光本人对质，则问案极不顺利。

皦生光被带上堂后，死盯住那刻字匠，只叫了两声"徐承惠"，就再不出一言。

不问可知，刻字匠所招认的所谓"三张半"，显系逼供所致。酷刑之下，倒是𣊓生光知道利害，抵死不认与妖书有涉。

初审过后，锦衣卫王之桢上奏，说刻字匠徐承惠已当堂供认，刻过妖书三张半纸，𣊓生光虽然不认，但从他此前所作的诗来看，与妖书内容有种种相合，可以认定是奸逆。

万历感到有些奇怪，人赃俱在的事，本主怎能不认？便下诏再次会审，务必让𣊓生光招出造谋本意和同党之人来。

这下𣊓生光吃了大苦头，十八般刑具尝了个够。史载，经酷刑审讯，𣊓生光抵死不认，其妻妾子弟，皆拷掠得体无完肤。

这次会审之时，郭正域尚未完全摆脱干系，有问官便故意问："你莫非由郭正域主使，写的妖书吗？"

𣊓生光瞋目道："我何尝作此书。但你等硬要诬我，我就一死便了。奈何教我迎合相公（沈一贯）意旨，陷害郭侍郎？"

这𣊓生光虽是个无赖，士林对他人人切齿，但无赖亦尚知世间有直道，死也不肯攀诬。问官不便再讯，命将𣊓生光系狱，容后再说。

此案延宕不决，主审官陈矩的心里很急，屡次到诏狱提讯，仍不得要领。他与同僚商议，案子倘若落不实，皇上必然发怒。那样的话，事情可能会扩大化，辗转牵累，怕是要酿成党祸，不知有多少大臣要遭殃。为保全众人计，还不如就在𣊓生光一人身上了结。这个无赖，即便是冤枉他，也不算完全的冤案。他曾伪造逆诗，讹诈富豪和皇亲，只这两条，也足够死罪了，拿他顶缸，最好不过。

于是陈矩频频提审𣊓生光，屡用酷刑，打得这倒霉鬼体无完肤，几次晕死。最后，𣏌生光终于明白了，凄然叹道："朝廷得我一供，便好结案，否则牵藤摘蔓，何日得休？生光可替诸君求活，又何惜一身？"

于是他一咬牙，做了假供，说此前写妖诗、作妖书，都是因功名被革而忌恨郑国舅，以为这样一来，必然能动摇皇亲。投书诸大臣家门，也是期望此书能流传开来，好让皇亲遭受不测之祸。

这就是古代典型的"自诬服"，严刑之下，何供不能？

陈矩这次很满意，据此做了结论，说口供是可信的，因为朝中文武大臣，断没有这样的动机。礼部侍郎李廷机，也认为𣏌生光前诗与妖书的用词相合，于是将这次审讯结果上奏。

万历看了审案结果，认为可以结案了，便下令将犯人移送三法司，把罪名拟上来。三法司议论的结果是拟论斩。万历不同意，认为太轻，让法司重新再拟。

可是刑部尚书萧大亨认为，这已经是重典了，合乎刑律，不敢再加重。万历批驳道："该犯险恶异常，已出律文之外，以谋危社稷律处他！"还是让重新拟罪。萧大亨深知这案子定得勉强，拟罪过重，怕将来要担历史责任，便再次表示不好再拟，请皇上自己裁定。于是万历亲自裁决，拟凌迟并枭首示众，妻妾和儿子发配边疆充军。

对这样的定案，大臣们的认识并不一致。阁臣沈一贯和朱赓出于不同的考虑，都表示了异议，两人曾上疏说，犯人供词实是含糊难明，查抄出来的物证，也难以看出与妖书有明确关系。他们认为，《续忧危竑议》文意深刻，非熟悉朝廷之事的大臣不能为，像𣏌生光这样的落魄秀才，绝无此笔力。

萧大亨也不相信皦生光有如此的胆量和眼光，他只认定了是郭正域所为。在会审时，曾给刑部主事王述古写了一张纸条，趁人不注意，从袖子中取出塞给王述古。上面写道："解脱皦生光，归罪郭正域。"王述古不干，正色道："难道案情不出于囚犯口，而出于袖中乎？"

法司之黑，可谓骇人听闻。

皦生光终于死了，妖书案就此平息。妖书真正的作者，却无人知晓，成了明代刑案的一个千古之谜。

不久，朝野就开始流传一种说法，说这个妖书，是出于武英殿中书舍人赵士祯之手。

赵士祯是明代有名的火器专家，平生研制与改进过多种火器。他为人慷慨豪侠，颇富传奇色彩。早年是太学生，在京师游学，能写得一手好字，书法有"骨腾肉飞，声施当世"之誉。他所题的诗扇，时人争相购买。恰巧有个宦官也买了一把，带入宫中，被万历看见，大为赏识。从此，赵士祯平步青云，以布衣身份被召入朝，任鸿胪寺（国宾馆）主簿。

万历五年的时候，在张居正丧父夺情风波中，有五人因反对夺情而被廷杖。赵士祯不畏强权，为之申辩，一时声誉甚隆。但他平时好攻讦，与公卿见面也傲然不施礼，得罪了不少人，仕途并不顺利。当了十八年的从八品小吏，才升为武英殿中书舍人（从七品，此官职要求书法好），可谓一生坎坷，谤名随之。

妖书案爆发后，赵士祯不知为何，一反常态闭门不出，不久京中就开始盛传上述流言，说得有鼻子有眼。赵士祯百口莫辩，为此身心交瘁。

据说他后来精神错乱，屡次梦见皦生光索命，终于一病不起，抑郁而亡。临死前，因神志不清，才吐露了真相。又有传闻说，赵士祯临死时，身上的肉碎落如磔，就是像被刀砍似的片片落下。这当然是妄言，但从中也曲折反映出，民间认为皦生光纯属冤死的舆论，已相当普遍。

妖书案如此落幕，令人唏嘘。一是，耿直之人，仕途偏多磨难。为官耿直，必多所得罪，而凡是得罪一人，便成你生死仇人，一路处处给你设障。任你才高八斗，也终究难以施展。二是，明代官场险恶，有人全不讲仁义道德，若想扳倒你，则不惜送你上断头台。三是，民间道义竟如磐石般坚固。诸多在平常绝无可能留下姓名的草民，宁肯身残命殒，也不做有违大义的事。

妖书案的出现，固然是朝中正义舆论的一种表现，但真正肇事的人，既然敢发针砭之论，却不敢站出来承担后果，只任由无辜者洒血，也不知他们在满城的惊骇中，良心安也不安？

第十六章

诡异万端的"梃击案"

妖书案平息过后，朝中形势稍定，但那苦命的皇太子地位还是不稳。郑贵妃一系的人觉得根本问题并未解决，仍在多方寻觅扭转的办法。

他们曾盼望万历的正宫王皇后能及时死掉，空出位置来，便可由郑贵妃顶上。按"子以母贵"的惯例，福王常洵自然就摆脱了庶子身份，成为嫡子，可名正言顺地取代现在的太子。

期待某人死而发生政局的改变，也是皇权制度下不得已的办法。不过这种期盼，太依赖于天命，人事无法左右。那王皇后生性谨慎，平静谦和，又有李太后加意关照，虽然身体不好，一直不受皇帝的待见，但仍是活得好好的，不可能自然让位。

这条路是无望了，郑系的人就又使出歪招，搞出了一些带有妖异气氛的名堂。

万历三十九年（1611），太子常洛的母亲——原恭妃王氏死了。她在死前已经晋升为贵妃，是因万历得了皇孙（常洛有了儿子）而得以册封。从名义上，这位太子之母终于得到了与郑贵妃同等的地位，但待遇上却丝毫没有改变。王贵妃一直被冷落在景阳宫，形同软禁，双目基本失明。

到最后病危期间，太子才获准去探望生母。那时王贵妃被锁在一间屋子里，太子要来钥匙，始得进入，见母亲惨卧榻上，面目憔悴，言语支离，情形惨不忍睹。

母子终得见面，王贵妃喜极而泣，抚摸儿子头顶良久，却又心中惴惴。她发觉有人在屋外偷听，便警觉地对儿子说："郑家有人在此！"

可叹他们贵为皇族，母子相见却如同探监。在皇室宫闱中，这样悖理的事，史不绝书！无怪民间听说要选宫女，都宁肯把自家闺女草草嫁出去，也不肯让女儿落入这牢笼。

此时的内阁也有极大变化，沈一贯、沈鲤后来仍是不能相容，万历对沈一贯也有了厌倦意，便令其致仕。沈一贯担心自己走后，沈鲤会究起往事，势必于己不利，就向万历诬告了沈鲤所谓的种种不法情事。万历懒得去分辨是非，索性让两人一同辞职。

两人回乡的情形大为不同，沈一贯是满载而归，而沈鲤回到家乡后，则是家徒四壁。

他们走后，内阁又进来了于慎行、李廷机、叶向高三人，与剩下的一位朱赓同阁办事。不料于慎行受职才十天，就病死在任上，朱赓不久也死了，继而李廷机又被劾而罢官，内阁只剩下叶向高一人独掌国柄。

王贵妃死后，叶向高上疏建议，太子母妃薨逝，礼应从厚。万历不以为意，在丧仪规格上故意压低，屡次与礼部的意见发生冲突，导致迟迟不能将灵柩发往天寿山（今北京昌平十三陵）下葬。后来竟拖了快一年，才得以安葬。

在选择墓地时，与礼部官员同去考察的太监，对丧葬费用屡加刁难，总认为太多。以致署理礼部尚书翁正春忍无可忍，怒斥道："贵妃养育了太子，他日就是国母。关乎天下的大事，你还想怎么节俭？"

万历流露出的这种冷漠，无疑折射出他对太子的态度。郑家人心中有数，越发有恃无恐起来。

就在一年后，果然又发生了一场巫蛊案，险些成为第二个妖书案。

时为万历四十一年（1613）九月初三，锦衣卫有一位百户王曰乾，突然"告变"（举报揭发），说有奸人孔学等人，遵照郑贵妃意图，与一伙"妖人"密谋要害死太子。

事情爆发得很突然，中枢为之震动。王曰乾是个锦衣卫下级武官，本人大约也是个混混儿一类，他与京城无赖孔学、赵宗舜、赵圣等人起了纠纷，打官司未能获胜，一怒之下，闯进皇城放铳，拿火枪朝天放了两枪，上疏申诉。刑部大为骇异，将其逮捕，拟死罪。王曰乾自知也没什么好结果了，索性一不做，二不休，声言要告发大阴谋。

他告称，有一民女，嫁给了郑贵妃身边太监姜丽山，两人感激郑贵妃，思图报答，就在姜太监阜成门外的田庄上歃血为盟，欲广结好汉，共谋大事。

他们请到了妖人王三诏等，在家中聚议。几人在社学（乡村学校）的后园，摆下香、纸、桌子与黑瓷"射魂瓶"，又剪纸人三个，书写了皇太后、皇帝的名字与太子生辰，将新铁钉四十九枚，钉于纸人眼上，于七天后焚化。然后约定，在皇太后诞辰日之后，便下手谋害太子。

万历看到王曰乾的告发奏章，火冒三丈，面色阴沉地绕着桌案踱步半日之久。左右太监见状，都十分惶恐，不敢上前。稍后，万历问太监："出了如此大事，宰相为何无言？"

太监见皇上终于发话，急忙将早已备好的叶向高奏疏呈上。

这位叶向高，是万历后期尚能勤谨奉公的一位首辅。他上任时，万历已"罢工"多时，有朝臣竟然二十五年见不到皇帝一面，叶向高本人也要跑十多趟才能见上一面。尽管如此，他还是陆续提出了一些补救朝政的建议，比如增阁臣、补缺官、罢矿税等等，可惜万历那时已百事不问了。

对于官职缺员，叶向高尤为忧虑，曾上疏极言其危害，说是从内阁到九卿台省，各个曹署（科室）都是空的，南京的九卿也只存其二。天下封疆大吏，自去秋至今，未曾起用一人。陛下万事不理，以为天下长如此，臣恐祸端一发，就不可收拾。

可皇帝就是不急，败自家的天下，总好像是一种享受。

到后来，叶向高郁闷异常，干了七年的首辅，终于不能再忍，坚辞去职，这是后话了——他不心疼这江山，我们又能如何？

这一次告变案发生时，叶向高尚在位，表现颇为镇定，在给万历的上疏中，对该案做了冷静的分析。他说，此事与往年妖书案相似，但妖书案是匿名，无可查究，所以难于处置。而今日的事情，告发者和被告者都露面了，法司一审，内情立见。皇上只需以静处之，不必张皇。若一张皇，则中外纷扰，反而有不可测之祸。

万历阅过后，心稍安。

过了几个时辰，已是当夜交四更以后，叶向高又有奏疏从外边传进宫中。这次他进一步阐发了自己的观点，请求万历不要把王曰乾的奏疏公开，因为此疏一旦发下，上必惊动皇太后，下必惊吓到太子，而皇贵妃与福王也不自安。不如暂且留中，所有奸徒的处置，以另外的奏疏批出，或者另传圣谕。

万历深夜未眠，仍在绕着桌子打转，看了叶向高的第二疏，茅塞顿开，大大松了口气，叹道："我父子兄弟得安矣！"

叶向高吸取了前任处理妖书案的教训，主张尽量减少案件的影响与波及，这一思路，可以说相当高明。第二天，叶向高就按他的想法，果断进行了处置，授意三法司对王曰乾施以酷刑，当场打死。人一死，所告发的一切事情，就无法再对证了。

叶向高之所以敢于这样处置，原因就在他分析出，事情不可能完全不牵连郑贵妃（这也是万历十分焦虑的原因）。如果彻查的话，万历会很尴尬。如果一旦查明，郑贵妃真的插过手，那么处理也不是，不处理也不是。万一王曰乾不过就是诬陷，追究下去，又有可能牵出反郑一派的人来，这也是叶向高不愿见到的。所以干脆灭口，不让案件波及开来。如此，不管事情有没有，隐藏在背后的人，都会因王曰乾被活活打死而受到震慑，在短期内不会再构成什么威胁了。

此案就这样波澜不惊地完结了。

这个离奇案件的出现，说起来，跟郑贵妃的儿子福王有关。按照大明祖制，诸王一成年，必须离开京师，到封地去住，不奉召是不允许回京的。这个措施，称为"就藩"或"之国"。这样做的本意，是在于防范藩王造反或者添乱。福王的封地在洛阳，因为万历最宠爱这个孩子，所以迟迟没有让他之国。

前面说过，万历二十九年（1601）太子册立。在那个时候，福王就应该马上之国。可他一拖就拖到了万历四十年（1612）还没有去，那年他已经二十七岁了。首辅叶向高看不过去，曾经上疏力争，万历不但几次三番地拖延，还要给福王争取一份厚礼带去。他提出，之国可以，但要赐给福王四万顷上好的庄田。

众臣当然不干，认为这是"藩封逾额"。固然群臣巴不得福王越早走越好，但天下良田是有数的，四万顷良田哪有那么好搜刮的？

郑贵妃也派了太监找到叶阁老，恳求能惠顾一下福王。

那叶阁老，岂是郑贵妃所能对付得了的？他只是说：我正是为福王着想，还不如趁此宠眷时，多拿一些走，早去早了事。如今流言甚多，只要王爷一走，流言立刻冰消。假使时移势改，将会是什么结果就不好说了。老臣我怎会不为福王着想？

什么叫"时移势改"？叶阁老点到为止，郑贵妃心里也明白，万一皇帝驾崩，太子登位，那就什么也捞不到了。最后，讨价还价的结果，是打一个对折，只给二万顷。这些田地的"佃金"（田税）全归福王。郑贵妃还提出，中州腴土不足，取山东、湖广的良田凑足；此外，籍没张居正的田产，尚存官府的，也要拨给福王……总之大捞了一票。

于此，万历总算吐了口：福王第二年肯定要之国。

可是到了万历四十一年（1613）正月，礼部奏称期限已到，万历却再次失信，将奏章留中不发，继续拖着——什么"君子无

257

戏言"？我根本就不想做君子。

四月，兵部尚书王象乾忍不住再上奏催促，万历批复说，亲王之国，祖制在春，今已逾期了，当于明年春举行。怎么样，这个理由还充分吧？

他就没想到，只要福王在京一日，各派的人就一定会拿太子废立做文章，搞得你永无宁日。

这一拖，果然就激出了王曰乾案。

发生了这样诡异的事情之后，叶向高深知，福王留在京师不走的弊端甚多，便建议万历赶快命福王之国。万历也感到再拖下去还会有麻烦，也就决定维持万历四十二年（1614）春动身的原议，不想再变卦了。

郑贵妃不死心，又去疏通李太后的路子，想让福王拖到为太后贺完七十大寿再说。李太后不吃那一套，退回了郑贵妃送的寿礼，召问郑贵妃，直接询问："福王为何还不赴封国？"

郑贵妃答："福王留下为您祝寿。"

李太后反问道："我二儿潞王就藩卫辉（今属河南），把他也宣来祝寿可否？"

郑贵妃无言以对，只得答应，福王很快将要就藩。

可巧的是，李太后于万历四十二年二月去世，没能等到过七十大寿，福王不走的最后一个借口也不存在了。

三月二十四日，福王终于南行。在此前十天，郑贵妃还试图拦阻，但万历已不想再生枝节，发火道："我还有何颜面再对外廷说变更日子？"

郑贵妃知道已是山穷水尽了，也就不敢再坚持。

出发的那天，天色阴沉，有细雪。郑贵妃与福王在宫门告别，相对垂泪。万历亲自将福王送到午门，依依惜别。

福王之国，其排场之大，在明代空前绝后。船只用了一千一百七十二艘，护卫士卒一千一百名，浩浩荡荡沿运河南下。

这个祸害终于走了。史载，福王就国之后，中外交相为太子庆幸，如释重忧。

可是，廷臣们高兴得太早了，李太后一死，郑贵妃唯一顾忌的一个障碍，也就不存在了，拥郑一派的人，因而跃跃欲试，太子的危机并没有解除。

万历也没有因为福王走了，就对太子更好一些。先前在万历四十一年（1613）十二月时，太子妃郭氏病故，万历为了压低太子妃的发丧规格，竟迟迟不批准择地安葬。太子的生母王贵妃安葬后，也因不拨给维护经费，其坟园已经荒芜。

种种迹象都表明，万历打心眼里，是不大认可这位太子的。

太子所住的慈庆宫，警卫也非常松懈，侍卫人员总共才有几个人。一些原在东宫的太监，也嫌东宫太冷清，纷纷借故离去。

万历不加掩饰的偏心，若放在民间，倒也无可厚非。但事涉"国本"的重大问题，他竟然还这样毫不顾忌，无疑更助长了不安分者的野心。

就在这种背景下，明末三大案中的第一案——"梃击案"终于爆发，开启了晚明致命的乱象之始。

万历四十三年（1615）五月初四，薄暮时分，一个可疑男子手持枣木棍，悄无声息地突然闯进了慈庆宫！

慈庆宫的第一道大门竟无人看守，歹徒顺利进入。

第二道门，情况也好不了多少，仅有两名年迈的太监看守，一位已经七十多岁，另一位也有六十多岁。

两人慌忙阻拦，歹徒抡起棍子就打，当场将老太监李鉴击伤。而后冲入门内，一直冲到了前殿的屋檐下。

太子内侍韩本用，闻声带了七八个太监赶来，一拥而上，将这个身份不明的歹徒擒住，交给了东华门的守卫指挥朱雄，就地看管了起来。

第二天恰好是端午节，一大早，太子急忙把前一晚发生的事奏明万历。万历接报后，认为应在第一时间问出凶犯的基本情况，就叫赶快送最近处的法司审问。

这样，凶犯就被迅速移交到巡皇城御史刘廷元的手中。经过初审，刘廷元把审讯结果报了上来。

凶犯供称，自己名叫张差，是蓟州井儿峪人。刘廷元禀报说，此人在审讯中，所答语无伦次，只说了一些"吃斋讨封"等等不知所云的话。看上去像个疯子，但观其相貌，又极狡猾。

刘廷元是个油滑的刑事官员，他的这个模棱两可的汇报，是当时流行于官场的惯技。两方面情况都沾边儿，留有很大余地——反正，这犯人是很快就要交给别的衙门去审的，他只求顺利脱手，不惹麻烦。

歹徒闯入东宫的事，第二天就在京中传开，一时人情汹汹。大家都怀疑：这准又是郑贵妃一伙干的好事！

万历看到初审结果后，看不出名堂来，就命立即将凶犯交刑部再审，先问清缘由。

刑部奉旨参与会审的，是郎中胡士相、员外郎赵会桢和劳永嘉。

案发的当时，朝中情况与王曰乾案发生时比，已大为不同。如今李太后已死，郑贵妃的权势更为显赫，朝中上下，无不布满谄媚之人。连当时的首辅方从哲，也唯郑氏的马首是瞻。以致太子早晚就要被废的流言，传遍京中。

胡、赵、劳三人接手案子后，该如何处置，他们心中自己有数。这案件哪里是可以深究的？万一挖出郑贵妃的什么线索，那还怎么脱手？

恰好，刘廷元的初审结果，为他们提供了一个最好的思路——就按犯人是疯子去审！这样，既可以应付天下舆论，也可以避开郑贵妃。

史书上的另一说为：第二次审问张差的，是刑部郎中胡士相和岳骏声。在当时，明末的"党争"已有了苗头，因沈一贯、方从哲都是浙江人，先后依附于他们的官员，被称为"浙党"。胡士相恰恰就是浙党的一员，且是初审官刘廷元的亲戚，当然要维持"疯癫"之说，以此封住世人之口，勿使牵连到郑贵妃的家族。

因此这案子在审讯之前，实际上就已定好了框架，最后得出的审讯结果是：张差原以卖柴草为生，由于被李自强、李万仓烧毁了供差的柴草，气极而疯，于四月即来到京城，想要告御状诉冤。

在闯宫的路上，曾有两个不知姓名之人，哄骗张差说，告状须有状子，如果没有状子，拿一根棍子亦可。张差是一个文盲，哪里懂得那么多，便信以为真。于五月初四黄昏，手持木棍（即所谓的"梃"），从东华门潜入大内，来到慈庆宫门前，打伤了守门官。

主审胡士相等断定：张差此举，系疯癫闯宫。依照宫殿前射箭、放弹、投砖石伤人律，拟问斩。因该犯又持梃击伤太监，似应罪加一等，拟斩立决（一般死罪是秋后斩决），马上杀掉算了。

案情就这样定了，只等将报告呈送刑部尚书，代为转奏皇上，就可以结案了。

这个处理，倒是干净利落。大事化小，不额外牵连一人，省得给郑贵妃惹麻烦，想必也很符合万历的心愿。

哪想到，就在此时，刑部的这个审判结果流传到了外间，立刻引起舆论大哗。众官根本不信事情就这么简单！他们纷纷上疏论奏，直指审讯不公，说张差一个粗人，何事要入宫行凶，背后必有主使之人。刑部不予穷追，仅锁定张差一人，且拟速斩决，岂不是意在灭口，好让真凶就此逃脱？众官强烈要求另外详加审讯，以找出幕后真正的元凶。

除了上疏之外，朝中官员私底下的议论也相当厉害，都认定郑贵妃一定是幕后的主使，否则一个疯子，满京城哪里去撒野不好，偏要去那冷冷清清的慈庆宫？

郑贵妃一派闻知舆论如此，不由大为惊恐，万历也为之颇觉烦恼。好在刑部多少领会了上面的意图，将张差严加看管，外人均不得探视，以防张差通过别的渠道泄露案情。

但是他们没有想到，大小官员中，关注这案子的大有人在，都想勘破这里面的猫腻。刑部有一个提牢主事叫王之寀（cǎi），是个六品小官，也想把案情探个明白。他过去当过知县，熟谙刑侦审讯的那一套。此次会审当然不会有他的角色，但他想，自己身在刑部，总有办法可以接触案犯，想必能问出些实情来。

想来想去，王之寀想到一个点子——去管理牢饭，这是接近犯人的最佳途径之一。于是，便讨下了散发牢饭这差事，亲自带领狱卒给犯人们分饭。

当天，他先叫其他犯人出来领饭，唯独把张差留在最后。等轮到张差时，这家伙早已饥肠辘辘。王之寀却叫人把饭先置于一旁，仔细看了看张差，见他年富力强，不像是疯癫之人。王之寀事前是看过张差两次供词的，初招是"告状冒死撞进"，复招是"打死算了"，都似有隐情，便对张差说："你闯宫到底是想干什么？实招，就给你饭吃，不招就饿死你！"随即，将饭放在张差面前。

张差受过几次大刑，体力已经不支，此时饥饿难耐，这饭菜当然是个大诱惑。他看了看饭菜，低下头欲言又止，过了一会儿才开口道："不敢说。"

王之寀知道这家伙是怕人多嘴杂，便命吏书离开，只留两名役夫在场，然后又问。

张差这才招供道："我小名叫张五儿，老爹叫张义，已经病故。有马三舅（马三道）、李外父（李守才）叫我跟不知姓名的老公（太监）去办事，说事成了与我几亩地种。老公骑马，小的跟着走。初三歇燕角铺，初四到京。"

梃击案发生于五月初四，也就是说，张差一到京，当天就闯进了慈庆宫。

王之寀又问："何人收留？"

张差答："到不知街道大宅子，一老公与我饭，对我说：'你先冲一遭，撞着一个，打杀一个；打杀了，我们救得你。'遂与我枣棍，领我由厚载门进。到宫门上，守门阻我，我击之堕地。已而老公多，遂被缚。小爷福大！"

说的这"小爷"，分明就是指太子。可见张差对其入宫要干些什么，事先已知。

王之寀趁势又问："马三舅、李外父叫什么名字，进的大宅究竟是谁家？"

张差大概是意识到讲得太多了，又开始装疯卖傻，说宫内的太监"有柏木棍、琉璃棍，棍多人众"云云，答非所问。末了，叹了一声说："不苦不甜，只为老公公好意，死了一遭。"

再问，就没有实话了。

王之寀将供词录下，心中已然有数。这家伙虽然吞吞吐吐，但基本案情已经透露出来，那就是，闯宫梃击显系宫中太监收买所致。他立即将情况报给了刑部侍郎张问达。

张问达见到这份供词，知道事关重大，不免有些犹豫，不知道该不该报上去——他也怕皇上不愿意听。但忽然想起前几天夜里所梦：日出东方，光芒万里。日为君，出为新。他想到事涉太子，也就是未来的皇上，这不是神明已有昭示了吗？于是不敢不遵，让王之寀把录下的供词写成密揭，由他代奏皇上。

在密揭的最后，王之寀说："臣看此犯不癫不狂，有心有胆，以刑罚恐吓不招，以神明要挟不招，喂他以饮食，才欲言又止，其中多疑似事由。愿皇上缚凶犯于文华殿前朝审，或敕令九卿、科道、三法司会审，其情可立见。"

王之寀这个小小牢头的作为，相当关键，不仅使本案有了新的突破，而且后来还影响到更大的局面——小人物的行为影响大历史，这也是其中一例。

奏疏呈上去后，万历并未作声，这奏报显然与他的心意不合，果是如此，岂不是要把问题搞大了吗？就算是打伤了太子，万历大概也不会太在乎，但要是牵扯上郑家的人，他可是老大不乐意。于是，这奏疏在万历那儿就压下了。

留中不报这办法，在平常好用，但在此时，等于掩耳盗铃。密揭的内容很快就流传了出去，举朝大惊，官员们追问此事的奏疏接连不断。大理寺丞王士昌上疏，对万历扣押王之寀奏疏的行为，公开提出异议，说是有如此人情的吗？——儿子的性命受到威胁，老子居然无动于衷！

紧接着，户部行人司正陆大受也上疏，对本案审理中的疑点提出质疑。他的分析相当有见地，意思是说，大奸之人觅死士为之奔走，一开始找的必定是平庸之人。一个张差，不过是个探路的，看看能否闯进去。如果闯宫不难，后面就有武艺高强的跟着来了。

他还说，既然张差业已招认，有内侍策应，那为何不说是谁？既然明说有街道大宅，怎能又不知是何处？陆大受在奏疏里，还多次提到了"奸戚"一词，矛头所向，就是外戚郑氏一门。

御史过庭训也跟着上疏，请求尽快断案，声言祸生肘腋，不容不闻。

万历感到很头痛，对奏疏中语涉"奸戚"，更是感到厌恶，于是一概留中不报——我就是不管，能怎么着！

过庭训见自己的奏疏被皇上压住，索性便移文蓟州，让蓟州知州迅速侦报张差来京前在家的情况。很快，知州戚延龄便有了回文，报告说："郑贵妃派遣太监至蓟州，建造佛寺，太监设窑烧瓦，当地土人多卖柴得利。张差亦卖了田，去做卖柴生意以牟利。不意为旁人所忌，纵火焚薪。张差向太监诉冤，反为太监斥责，自念产破薪焚，不胜愤懑，遂激成疯狂，因此想告御状，这就是张差到京的缘由。"

这个回文，与刘廷元的初审结果基本吻合，极有利于持"疯癫说"的一派官员。朝中有人甚为怀疑，是否郑家已派人到蓟州活动过，知州戚延龄也许是受了贿，报来的这个情况，只是在和郑国泰等人唱双簧。

果然，蓟州回文一到，郑国泰等人立刻有了精神，连负责初审的刘廷元也颇为自得，多方活动起来。

按照明代惯例，这个梃击案，虽然归刑部山东司郎中胡士相主办，但因为是重要案件，所以刑部各司的郎中，均可向长官提出处理办法。刑部郎中傅梅和刑部员外郎陆梦龙不相信疯癫说，觉得肯定是胡士相在从中捣鬼，两人便去见刑部侍郎张问达，说事关重大，不应模糊了案。他们建议：不必等皇上批示，可立即传讯张差供出的马三舅、李外父等嫌犯，以彻查本案。

张问达觉得有理，便采纳了这一建议。

于是在五月十六日，刑部胡士相、劳永嘉、赵会桢、陆梦龙、傅梅、王之寀、邹绍先等七名司官再次会审。这七个人中，除傅梅、陆梦龙与王之寀外，可说都是郑氏一系的人。但是只要有正人君子在，人少，也强过没有。

这一审，果然审出了惊天内幕！《明史》里，对这段审讯描绘得相当精彩。

审讯一开始，一众刑部官员聚集堂上，命衙役带了张差上来。这张差，不知是谁给他打了什么气，不仅面无惧色，反而挺身叉腰，睨视傲语，毫无疯癫状。胡士相等众司官不想担责，都嗫嚅不愿多言。

陆梦龙见状气极，连呼三声："上刑！"左右竟无应者。陆更是怒极，抓起惊堂木用力击案，大呼"用刑"。手下衙役见员外郎发了怒，只得将刑具取来，打了张差二十大棍，张差的气焰才有所收敛。

陆梦龙便叫人取来纸笔，命张差画出闯宫时的路线。傅梅便问："你怎么认得路？"张差答道："我本蓟州人，没有导者安得入？"傅梅又问："导者是谁？"张差说："大老公庞公，小老公刘公。"陆梦龙问："你怎么识得这二人？"张差说："两位公公豢养我三年了，给了我金银壶各一把。"陆梦龙怒目追问："想干什么？"张差答道："打小爷。"

这真是石破天惊的一答！堂上的胡士相勃然变色，立刻推开椅子起身，说："此案不可问了！"他是当日主审官，他这样一说，别人也不好再发话，于是审讯草草结束。

张差此次透露的案情极为重要。庞、刘两位太监豢养张差三年，意欲谋害太子，这已经接近了案件的核心。胡士相的"不可问"不知何所谓？陆梦龙不肯罢手，一定要追出庞、刘两太监的名字，他向长官张问达表示了这个意思。

张问达闻得报告，表面故作惊讶，内心却已经有数。他是早就看出案情奥妙之所在的人，但此时，还不到他出面向皇上表态的时候。因为前些时候，他曾上疏请斩张差，现在又说要深究，岂不自相矛盾？经过考虑，张问达决定将事情报给内阁次辅吴道南，由吴阁老去向皇上说。

吴道南是去年首辅叶向高致仕时，由叶本人举荐的两位内阁大臣之一；另一位，就是首辅方从哲。

吴道南素与翰林院编修孙承宗交情甚厚，敬佩其才高力强，于是便以此事相询问，孙承宗断然道："事关东宫，不可不问；事连贵妃，不可深问。庞、刘二太监而下，不可不问；庞、刘二太监以上，不可深问。"

孙承宗的见识，非同一般，无怪他后来成了明末一位举足轻重的人物。他的这个建议，最终成了有关方面恰当处理此案的一个原则。

此时东宫方面，也极为关注案件的进展。太子常洛的身边，有个太监王安，是一位古代少有的贤宦，从皇长子时期起，就是常洛的伴读，对维护常洛的地位出过死力。梃击案审理进入微妙状态的这一情况，自有人及时通报给王安。太子得知后，采取了一个妙招，他命皇孙朱由校（后来的天启皇帝）写了一篇论汉朝名臣郅都的文章，大大颂扬了一番郅都的忠直。

郅都是西汉河东郡杨县（今山西省洪洞县）人，生卒年不详。主要活动于汉景帝时期，是西汉最早以严刑峻法镇压不法豪强、维护秩序的名臣。《史记》上说他"敢直谏，面折大臣于朝"。太子以皇孙之名写这样一篇文章，其意不言自明。

十九日，这篇议论文传到了三法司，陆梦龙、傅梅引用了文章里的话，向张问达提出穷追到底的建议。

张问达知道，这准是东宫的意思，于是定下明日再审。陆梦龙怕胡士相再从中捣鬼，就建议请求三法司会审。而张问达考虑到，若加上大理寺、都察院两个衙门，事情反而要麻烦。京中御史交结国舅郑国泰的甚多，他们必然会包庇涉案人。而且都察院除了有审讯权之外，本身还有弹劾官员的权力，位置较高。一旦进入三法司会审，审案方向必然由都察院主导，刑部反倒做不得主了。于是陆梦龙的这个建议被否定，张问达决定还是由刑部十三司会审。

十三司会审，是中国古代罕有的审讯方式，也算是非常手段。明代的刑部，按照十三个"省"分为十三个司；这次会审，十三司所有的郎中都要参加。此外，还有些司官如提牢主事王之寀等也参加，一共是十八个问官进行审理。

五月二十日，在刑部牢房里开审。十三司郎中会齐，一派官威赫赫。也许是场面实在太镇人了，这次张差的态度非常好，一无所隐，供词的内容更为详细。

据《明史·王之寀传》载，张差招供道：马三舅名三道，李外父名守才，同住蓟州井儿峪。不知姓名老公乃修铁瓦殿之庞保，不知街道宅子乃住朝外大宅之刘成。二人令我打上宫门，打得小爷，吃有、穿有。然后又补充说，有姊夫孔道同谋，凡五人。

"小爷"是宫内太监的习惯叫法，指的就是太子。

这一下，水落石出！谜案再无谜可言。

胡士相这日担任笔录，闻得此供词，竟然两手发抖，久久不敢下笔。另一郎中马德沣见状，催促他快写。胡士相惶恐道："兹事体大，还是按照前奏，斩了张差了事。"当下就有七八位郎中赞成此议。

陆梦龙怒道："匿藏此事，岂非负恩枉法？以后还有何面目掌管刑律？"胡士相见陆梦龙态度强硬，料定是得了张问达的支持才敢如此，于是不敢隐瞒，提笔记录。供词由十三司郎中联名签字，报给张问达。

胡士相为何吓成这个样子？原来庞保、刘成二人，都是郑贵妃翊坤宫里的当红太监。庞保奉命在蓟州黄花山修铁瓦殿，马三舅等人经常给他送炭，两下里勾连起来，指使张差干出这等大逆的事。

张问达见出来了结果，事不宜迟，立刻行文到蓟州，命知州协助捉拿马三道、李守才、孔道等一干嫌犯，押解来京候审。同时又上疏皇上，报称种种奸谋皆已洞悉，请准许法司将庞保与刘成提来对质。

这一次，十三司审张差的供词，不知又被何人迅速泄露了出去。满城人言汹汹，无不认定：郑国泰就是幕后主使。大小臣工再次纷纷上疏，请皇上彻查。

这一下，所有的压力，都集中到万历这里了。扛，是扛不住的，舆论实在是厉害，且案情已基本大白。但是，如果顺应了众臣的要求，郑贵妃那一边，又将如何来收这个场？

万历就是再聪明，也想不出什么好办法来，他只能沉默。

众官穷追不舍，郑国泰如坐针毡，最终沉不住气，于五月二十日写了个揭帖散发，针对户部陆大受的质疑，申明自己是无辜的。他说自己完全是被冤枉的："倾储何谋？主使何事？阴养死士何为？"一句话，我有什么必要这样干？

可是，郑家跟太子过不去的原因与动机，傻子才看不出来。郑国泰的这一辩解，等于"此地无银三百两"，徒惹众人耻笑。

也是给情势逼得急了吧，郑国泰的这个揭帖里，有不少逻辑漏洞。工科给事中何士晋见机而上，上疏皇上，质问道：前次陆大受的奏疏，虽然语及"奸戚"字样，但并未明指就是郑国泰；陆大受奏疏在谈到张差一案时，也没直接说主使就是郑国泰。既然没有郑国泰的事，为何不能从容稍待，又何故心虚胆战——匆忙写揭帖，其急于洗刷之态可知也。

而后，何士晋又进一步逼问：你写了这一揭，反而使人不能不怀疑你！谁说你"倾储"（扳倒太子）了？谁说你"主使"了？哪个又说你"阴养死士"了？明为辩护，实为招认，不是近乎欲盖弥彰吗？

何士晋索性把那一层窗户纸捅破，又接连逼问：人之疑郑国泰，也并非始于今日。皇上可以试问郑国泰——三王之议何由而起？《闺范》之序何由而进？妖书之毒何由而谋？今日人之疑国泰，绝非因张差一事而已，只怕是郑国泰骑虎难下，一试不成，还有阴谋。

这种连珠炮式的追问与推理，简直把郑国泰给逼到了死角里。

他还警告说，陛下若不急护东宫，则东宫为孤注。万一东宫失护，而陛下又转为孤注。言外之意是，不仅外戚干政危害到太子，而且外戚还可能乱天下。

何士晋宣称，恳求皇上速将张差所供出的庞保、刘成，立送法司拷讯。如供有郑国泰主谋，是大逆罪人，臣等执法讨贼，不但宫中不能庇，即皇上亦不能庇！

这道疏，是明代有名的奏疏之一。不仅文笔犀利，且有铮铮铁骨在。恶人虽猖，难抵正气。《大明律》虽是朱家皇帝说了算，但做臣子的，如果都这样拼死护法，那么皇帝也要心存忌惮。

最后，何士晋提出了一个大可玩味的要求：假设与郑国泰无干，臣请皇上与郑国泰约定，命郑国泰自具一疏，告之皇上，以后凡皇太子、皇长孙一切起居，俱由郑国泰保护，稍有疏漏，当即坐罪。这样，人心便帖服，永无他言。

万历看后大怒："难道朕无护子之能，竟托外戚？这何士晋，实在危言耸听！"当下就想给他定罪，但想到京中对此事已吵得沸沸扬扬，惩办了何士晋，麻烦会更多，方才作罢。

此间，刑部张问达也连连上疏，催问下一步如何处理。

首辅方从哲虽然心向郑贵妃，但在巨大的舆论压力下，也不得不表态，请求皇上严究主使。

万历终于不能再沉默了，于五月二十六日下谕旨，准许严究，但仍坚持认为张差是疯癫奸徒，为郑贵妃留了一线生机。

第二天，他又传谕刑部，不要连及无辜，还是想把这案件范围缩小。

但事情到此，哪里还捂得住？庞保、刘成是郑贵妃左右的执事太监，若将他们二人提到刑部，谁敢保他们不泄露真相？郑贵妃实际已被推到前台，藏无可藏。

她万没想到，阴谋败露得如此之快。在举朝议论中，惶惶不可终日，几次向万历哭诉，只求万历给她做主。

郑贵妃的情况此时已是万分危急，因为这件事还有尚未公开的内幕。那就是，张差的供招，曾为浙党胡士相等人所删减，隐瞒了其中一部分，这部分内容，才是最致命的。

刑部主事王之寀在梃击案结束后，曾受诬陷，被削职为民，后又于天启二年（1622）复起。他在那时上了一道《复仇疏》，其中揭露了梃击案背后的惊天大阴谋。

他说，后来在复审时，张差又有重要供词，说他们同谋举事，曾内外设伏多人。李守才、马三道也供出了阴谋结党之事。而这部分内容，被胡士相等辈悉数删去。

王之寀指出：当时有内应，有外援，一夫作难，九庙震惊！从哪里来的凶徒，敢肆行无道至此？只因外戚郑国泰私结刘廷元、刘光复、姚宗文等辈，厚赠以珠玉金钱。劳永嘉、岳骏声等，则同恶相济。张差曾招认，他们同党中有三十六头儿，胡士相在记录时听到，立刻搁笔。又招出有东边一起干事，岳骏声当场说这是波及无辜；再招出有红封教高真人，劳永嘉则喝止，说不及究红封教。

这里提到的"红封教"，是一个民间秘密团体；"三十六头儿"之说，显然是承袭"梁山泊三十六罡星"名号。明末的民间秘密团体，为人所熟知的是"白莲教"以及"闻香会""棒槌会"等，"红封教"之名比较罕见。后人认为，此教应与"白莲教"有关。

张差供出的"高真人"，就是红封教的高一奎，后于天启年间在蓟州被监禁。供词中还提及：马三道管给红票者也；庞保、刘成供给红封教多人撒棍者也。这显然已揭出了郑贵妃宫内太监勾结民间秘密团体的内幕。

在明清两代，都有太监勾结民间秘密团体的事发生，有的只是一般勾结，有的则酿成谋反之乱。庞保等人此次勾结红封教，上面肯定会有郑氏家族指使，就张差供认的"一起干事"来看，野心也不会小，足以构成大逆罪。

可见，梃击一案的背景相当复杂。红封教有郑国泰及宫中大太监支持，而终未成气候，销声匿迹，恐怕就是缘于王之寀等人穷究梃击案所致。

除了隐匿红封教谋反事实之外，胡士相还曾想为庞保、刘成开脱，但由于陆梦龙的坚持，有关庞、刘的供词总算是照实具奏，大白于天下。

如今庞保、刘成已暴露，假若这谋反的真相一旦公开，那还得了吗？就是万历也无法为郑氏一家解脱了。郑贵妃聪明一世，到现在也只能彻底认栽。

第十七章

郑贵妃终于俯首认输

事情真是闹到即皇上亦不能庇的地步了。

先前，王曰乾在告变案中，说孔学等人行巫蛊，诅咒皇太子，诉状中已牵连到刘成。而现在，梃击案又涉及刘成等人，万历就是再偏心，也不能不有所心动——这些无卵的家伙，怎么老干蠢事？

面对郑贵妃的窘状，万历左想右想，只能叹道："廷议汹汹，朕也不便替你解免，你自去求太子便了。"

万历是个懒皇帝，做事态度消极，但他也是个聪明皇帝，看似有意无意地给郑贵妃指的这条路，不失为一条最恰当的求生之路。此时，郑贵妃的短处，已在廷臣手里捏着，且后面还有更大的问题随时可能引爆，由郑氏或皇帝出面，无论是采取高压还是缓和手段，廷臣都会不依不饶。

只有太子，是一位不错的缓冲人物。可是，太子长期以来被郑家搞苦了，他能否愿意为郑贵妃解围？

郑贵妃万般无奈，只好亲自来到慈庆宫，求见太子。这位郑贵妃，也端的是个能屈能伸的人物，见到太子后，竟不惜屈尊向太子下拜——有道是，这一屈膝可是价值万金。郑贵妃怎么说也是太子的"父皇妃"，是母辈的人物，在礼法严谨的时代，这长辈向小辈的一拜，非同小可！

太子大吃一惊，慌忙回拜作答。

拜罢，郑贵妃便向太子哭诉，表明心迹，无非是做了一番无罪的辩解。据说，当场也引得太子掉了眼泪，两人相对，泪眼婆娑。

太子这时的心情，五味杂陈，一方面看到郑贵妃当面乞怜，自是有受宠若惊之感；另一方面由于案情牵连甚广，也颇有惧意，所以答应一定从中调停。

紧跟着，万历皇帝也给太子发了几道慰谕，希望太子向廷臣做个解释。

史载，太子乃根据皇帝及贵妃之意，期望尽速结案，也想赶紧把事情平息下去算了——其实，这也是结好郑贵妃的一个恰当机缘。

于是，太子叫东宫太监王安，拟了一道令旨（太子或亲王发的文告）颁示群臣，就梃击案为郑贵妃辟了谣，说是元凶张差既已拿获，正法也就是了，诸臣不必过多纠缠。同时又上奏父皇，请速令法司审结本案，勿再株连。

太子的这一系列表现，令万历和郑贵妃深为满意。

但仅凭太子的这个令旨，不可能免除群臣对郑贵妃的重重疑虑。只不过让大家看到，太子与万历、郑贵妃之间，已达成了默契。太子之位比以前稳固多了，这多少能压住些"拥长"一方的火气。

这是一个不可缺少的前提。有了这一步，万历才拿出了一个非同寻常的解决方案——他要召见百官，亲自向群臣说清楚。

五月二十八日晨，司礼监掌印太监李恩，传达了万历的谕旨，今天要召见内阁、六部五府及科道官员，命众官先在宝宁门会齐。待阁臣方从哲、吴道南及文武诸臣到达地点后，文书官把众人引到慈宁宫。进得宫中，诸臣在太监引领下，先到慈圣皇太后灵前，行一叩三拜大礼，然后退到阶前跪下。

自从万历倦于朝政、不见百官至今，已有二十五年了，这次破例，对百官有多大的心理冲击可想而知。在召见前，又特地安排大家拜太后灵位，更是增加了肃穆气氛。万历这样做的目的，就是要增加召见时训话的权威性。

此时万历的做派与打扮，也异于平常，白衣白冠，一派素雅。在大殿檐下，设有一个低座，万历背靠左门柱，西向而坐，俯身在石栏上。御座之右，是头戴翼善冠、身穿青袍的皇太子。还有三位皇孙，则雁行立于左阶之下。

百官拜完灵后，又至御座前叩头。万历连呼道："前来，前来！"群臣便膝行而前，一直到离御座只有几步之遥。

万历这才宣谕道："朕自圣母升遐，哀痛无已。今春以来，足膝无力，然每遇节次朔望忌辰，必亲身到慈宁宫圣母座前行礼，不敢懈怠。前不久忽有疯癫张差，闯入东宫伤人，外廷有许多闲说。尔等谁无父子？将心比心，是想离间我吗？适才召见刑部郎中赵会桢，问了招供详情，朕意只将人犯张差、庞保、刘成，即时凌迟处死。其余不许波及无辜一人，以免伤天和，惊到圣母神灵。"

接着，万历执起太子的手对群臣说："此儿极孝，我极爱惜。"又以手比着太子的身高说："自襁褓养成丈夫，假使我有别意，何不早就更换？且福王已之国，去此数千里，若非宣召，岂能插翅飞来？"

万历又命太监引领三个皇孙，到石级高处站好，令诸臣仔细观看，一面说道："朕诸孙俱长成，更有何说？"

万历的这番话，说得入情入理。通过渲染父子之情，给众臣以强烈的视听效果，对郑贵妃一节则完全避开不谈，大大淡化了这一不利因素。

慈宁宫前，百官鸦雀无声，都竖着耳朵聆听天音。

这时，在人群中，忽有一人大声叫喊，众官不禁一怔。

原来是后排一名官员，正跪着高声启奏道："天下共仰，皇上甚慈爱，皇太子甚慈孝……"这是两顶高帽子，不知接下来他要说个啥。

说话的是御史刘光复，他大概是被万历的话所感动，一时失态；也可能是因为他曾上疏请皇上接见百官，这次皇上采纳了他的意见，他唯恐众臣不知，想在百官面前强调一下。

万历吃了一惊，他不熟悉这人，同时因为久病听力也不大好，就侧过身问太监："他说的什么？"

这个刘光复，过去曾上疏请求罢宫市，就是不允许太监负责内廷采购，以免营私和骚扰百姓。太监们多记恨这位要断他们财路的御史，所以故意歪曲刘的原意，对万历说："他说的是愿皇上慈爱太子。"

万历本来是压住火气来见群臣的，被刘光复这一搅，忍不住了，几天来憋的气一下爆发出来，大声申斥道："内廷慈孝，外廷妄自猜疑，你不是在离间吗？"

刘光复也不知是没有听见还是犯了"人来疯"，根本没理皇上的斥责，继续滔滔不绝说下去。万历几次说你不要再喊了，都未奏效。

万历不禁勃然变色，连喊："锦衣卫何在？锦衣卫何在？锦衣卫何在？"可是却无人答应。原来是万历多年不上朝，今天的召见太突然，执事太监竟忘了安排锦衣卫当值。

皇帝盛怒之下，谁还敢解释，太监们只好挺着不说话。

万历见叫不来警卫，就吩咐身边太监："你们下去，把他给朕捆起来！"

几个太监一拥而上，梃杖齐下。万历又喝道："不要乱打了，先押下去，到朝房候旨！"左右太监便押着刘光复下去了。

大臣们二十多年基本见不到皇上，当然也就没见过皇上如此盛怒，都吓得半死。据说，方从哲吓得瑟瑟发抖，吴道南因惊吓过度竟栽倒在地，大小便失禁。众官后来将他扶出时，人已呆若木鸡，两耳失聪，双目失明。

方从哲还算挺得住，连忙叩头为刘光复求情："小臣无知乱言，望霁天威（您的火气还是消消吧）！"万历这才怒容稍敛。

方从哲趁机奏请："皇太子听课、读书，是当务之急。"

万历说："此等大事，朕岂不知？近来为圣母服丧，不便举行。"说着，撩起身上的白袍，对群臣说："你们看我穿的是什么衣服？"

众臣哪里还敢有什么话说，只是叩头。万历又拉过太子的手说："你们看见否？如此儿子，说我不爱护，譬如你们有子如此长成，能不爱惜吗？"

众臣只是唏嘘。

万历面色又转严肃，说道："朕与皇太子天性至亲，祖宗在天之灵也可察鉴，小臣恣意妄言，离间我父子，真是奸臣！"这句话，他竟一连重复了三遍。

方从哲连忙叩头："诸臣岂敢！"

万历见现场气氛已足够显示天威，便转头看着太子说："你有什么话，与诸臣都讲出来吧，不要有所隐讳。"

太子早已会意，便朗声对群臣说："似此疯癫之人，处决了便罢，不必株连。"稍停，又说道，"我父子何等亲爱，外廷有许多议论，尔辈为无君之臣，使我为不孝之子。"

万历立刻接过话头，向群臣道："尔等听到皇太子语否？"然后又把太子的话复述了两遍，示意方从哲赶快表态。

此情此景，已不容方从哲有他言，因此他只能叩头道："圣谕已明，人心已定，望皇上勿耿耿于怀。"

在这一过程中，群臣始终跪听未起。万历的情绪相当不错，屡次对守门太监传话，让太监对那些陆续到来的迟到官员，皆放进无阻。以至于后来者接踵而至，位置稍靠右，与帝座相距较远。

万历见右边的人离得太远，便又推太子向前，向右边问道："尔等都看见了？"

众官连忙俯伏称谢，万历这才发话道："尔等都可以出去了。"

百官谢过，便逐一退出，个个欣喜莫名。二十五年来从未亲睹天颜，今日竟近在咫尺，真是惊鸿一瞥了。有人甚至叹道："此乃四十年来未有之盛事！"

方从哲回到内阁，马上票拟了谕旨一道，呈送万历，万历做了修改便发了下去。诏旨称："已入监疯癫奸徒张差，立即由法司处决。"但对庞保、刘成二人的处置，却有了变化。在召见时，万历答应将两人与张差一同处决，但现在又改令严提审明，拟罪具奏另处。

万历这人，不愧是处理公关危机的老手。他精心安排的这次召见，既显示了皇帝的威严，又向百官表现了他与太子的亲密无间，以父子人伦之义，堵住了众臣之口，从而将案件范围尽量缩小，以图干净利落地收场。

第二天，方从哲与吴道南又联名上疏为刘光复说情。这是他们必须做的一件事。自嘉靖年间以来，内阁的地位正式提高到了六部九卿之上，成为领袖群臣的中枢。那么阁臣同时也就有义务，对受到不公正处理的廷臣上疏论救。

他们上疏说：皇上不必因一二官员的言论过激，就疑其离间，斥其怀奸。刘光复虽越位妄言，但他身为言官，也实无他意，还请皇上宽恕。

万历却不肯让步，他实在厌恶透了言官就太子问题说三道四。这次召见群臣，当然是一种怀柔政策，同时也要辅以大棒，刘光复恰好就是个靶子。在现场，只有他一个人跳出来干犯天颜，不等于所有的言官都敢这么干，所以完全可以狠狠地打。于是，万历以严厉的口气降旨："御史刘光复，在慈宁宫圣母几筵前高声狂吠，震惊神位，着锦衣卫即拿送刑部，从重拟罪报来！"

这是要杀鸡给猴看，刑部知道无论如何躲不过了，就依擅入仪仗律拟了杖刑。万历似乎气还没消，认为打屁股怎么能解决问题？于是改为按大不敬律处以斩刑，先押着，等合适的时候再处决，相当于清代的"斩监候"，也有点像现在的"死缓"，总之还有一线活路。果然没几天，他又下诏让刑部与都察院重审。再过几天，竟然给放了出来，让他回家待罪去了。

说到刘光复这人，就政绩来说，还真是一个大大的好官。他是江南青阳（今安徽青阳）人。万历二十六年（1598）的进士，曾连续三任任诸暨知县，在任上修水利、断疑案，给老百姓干了不少好事。升职后离开诸暨的时候，百姓纷纷跪道以挽留。后来，老百姓在全县建祠六十三座以资纪念。到今天，当地还有"三刘庙"，保存完好，香火鼎盛。

他被逮进刑部大狱后，诸暨百姓周国琳等召集了数千人，到京城午门为"刘大青天"喊冤，大力疏救。刘光复之所以不久获释，原因就在于此。

到万历四十四年（1616）十月，在朝野不断的疏救下，终于对刘光复有了最终处分：削职为民，永不叙用。后来太子常洛即位，当了泰昌皇帝，吏部立即提议起用他为光禄寺丞，可惜，没等上任就病死了。有人把当时官民论救刘光复的奏疏，汇集成了书，题为《朝野申救疏》，共有六大卷之多。

当官能当到这样，说对得起上苍、对得起孔孟之道是虚的，总还对得起自己的祖宗吧！

就在万历召见百官的第二天，张差被凌迟处死。对他的处置之所以快，也是怕夜长梦多。这家伙，说得实在是太多了——企望以说得多来求生，岂不是缘木求鱼？张差是粗人，他不懂这道理。

张差被处死时，马三道、李守才等需要继续受审，庞保、刘成则在宫内待审。

冤死鬼张差虽是粗人，也感觉到了这里面的猫腻。据说他在受刑前，以头抢地，大呼道："同谋做事，事败，独推我死！"

窃钩者诛，从来如此！

庞保、刘成究竟如何惩办，现在成了廷臣瞩目的问题。此时，太子又开始起作用了。万历所施加的两手——高压及亲情表演，很见成效。太子已经完全从张差所为必有主使的立场，改变为此事只在张差身上结局足矣。

五月三十日，太子正式向万历提出："庞保、刘成，原系张差疯癫奸徒扳诬，若一概治罪，恐伤天和。"

万历要的就是他这句话，于是将此建议转告阁臣，命内廷司礼监与外廷三法司联席，在文华门前重新审理二人。这样的审理方式，实属前所未有，这也是万历对此案的一种无声的表态。

三法司无奈，只得遵命，在文华门开审。但是现在的情况，与几天前已完全不同。张差一死，很多事死无对证。庞、刘二人知道这是皇帝给了他们一线生机，就都咬得死死的：不认识张差为何人！只供认了庞保本名郑进、刘成本名刘登云，其余的，一概不知。

法司问官当然很恼火，但又能如何？正在审问过程中，又有太子的令旨到："庞保、刘成均系内侍，若欲谋害本宫，于二人何益？料是二人曾欺凌过张差，今张差肆意报复，岂可轻信，而株

"

这显然是在万历压力之下作出的表态，意在切断梃击案与庞、刘二人的关系，以保护郑贵妃过关。

刑部右侍郎张问达，正在代理主持部务，一为公正起见，二为考虑日后名声，不肯轻易退让，于是上疏称：张差已死，庞、刘二人若不严审，哪得吐口？文华门是庄严之地，不便动用刑具，因此很难审出实情。但张差与马三道等人的供词俱在，庞、刘二人确系同党无疑，岂可从轻发落？况且祖宗二百年来天下，绝无不经过法司就拟罪的事！

他这是决心抗争一回试试。

可是，皇权制度下，说话的分量，完全是按照级别而定。就如民间所说——看谁嘴大！到六月初一，万历这张大嘴发话了，说张差与庞、刘二人的口供有异，明系张差诬攀。且太子已屡次面奏，不必再追，恐伤天和。着尔等将二人与马三道一起，斟酌拟罪，报上来。

万历又将太子推到了前面，来堵住群臣的口。

法司没有办法，只能继续在宫内审。如是连审五次，一无所获。

不过，张问达的坚持倒也有了作用，万历后来考虑到，这样拖着，也容易生变，且给廷臣又留下无尽的口实。于是他密令身边太监，将庞、刘二人立即处死。而后，对外廷声称，是因严刑拷打致死。这两人一死，就算彻底灭口，所有的线索到他们这里，全都断了，郑贵妃便可无事。

《明史》上说，这叫潜毙于内。具体是如何毙的？当时太监没有写野史笔记，因此又成了一个千古之谜。

另一边，只便宜了马三道等人。皇帝还不敢派人去刑部监狱干什么勾当，将他们"潜毙"——那风险太大了。又因咬定张差是诬攀多人，所以也没理由判人家死刑。最后刑部拟马三道、李守才、孔道等人充军，万历准如所请，三个谋逆犯就这样居然保住了命！

凶险异常的梃击案就此落幕，郑贵妃长出了一口气。

这个时候，即便是"拥长"一派最坚定的官员，大概也觉得可以了，起码郑贵妃的气焰已被彻底打了下去。朝中所有的人，此时大概都没想到：有可能会有一天，这案子会被完全翻过来。

在古代历史中，有一种宿命，姑且叫作"诡道"吧——它就是不愿往人人皆大欢喜的方向走，而是偏要让正直的人沮丧、让邪恶的人张狂，非要让无辜者的血来为它铺路不可。当然，这都是后来发生的事了。

梃击案在后来的近四百年中，也不断有人怀疑，张差作案手法如此之拙劣，这会不会是"拥长"一派官员使的苦肉计？就像妖书案里的妖书作者一样，这个拿着棍子便想打杀皇太子的张差，难道不会是倒郑官员们收买的一位死士？他攀扯出来的庞保、刘成，谁能担保不是无辜的？

但这种可能性十分微小。如果张差是倒郑官员募来的死士，故意以拙劣的手法惊扰太子，然后给郑氏一门泼污水，那么，就会有诸多的环节，很难妥善完成。

明代外人混进宫内看热闹的事，倒是也有一些。前面说过，张居正初任首辅的时候，就有过一个王大臣案。但这类事情，必有一定的瓜葛。以外廷的官员，去和内廷太监勾连，将进宫去，操作难度非常大，暴露的风险也很大。

其次，在张差终于意识到要丢命的时候，如何能使他不吐露倒郑官员们的阴谋？

且廷臣这一方，也并不是铁板一块。保郑的官员们也同样在严密监视对方的举动。要保证张差至死不吐口，需要做很多手脚，其困难程度可想而知。

所以，张差还是庞保等人找来的打手，目的倒不一定是要杀死太子，而是依仗郑贵妃之势，想欺负一下太子而已，甚至不排除有解恨出气的心理在内。庞保等人在权势的庇护下，把大事当成了儿戏，策划太过轻率。事前又没有料到万历竟把张差交给了刑部审理，脱离了他们的控制范围，最终酿成了杀身之祸。

诸位看到这里，可能会有些气闷。万历年间的所谓"国本"之争，竟然就这样反反复复，延续了三十年。

当年张居正还在时，只用了十年时间，明朝就有了复振的曙光。张居正一走，本已显露的光明，瞬间就黯淡了下去。他走后的这三十年间，君臣两方就为了皇帝的家事，斗气不止，而大明的国势怎么样了呢？

有谁还能像张居正那样，登台阁而仰天一笑？